Autor — SCHOPENHAUER
Título — SOBRE A FILOSOFIA E SEU MÉTODO

Copyright — Hedra 2010
Tradução© — Flamarion Caldeira Ramos
Título original — *Parerga und Paralipomena. Kleine philosophische Schriften* (1851)
Corpo editorial — Adriano Scatolin, Alexandre B. de Souza, Bruno Costa, Caio Gagliardi, Fábio Mantegari, Iuri Pereira, Jorge Sallum, Oliver Tolle, Ricardo Musse, Ricardo Valle

Dados —

Dados Internacionais de Catalogação na Publicação (CIP)

S894 Schopenhauer (1768–1860).

Sobre a filosofia e seu método. / Schopenhauer. Organização e tradução de Flamarion Caldeira Ramos. — São Paulo: Hedra, 2010. 268 p.

ISBN 978-85-7715-192-9

1. Filosofia. 2. Método filosófico. 3. Lógica. 4. Dialética. I. Título. II. Schopenhauer, Arthur (1768–1860). III. Ramos, Flamarion Caldeira, organizador. III. Ramos, Flamarion Caldeira, tradutor.

CDU 101
CDD 100

Elaborado por Wanda Lucia Schmidt CRB-8-1922

Direitos reservados em língua portuguesa somente para o Brasil

EDITORA HEDRA LTDA.

Endereço —
R. Fradique Coutinho, 1139 (subsolo) 05416-011 São Paulo SP Brasil
Telefone/Fax — +55 11 3097 8304
E-mail — editora@hedra.com.br
Site — www.hedra.com.br

Foi feito o depósito legal.

Autor _ Schopenhauer
Título _ Sobre a filosofia
e seu método
Organização e tradução _ Flamarion C. Ramos
São Paulo _ 2013

hedra

- **Arthur Schopenhauer** (Danzig, 1788–Frankfurt, 1860) foi um dos grandes filósofos alemães do século XIX. Filho de um rico comerciante, antes de completar os estudos Schopenhauer empreendeu com a família uma série de viagens pela Europa. Em 1813 escreve sua primeira obra, com a qual obteve o título de doutor, a dissertação *Sobre a quádrupla raiz do princípio de razão suficiente*. A partir de 1814 instala-se em Dresden e começa a redigir sua obra principal, publicada no final de 1818, *O mundo como vontade e representação*. É nessa obra que o filósofo expõe sua "metafísica da vontade" que, ao apresentar na base das operações da razão uma instância desprovida de consciência, antecipou vários temas da filosofia contemporânea. A partir de 1833, o filósofo se instala em Frankfurt-sobre-o-Meno, onde permanece até sua morte em 1860. Nesse período, volta a trabalhar intensamente em sua filosofia, escrevendo importantes textos complementares à sua metafísica, como o ensaio "Sobre a vontade na natureza", de 1836, "Os dois problemas fundamentais da Ética", de 1841, e a segunda edição de *O mundo como vontade e representação*, enriquecida com um volume inteiro de complementos. Mas foi só a partir de 1851, com a publicação do livro *Parerga e paralipomena*, que Schopenhauer passou a ser mundialmente conhecido. A partir de então, o filósofo, nessa época chamado "o Buda de Frankfurt", passou a receber constantes visitas de admiradores até falecer, vítima de pneumonia, em 21 de setembro de 1860, aos 72 anos de idade. Na formação de seu pensamento ocorre o entrecruzamento de uma certa tradição filosófica do Ocidente, que vai de Platão a Kant, e a recepção europeia dos escritos sagrados do Oriente, especialmente dos hindus. Com isso, Schopenhauer designa a vontade de viver como a "coisa-em-si", que se manifesta no mundo enlaçada no véu de Maia que constitui o mundo da representação e dos fenômenos sensíveis. No mundo se objetiva uma vontade sem finalidade, irracional e cega, que se afirma no corpo buscando satisfazer suas necessidades. Os homens, dominados pela vontade, vivem num fluxo incessante de desejos e oscilam assim, continuamente, entre a dor, quando o desejo não é satisfeito, e o tédio, quando a vontade não encontra mais objeto de satisfação. A partir disso, o filósofo oferece uma visão desencantada da existência, segundo a qual "toda a vida é sofrimento" e toda aspiração de felicidade uma ilusão. Somente a arte e a renúncia ascética ao mundo e suas solicitações poderiam oferecer vias possíveis de redenção a um mundo repleto de frustrações. Com sua filosofia, Schopenhauer influenciou principalmente os artistas, e especialmente os grandes escritores do século xx, como Proust, Thomas Mann, Beckett, Borges e, entre nós, Machado de Assis.

Sobre a filosofia e seu método – Parerga e paralipomena (v. ii, t. i)
Parerga e paralipomena: pequenos escritos filosóficos, título que pode ser traduzido aproximadamente por "ornatos e complementos" (1851), é um conjunto de ensaios, fragmentos e aforismos que contém diversos complementos e ilustrações da filosofia de Schopenhauer exposta em sua obra *O mundo como vontade e representação*. Publicada em dois volumes, esta obra é responsável pela celebridade que Schopenhauer alcançou na segunda metade do século xix, especialmente entre os artistas. A editora Hedra publicará todos os ensaios de *Parerga e paralipomena*, dividindo-os em seis volumes. Aqui estão reunidos os sete primeiros ensaios do segundo volume de *Parerga*, que tem como subtítulo *Pensamentos específicos, mas ordenados sistematicamente sobre vários objetos*, em que Schopenhauer oferece importantes desenvolvimentos de sua teoria do conhecimento, refletindo sobre as questões do método da filosofia, da lógica e da dialética, da teoria das cores e da relação entre a filosofia e a ciência da natureza.

Flamarion Caldeira Ramos é doutor em filosofia pela Universidade de São Paulo, com tese sobre a crítica de Schopenhauer a Hegel. Atualmente pesquisa a obra filosófica de Max Horkheimer. É professor das Faculdades de Campinas (Facamp).

SUMÁRIO

Introdução, por Flamarion Caldeira Ramos	9
SOBRE A FILOSOFIA E SEU MÉTODO	27
Sobre a filoscfia e seu método	29
Sobre lógica e dialética	51
Pensamentos acerca do intelecto em geral e em todas as suas relações	67
Algumas considerações sobre a oposição entre a coisa-em-si e o fenômeno	135
Algumas palavras sobre o panteísmo	145
Sobre filosofia e ciência da natureza	149
Sobre a teoria das cores	235

INTRODUÇÃO

Após a publicação de sua obra principal, *O mundo como vontade e representação*, em 1819, Schopenhauer tentou lecionar na Universidade de Berlim, na qual Hegel era o principal nome. Ao perceber que poucos alunos procuraram seus cursos, o filósofo se desinteressou pela carreira acadêmica e passou a viver uma vida discreta e solitária. Despercebida passou também durante muito tempo sua filosofia, completamente ignorada por seus contemporâneos. A partir de 1833, o filósofo se instala em Frankfurt-sobre-o-Meno, onde permanece até sua morte em 1860. Nesse período volta a trabalhar intensamente, escrevendo importantes textos complementares à sua metafísica, como o ensaio "Sobre a vontade na natureza", de 1836, "Os dois problemas fundamentais da ética", de 1841, e a segunda edição de *O mundo como vontade e representação*, publicada em 1844, com um volume inteiro de complementos. Mas foi só a partir de 1851, com a publicação do livro *Parerga e paralipomena*,[1] coletânea de pequenos ensaios filosóficos, em dois volumes, que versam sobre os mais diversos temas, que Schopenhauer passou a ser mundialmente conhecido. O próprio autor de certa forma já previa esse resultado pois a considerava sua obra mais po-

---

[1] A expressão *Parerga e paralipomena* poderia ser traduzida aproximadamente por "ornatos e complementos". O dicionário Houaiss da língua portuguesa reconhece o sentido de "acréscimo que serve de ornato" para a palavra *parergo* (que vem do grego *párergon*) e de "suplemento a uma obra literária" para a palavra *paralipômenos* (que tem origem bíblica, remetendo ao "Livro de paralipômenos" do Antigo Testamento, "acontecimentos omitidos nos livros dos Reis").

INTRODUÇÃO

pular, sua "filosofia para o mundo".² Com essa publicação começou portanto a "comédia de sua fama". A partir de então, até sua morte em 1860, o filósofo recebe constantes visitas de admiradores de todo o mundo, passa a ter sua filosofia ensinada nas universidades, em toda parte surgem resenhas sobre suas obras, que desde então são constantemente reeditadas. Mas qual o atrativo dessa coletânea de ensaios?

O inesperado sucesso desse livro se deve, por um lado, à clareza do seu estilo, por outro, ao caráter polêmico e provocador de textos como os "Aforismos para a sabedoria na vida", o ensaio "Sobre as mulheres" (até hoje uma verdadeira bíblia da misoginia), e o ensaio "Sobre a filosofia universitária". Esses e outros temas que compõem os *Parerga e paralipomena* apareciam já nas obras anteriores, mas aqui recebem um desenvolvimento particular. Em parte são desdobramentos de teorias filosóficas que abrangem temas pertinentes à teoria do conhecimento, à metafísica da natureza, à ética e à estética, e, em parte, textos em que Schopenhauer reflete sobre temas mais marginais como literatura sânscrita, ruído e barulho, mitologia e arqueologia, estilo e escrita etc. Os ensaios do primeiro grupo poderiam estar presentes em reedições das obras propriamente filosóficas, como o próprio autor afirma no prefácio à terceira edição de *O mundo como vontade e representação* (de 1859).³ Na falta de uma introdução mais detalhada que o autor não chegou a publicar, temos que nos

---

²Carta a F. A. Brockhaus de 3 de setembro de 1850, in: *Gesammelte Briefe*. Bonn: Bouvier, p. 244.

³"Aquilo contido sob este título [*Parerga e paralipomena*] são acréscimos à exposição sistemática de minha filosofia e encontraria o seu lugar mais apropriado nas edições desta minha obra principal. Contudo, tinha então de publicá-los como podia, pois era bastante duvidoso se viveria para ver esta terceira edição. Esses acréscimos são encontrados no segundo tomo dos mencionados *Parerga* e facilmente se os reconhecerá nas epígrafes dos capítulos". *O mundo como vontade e como representação*, trad. Jair Barboza. São Paulo: Unesp, 2005, p. 40.

remeter ao prefácio de 1850 para compreender o lugar sistemático dessa obra no interior do *corpus* schopenhaueriano:

> Esses escritos complementares, acessórios de minhas obras mais importantes, sistemáticas, consistem em parte em alguns tratados sobre temas particulares bem variados, em parte em pensamentos específicos sobre objetos ainda mais variados. Tudo isso é reunido aqui porque em razão de sua matéria, parte desses elementos não poderiam encontrar seu lugar nas obras sistemáticas, enquanto a outra parte está aqui apenas porque veio à lume muito tarde para encontrar seu lugar em tais obras.[4]

Quais seriam os textos pertinentes a cada parte? O primeiro volume dos *Parerga* traz seis ensaios que podem ser lidos independentemente uns dos outros e não pressupõem o conhecimento prévio de sua filosofia. Os dois primeiros, o "Esboço de uma história da doutrina do ideal e do real" e os "Fragmentos para a história da filosofia", trazem a leitura que faz Schopenhauer da história da filosofia e do lugar que ocupa sua doutrina dentro da mesma. Podem ser lidos, portanto, como textos apropriados para uma primeira aproximação a seu sistema filosófico. O panfleto "Sobre a filosofia universitária" é um libelo contra os filósofos do chamado "idealismo alemão" (Fichte, Schelling e Hegel) e a intromissão da religião e do Estado na filosofia. A "Especulação transcendente sobre a aparente intencionalidade no destino do indivíduo", assim como o "Ensaio sobre a vidência e sobre o que se relaciona a isso", são reflexões que especulam sobre aquilo que estaria além dos limites que o entendimento humano poderia conhecer e por isso também não pressupõem o conhecimento prévio de suas obras principais. O mesmo se pode dizer dos célebres "Aforismos para sabedoria na vida".

Já os ensaios que compõem o segundo volume não possuem essa mesma autonomia e podem ser vistos como complementos ou anexos da obra principal. Especialmente

---

[4] Prefácio dos *Parerga e paralipomena*, ed. Hübscher, v. v, p. III.

INTRODUÇÃO

os quatorze primeiros capítulos possuem o significado de contribuições ou acréscimos às ideias desenvolvidas na obra sistemática.[5] Podemos até mesmo agrupar esses quatorze primeiros capítulos da seguinte forma: o primeiro grupo, do primeiro ao sétimo capítulo, tem a tarefa de complementar a teoria do conhecimento e a metafísica do filósofo; já o segundo grupo versa principalmente sobre temas da ética desenvolvida por Schopenhauer no quarto livro de *O mundo como vontade e representação*. No que diz respeito aos capítulos restantes do segundo volume dos *Parerga e paralipomena*, predomina a variedade dos assuntos, apesar de uma certa preponderância das questões estéticas (como revelam o título dos capítulos 19 — "Sobre metafísica do belo e estética", e 20 — "Sobre juízo, crítica, aplauso e fama"). Essa possível arquitetura dos textos do segundo volume dos *Parerga* justificaria seu subtítulo: *Pensamentos específicos, mas ordenados sistematicamente, sobre vários objetos*. Com isso fica esclarecido também o sentido do restante do curto prefácio de Schopenhauer:

> Com isso eu tive em vista principalmente leitores que já fossem conhecedores de minhas obras contínuas e mais completas, e eles talvez cheguem mesmo a encontrar aqui um esclarecimento por muitos desejado. Mas no conjunto, o conteúdo desses volumes será, à exceção de algumas passagens pouco numerosas, compreensível e interessante mesmo para aqueles que não têm um tal conhecimento. No entanto, aquele que já está familiarizado com minha filosofia terá uma vantagem, pois ela sempre lança alguma luz a tudo aquilo que eu penso e escrevo, por mais longínqua que ela possa estar; do mesmo modo que ela também recebe ainda alguma elucidação de tudo aquilo que surge de minha mente.[6]

---

[5] É o que indica o primeiro dos dois esboços que Schopenhauer escreveu para um prefácio dos *Parerga*. É somente nesses esboços que o autor nomeia o primeiro volume como *Parerga* e o segundo como *Paralipomena*. Cf. *Parerga und Paralipomena*, ed. Wolfgang Frhr. von Löhneysen. Frankfurt am Main: Suhrkamp, 1993, v. IV, pp. 595-96.

[6] Prefácio dos *Parerga e Paralipomena*, ed. Hübscher, v. v, p. III.

Com esta *opera mixta*, que Schopenhauer levou seis anos para escrever, dedicando-lhe diariamente as melhores horas da manhã, o filósofo pretende ao mesmo tempo encerrar sua obra filosófica e alcançar o almejado reconhecimento público. Por isso o júbilo do filósofo ao receber da gráfica e livraria Hayn, de Berlim, o contrato que lhe permitiu publicar o último fruto de suas reflexões, e seu agradecimento ao amigo e discípulo Julius Frauenstädt por seu esforço em conseguir uma editora para Schopenhauer após uma série de negativas:

Estou realmente muito feliz por vivenciar ainda o nascimento de meu último filho, com o que eu dou por cumprida minha missão nesta Terra. Finalmente me sinto livre de um peso que carreguei desde meus 24 anos e que pendia fortemente em minhas costas. Ninguém pode imaginar como é isso.[7]

***

Os sete capítulos que compõem o presente livro estão no segundo volume dos *Parerga e paralipomena* e, como dissemos, podem ser compreendidos como complementos e anexos ao sistema filosófico que Schopenhauer expôs em sua principal obra, *O mundo como vontade e representação*, especialmente aos seus dois primeiros "livros", que tratam respectivamente de sua teoria do conhecimento e de sua metafísica da vontade.

O primeiro capítulo, "Sobre a filosofia e seu método", procura determinar o âmbito específico da reflexão filosófica entre os diversos ramos do conhecimento humano. Embora a filosofia de Schopenhauer possa ser vista como uma crítica à metafísica tradicional, por negar a possibilidade de hipóstases transcendentes e se basear numa rígida teoria do conhecimento, ela não chega a negar a possibilidade de um conhecimento que dê conta do *todo* da experiência. A filosofia tem como seu objeto a experiência, mas não essa ou aquela

---

[7] Carta a J. Frauenstädt de 23 de outubro de 1850, in: *Gesammelte Briefe*. Bonn: Bouvier, 1987, p. 251.

INTRODUÇÃO

determinada experiência, mas a experiência em geral, sua possibilidade, seu domínio, seu conteúdo essencial, seus elementos externos e internos, sua forma e matéria. Por essa razão, Schopenhauer irá criticar Kant por sua definição de metafísica como ciência de meros conceitos.

> Uma definição de filosofia incomum e indigna, mas que até mesmo Kant oferece, é aquela segundo a qual ela seria uma ciência *de meros conceitos*. Toda a propriedade dos conceitos não consiste em nada senão naquilo que se depositou neles após ter sido solicitado e retirado do conhecimento intuitivo, essa fonte efetiva e inesgotável de toda compreensão. Por isso uma filosofia verdadeira não se deixa entretecer com meros conceitos abstratos; pelo contrário, ela deve ser fundada na observação e experiência, tanto a interna quanto a externa.[8]

A crítica de Schopenhauer a Kant visa, portanto, a construção de um novo conceito de metafísica, pois se para Kant a finitude da razão impedia que o conhecimento especulativo fosse além de uma fé racional, para Schopenhauer a limitação do saber teórico deve dar lugar a um tipo de experiência capaz de ir além das meras formas da intuição. Essa experiência será localizada no próprio corpo, como chave ao em si do mundo, pois a vontade presente à consciência de si de cada um não está inteiramente submetida às formas de apreensão dos objetos externos. Todavia, o objeto primordial da filosofia é a experiência, embora não como nas demais ciências esta ou aquela experiência particular, mas a *experiência em geral*, isto é, a forma e o conteúdo de toda experiência possível. Por isso, seu passo inicial consiste em considerar o meio pelo qual se torna possível a experiência, e este meio é, para Schopenhauer, o intelecto como foco do conhecimento. A *philosophia prima* será, assim, uma investigação sobre a faculdade de conhecimento, seu alcance e seus limites. Essa investigação se divide por um lado pelo

---

[8] "Sobre a filosofia e seu método", § 9.

estudo das representações intuitivas, primárias, dadas ao entendimento, por isso chamada *dianologia*. Por outro lado, o estudo das representações secundárias, abstratas, forma a teoria da razão ou *lógica*. Para Schopenhauer, as intuições empíricas possuem as formas do tempo, do espaço e da causalidade e, embora intelectuais, elas não são abstratas. Portanto, o domínio do intuitivo teria primazia em relação ao abstrato, que é sempre derivado do primeiro. Se, por um lado, Schopenhauer nega que o conhecimento sensível seja meramente cego e sem conceito, pois ele já conteria a forma da experiência, por outro lado, não haveria conceitos sem sua referência ao empírico,

> pois, são justamente os conceitos que adquirem todo significado, todo conteúdo, unicamente por sua referência às representações intuitivas, dos quais foram abstraídos, extraídos, quer dizer, formados por abstração de todo inessencial. Portanto, se deles é retirada a base da intuição, são vazios e nulos. As intuições, ao contrário, têm significado imediato e bastante grande (nelas objetiva-se a coisa-em-si): elas representam-se a si mesmas, enunciam-se por si mesmas, não tem um conteúdo meramente emprestado como os conceitos.[9]

Schopenhauer não diz que a filosofia prescinde completamente de conceitos abstratos. Pelo contrário, essa é sua *matéria*, embora não sua fonte, pois ela é não uma ciência *a partir de* conceitos, mas *em* conceitos.[10] O mérito de Kant consiste em ter reconhecido que os conceitos mais abstratos (considerados pela tradição e também por Kant como *categorias*) só permitem um uso na experiência e não na metafísica,

---

[9] "Crítica da filosofia kantiana" (Apêndice a *O mundo como vontade e representação*), trad. Maria Lúcia Cacciola, em *O mundo como vontade e representação*; "Crítica da filosofia kantiana" e *Parerga e paralipomena*, trad. Wolfgang Leo Maar, Maria Lúcia M. e O. Cacciola. São Paulo: Abril Cultural, 1980, pp. 132–33 (Os pensadores).

[10] Cf. *O mundo como vontade e representação*, "Complementos", cap. 4, *Sämtliche Werke* (ed. Hübscher; daqui em diante, citado como *SW*), v. III, p. 48.

INTRODUÇÃO

isto é, só permitem ligar um fato ao outro (como a causalidade, única categoria aceita por Schopenhauer), não utilizá-lo para além dos fenômenos. É certo, também, que existem intuições puras (como o tempo e o espaço), e até mesmo um conhecimento *a priori*, que diz respeito apenas à parte formal da experiência. Mas apenas essa parte formal não esgota a experiência; assim, a metafísica, enquanto ciência da experiência em geral, deve basear-se não apenas em conceitos puros *a priori*, ou na parte formal do conhecimento, mas deve ter uma origem empírica, nos fatos da consciência externa e interna: a metafísica não é apenas dedução das categorias do entendimento, mas decifração da experiência dada. E tal experiência, ainda que tenha no tempo, no espaço e na causalidade suas formas puras, não se esgota aí. Dessa forma, na impossibilidade que a filosofia encontra em se deter em meras determinações abstratas de pensamento, Schopenhauer irá sublinhar, especialmente contra Hegel, que a filosofia deve,

assim como a arte e a poesia, ela tem que ter a sua fonte na apreensão intuitiva do mundo. E embora a cabeça deva ficar em cima, não se deve proceder na filosofia com tanto sangue frio, de tal modo que no final o homem todo, com o coração e a cabeça, não viesse à ação e não fosse inteiramente abalado. Filosofia não é nenhum exemplo de álgebra.[11]

Os dois capítulos seguintes irão dar continuidade a essas reflexões, pois mostrarão os limites no interior dos quais atua o intelecto humano. No capítulo "Sobre Lógica e Dialética", Schopenhauer irá desenvolver sua "técnica da razão", que engloba não apenas a lógica e a teoria das formas silogísticas, mas também a dialética e a retórica. Essas últimas não têm em vista apenas o convencimento através de argumentos racionais, mas um discurso que busca convencer o interlocutor apelando para outros elementos além dos racionais. Se a disputa ou a controvérsia entre duas partes pode ser frutífera para ambas as partes, pois com isso as ideias que cada um

[11] "Sobre a filosofia e seu método", § 9.

tem seriam corrigidas e confirmadas, quando há um desequilíbrio de forças um dos contendores procurará se valer de truques e armadilhas que desestabilizarão seu adversário munido de melhores argumentos. A dialética apresentada por Schopenhauer nesse capítulo trata justamente dos meios que podem ser empregados contra essas artimanhas, e é chamada então *dialética erística*. Nesse momento do texto (§ 26), o filósofo oferece um resumo daquela compilação que fez de alguns estratagemas pelos quais se inicia uma argumentação que, buscando unicamente a vitória em um debate, abandona qualquer preocupação com a verdade. Schopenhauer escreveu em Berlim, por volta de 1830, um pequeno tratado chamado "Dialética erística", que contém 38 estratagemas para vencer um debate mesmo sem ter razão. O autor jamais publicou essa obra em vida, e as razões pelas quais ele não a publicou são dadas na sequência: "a consideração detalhada e minuciosa dos desvios e truques, que a natureza humana ordinária se vale para dissimular suas limitações não é mais apropriada para o meu estado de espírito, e por isso eu a deixo de lado".[12] O resumo aqui apresentado por Schopenhauer (a estrutura ou o esboço daquilo que é essencial ao assunto, como ele mesmo o chama) é, portanto, a única apresentação autorizada pelo autor de sua dialética erística. Para ele, todo esse conjunto de artimanhas não passa de um esconderijo da limitação e da incapacidade tão ligados à teimosia, à vaidade e à desonestidade das pessoas. O autor recomenda antes que se evite argumentar com alguém de quem se percebe a desonestidade e a teimosia. O recurso a esse tipo de procedimento revela, entretanto, a incerteza da verdade e a imperfeição do intelecto humano. Esse será um dos temas do capítulo seguinte.

---

[12] "Sobre lógica e dialética", § 26. Essa obra foi, entretanto, publicada postumamente e já recebeu duas edições em português com nomes diferentes: *Como vencer um debate sem precisar ter razão* (Rio de Janeiro: Topbooks, 2003) e *A arte de ter razão* (São Paulo: Martins Fontes, 2007).

INTRODUÇÃO

O capítulo "Pensamentos acerca do intelecto em geral e em todas as suas relações" oferece importantes contribuições à sua teoria do conhecimento exposta tanto na *Dissertação sobre a quádrupla raiz do princípio de razão suficiente* (sua tese de doutorado, publicada pela primeira vez em 1813 e reeditada, com muitas modificações, em 1847) quanto no primeiro livro de *O mundo como vontade e representação*. O que está em jogo aqui é uma reformulação da filosofia crítica de Kant, por meio de sua complementação por uma abordagem *objetiva* do conhecimento. Com isso, Schopenhauer procurará acertar suas contas com a filosofia do idealismo alemão, que procurou ultrapassar Kant através da superação de sua abordagem dualista do conhecimento. Enfim, trata-se de conciliar uma abordagem idealista, que tem em Kant seu principal representante, com uma abordagem fisiologista e até mesmo materialista do conhecimento, em consonância com a ciência de sua época. Essa abordagem — que a literatura sobre Schopenhauer costuma chamar de *correlativismo* — recebe diversas formulações ao longo de sua obra, mas consiste basicamente em jogar com um duplo ponto de vista, o primeiro partindo de algo subjetivo, como a consciência de si, a representação, o sujeito ou a vontade, e o segundo partindo de algo objetivo, que se apresenta ao entendimento como o mundo real, a natureza ou a matéria. O ponto de vista da representação é unilateral, incide apenas sobre um lado das coisas e exige, para que se complete o conhecimento do mundo, um ponto de vista que considere o que o mundo é em si mesmo. É possível refletir sobre o que seria o mundo em si mesmo quando se faz a analogia entre a vontade humana e todos os objetos do mundo. Nesse sentido, o filósofo compreende sua filosofia como metafísica imanente, pois parte de uma experiência dada na consciência de si, que é estendida à totalidade da experiência. Com a analogia que permite passar do conhecimento de si ao conhecimento das coisas externas, é possível uma consideração da natureza como graus sucessivos de *objetivação* da vontade. Acontece que se tudo na natureza, da matéria bruta ao animal mais desenvolvido, o homem, é manifestação de uma mesma vontade, também o conhecimento passa a ser submetido a tal processo: ele é apenas manifestação da vontade de viver. Assim, a partir dessa visão objetiva que constata empiricamente, por meio da analogia, processos naturais de objetivação da vontade, o conhecimento se vê dependente de uma série de fenômenos que o torna possível, o que parece contrariar o ponto de vista transcendental do início, segundo o qual o mundo seria "representação", isto é, dependente de um sujeito representante. Pois como poderia o mundo inteiro depender de algo que entretanto dele depende? Schopenhauer, todavia, deu ocasião para a crítica ao colocar as duas "visões sobre o intelecto" de modo abstrato, uma sem relação com a outra. Pois

é tão verdadeiro dizer que aquele que conhece é um produto da matéria quanto dizer que a matéria é uma mera representação do cognoscente: mas isso é também unilateral. Pois o materialismo é a filosofia do sujeito que se esquece de si mesmo em suas contas. Assim, a afirmação de que eu não passo de uma mera modificação da matéria, deve ser contraposta a esta: que toda matéria existe apenas em minha representação; e ela não tem menos razão.[13]

Da mesma forma, dizer "que a cabeça esteja no espaço não impede que se veja que o espaço também só está na cabeça".[14]

Aqueles que criticaram essa aparente contradição de Schopenhauer não notaram que é exatamente no jogo entre as perspectivas objetiva e subjetiva, fisiológica e transcendental, que Schopenhauer propõe uma solução para o princípio da filosofia que desde Kant os filósofos buscaram:

Aqui está o caminho pelo qual eu ultrapasso Kant e os limites postos

---

[13] *O mundo como vontade e representação*, "Complementos", cap. 1, *SW* (ed. Hübscher), v. III, p. 15.
[14] "Pensamentos acerca do intelecto", § 30.

por ele, ainda porém me mantendo no campo da reflexão, portanto da probidade, portanto sem o devaneio de uma pretensa intuição intelectual, ou pensar absoluto, que caracteriza o período da pseudofilosofia entre mim e Kant. Kant parte, por sua observação da insuficiência do conhecimento racional para penetrar a essência do mundo, do conhecimento como de um fato dado por nossa consciência, e procedia assim, nesse sentido, *a posteriori*. Eu procurei indicar nesse capítulo, assim como no escrito "Sobre a vontade na natureza", o que o conhecimento é em sua essência e origem, isto é, algo secundário, determinado aos fins individuais: daí segue-se sua incapacidade para compreender a essência do mundo; nessa medida chego ao mesmo resultado *a priori*. Mas não se conhece nada de modo inteiro e completo se não se o percorre inteiramente até chegar a seu outro lado, e daí alcançar um novo ponto de partida. Por isso, se deve também aqui na importante consideração do princípio do conhecimento, proceder não apenas como Kant, do intelecto para o conhecimento do mundo, mas como eu aqui procedi, do mundo tomado como existente ao intelecto. Assim se torna essa consideração fisiológica, em sentido amplo, o complemento daquela outra, ideológica como chamam os franceses, mas mais corretamente transcendental.[15]

O caráter crítico da filosofia de Schopenhauer se sustenta na asserção de que o caminho da reflexão da autoconsciência — criticado pelo idealismo de Schelling e de Hegel —, é o único possível para o indivíduo que pensa. Assim, ao procedimento dos idealistas que procuram dispensar qualquer pressuposto, Schopenhauer opõe o jogo dos pontos de vista:

Para compensar o procedimento arbitrário empregado no início e retificar o pressuposto, deve-se posteriormente trocar o *ponto de vista* e assumir o ponto de vista contrário, do qual se deduz por um argumento filosófico suplementar a suposição admitida inicialmente como dada.[16]

---

[15] *O mundo como vontade e representação*, "Complementos", cap. 22, *SW* (ed. Hübscher), v. III, pp. 328-29.
[16] "Pensamentos acerca do intelecto em geral", § 27. Cf. Cacciola, Maria Lúcia. *Schopenhauer e a questão do dogmatismo*. São Paulo: Edusp, 1994.

Assim, Schopenhauer arrola argumentos a favor de sua teoria de origem kantiana da idealidade do tempo (§ 29) e do espaço (§ 30) e de sua teoria sobre os dois lados da matéria, como *Materie*, conceito estabelecido *a priori* pelo entendimento, e como *Stoff*, a matéria dada na experiência, no tempo e no espaço (cf. § 42).[17]

Outro tema importante desse terceiro capítulo do segundo volume dos *Parerga* é a subordinação do intelecto à vontade. O sujeito do conhecimento não é, portanto, algo autônomo, é um mero fenômeno, algo secundário, um acidente condicionado pelo organismo, o que explica sua imperfeição e suas limitações. Isso compromete qualquer conhecimento objetivo da natureza das coisas, já que o intelecto humano subordina tudo aquilo que conhece às finalidades da vontade à qual está a serviço, e com isso alcança um conhecimento sempre relativo. Somente o gênio teria capacidade de ir além dessas limitações e de oferecer um conhecimento objetivo da essência das coisas — o que acarretará, por outro lado, alguma dificuldade para que o gênio lide com as preocupações da vida ordinária (cf. § 50 e ss.). Sendo assim, a coisa-em-si é certamente a vontade, existente por si mesma, primária e autônoma, é aquilo que se manifesta no mundo. O tema da relação entre a coisa-em-si e o fenômeno será o tema do capítulo 4.

Nesse curto capítulo 4, Schopenhauer expõe o núcleo de sua metafísica, a saber, a determinação da coisa-em-si como vontade e de todas as demais coisas como fenômenos em nossa representação. Nesse sentido, o fenômeno é compreendido também como *manifestação* ou *aparição* (*Erscheinung*) da vontade de viver que constitui o ser em si de tudo o que existe. A nomeação da coisa-em-si como vontade baseia-se no argumento analógico exposto no segundo livro de

---

[17] Para uma análise desses conceitos veja: Eduardo Brandão, *A concepção de matéria na obra de Schopenhauer*. São Paulo: Humanitas, 2009.

INTRODUÇÃO

O mundo como vontade e representação: se tenho um conhecimento de meu próprio corpo como vontade, como algo para além das formas do princípio de razão, que me permite conhecê-lo de um modo mais imediato que todo outro fenômeno dado à minha representação, devo estender esse mesmo conhecimento a todos os objetos dados na consciência das coisas exteriores, e por analogia compreender o núcleo de tudo o que é dado a esta consciência como "vontade". Essa vontade é, pois, "aquela que se apresenta na natureza desprovida de conhecimento como *força natural*, em um grau mais elevado como *força vital*, mas que no animal e no homem recebe o nome de *vontade*".[18] Dessa forma, o fenômeno é o lado externo da existência enquanto seu lado interno seria a vontade. Esta é a chave que Schopenhauer utiliza para desvendar o enigma do mundo.

"Algumas palavras sobre o panteísmo" nos traz um prolongamento da crítica de Schopenhauer à filosofia de seus contemporâneos: o autor enxerga um vínculo entre a filosofia universitária alemã, como tal subordinada aos ditames do Estado prussiano, e a recuperação da filosofia de Espinosa pelo idealismo alemão. Assim, o que se esconde por trás do panteísmo é ainda o teísmo, a concepção da existência como algo divino. É por se recusar a ver na existência a glória de Deus que Schopenhauer nega qualquer forma de teísmo: "o panteísmo é necessariamente um otimismo e, por isso, falso".[19] Tendo em vista tudo o que ocorre neste vale de lágrimas, muito mais correto seria, para Schopenhauer, identificar o mundo com o diabo.

O sexto capítulo, o mais longo de todo o segundo volume dos *Parerga e paralipomena*, também desenvolve um tema central da filosofia de Schopenhauer: a observação da natureza como *manifestação da vontade*. Por isso, a ciência da

---

[18] "Algumas considerações sobre a oposição entre a coisa-em-si e o fenômeno", § 63.

[19] "Algumas palavras sobre o panteísmo", § 69.

natureza oferece importantes dados à filosofia, já que a natureza mesma "é a vontade que observa a si mesma fora de si". O mundo mesmo é definido por Schopenhauer como o "autoconhecimento da vontade".[20] A partir disso, a ciência passa a ter cada vez maior importância para Schopenhauer, à medida que vê nela uma confirmação de sua metafísica, como procura demonstrar a obra "Sobre a vontade na natureza", de 1836. Mas a desvantagem essencial da ciência é que ela só observa a natureza pelo seu lado *objetivo*, fenomênico, sem se preocupar com o principal, que é seu lado subjetivo — seu íntimo que contém seu núcleo, a coisa-em-si: por isso cabe à filosofia o papel principal. Ao materialismo das ciências, que enxergam na *matéria* o real em geral que preenche o espaço e o tempo, Schopenhauer contrapõe o ponto de vista idealista que considera essa matéria apenas como fenômeno dado na representação. Em si mesma, essa matéria é a objetivação de uma força que para o filósofo é idêntica àquilo que conhecemos, em nossa consciência de si, como vontade. São essas forças que nos fazem conhecer a matéria. Mas "ela é apenas a manifestação dessas forças *simplesmente*, isto é, *in abstracto*, em geral. Em si ela é a visibilidade da vontade".[21]

Por fim, o último capítulo do presente volume traz as complementações que Schopenhauer pretendia fazer de sua teoria das cores. Em 1851, Schopenhauer tinha pouca esperança de publicar uma nova edição de seu tratado *Sobre a visão e as cores*, de 1816 (também publicado em latim em 1830 numa coletânea de escritos oftalmológicos). Entretanto, com o êxito da publicação destes *Parerga e paralipomena* e o reconhecimento público de sua filosofia, Schopenhauer resolve publicar em 1854 uma segunda edição de seu escrito *Sobre a visão e as cores*.[22] Nessa edição de 1854, Schopenhauer

---

[20] *Die Welt als Wille und Vorstellung*, daqui em diante citado como *WWV*, IV, § 71, *SW*, II, p. 485, tradução citada, p. 517.
[21] "Sobre filosofia e ciência da natureza", § 74.
[22] Essa obra foi recentemente traduzida para o português por Erlon José

incorporou muitas passagens deste presente capítulo. Esses acréscimos tinham como objetivo resgatar o interesse da *Doutrina das cores* (1810), de Goethe, duramente criticada pelos cientistas que se apoiavam em Newton. Aliás, o próprio Goethe havia recomendado que Schopenhauer trabalhasse numa teoria antinewtoniana das cores. Os dois se conheceram no salão literário promovido pela mãe de Schopenhauer em Weimar, por volta de 1813, quando o último publicou seu doutorado sobre a quádrupla raiz do princípio de razão suficiente. No final, uma certa divergência não pôde ser evitada, pois Schopenhauer elabora uma teoria que se afasta daquela de Goethe por privilegiar o aspecto subjetivo das cores e focar sua análise nas chamadas "cores fisiológicas" (aquelas que dependem da atividade da retina) e não nas cores químicas (aquelas que fariam parte do próprio objeto). Essa percepção da divergência, entretanto, só foi expressa por Goethe, que recebeu com frieza a teoria de Schopenhauer e chegou mesmo a exprimir posteriormente seu descontentamento. Schopenhauer, por sua vez, insiste na possibilidade de conciliar sua apreensão da natureza essencialmente subjetiva da cor com a teoria de Goethe, o que o leva a afirmar que "do ponto de vista de minha teoria, tudo fala a favor da teoria de Goethe contra a de Newton".[23] Os complementos aqui presentes procuram tornar isso mais claro.

Paschoal (São Paulo: Nova Alexandria, 2003). No prefácio a essa segunda edição, Schopenhauer comenta a mudança: "a atenção do público finalmente dirigida a minhas obras estendeu-se também a este texto pequeno e remoto, embora só uma pequena parte de seu conteúdo pertença à filosofia, e a maior à fisiologia. No entanto, de modo algum esta última será infrutífera ao leitor voltado apenas à filosofia, na medida em que um conhecimento mais exato e uma convicção mais firme da natureza totalmente subjetiva da cor contribuem para a compreensão mais profunda da doutrina de Kant, relativa às formas também subjetivas de todos os nossos conhecimentos, criando assim uma propedêutica filosófica bastante adequada". Cf., p. 16.

[23] "Sobre a teoria das cores", § 103.

***

Tomou-se como texto-base para a presente tradução a edição alemã organizada por Arthur Hübscher (*Sämtliche Werke*. Wiesbaden: F. A. Brockhaus, 3ª ed., 1972, v. VI). Também foram consultadas as edições de Wolfgang Frhr. von Löhneysen (Frankfurt am Main: Suhrkamp, 1993), e de Ludger Lütkehaus, *Werke in fünf Bänden* (Zurique: Haffmans, 1988, v. V). Consultamos o sexto volume desta última edição (seu *Beibuch*) para as versões das passagens em grego e latim. Tendo escolhido a edição de Hübscher como base, o leitor terá acesso aos adendos que Schopenhauer preparou para uma futura segunda edição autorizada dos *Parerga e paralipomena*. Essa edição, entretanto, não chegou a ser publicada e os acréscimos aqui presentes muitas vezes deixam o texto final truncado e indevidamente túrgido pelas referências literárias e científicas, o que dificulta sem dúvida o reconhecimento do valor literário da obra. No entanto, como a maior parte das traduções recentes para o inglês e o francês se baseiam nessa edição de Hübscher, procuramos não nos afastar dessa tendência. Assim, também consultamos as seguintes traduções: a tradução inglesa de E. F. J. Payne (*Parerga and Paralipomena, Short Philosophical Essays*, Oxford, Clarendon Press, 1974); a francesa de Jean-Pierre Jackson (*Parerga & Paralipomena, Pétits écrits philosophiques*. Paris: Coda, 2005); a espanhola de Pilar López de Santa Maria (*Parerga y Paralipómena* II. Madrid: Editorial Trotta, 2009), e a tradução brasileira do capítulo V de Wolfgang Leo Maar publicada no volume dedicado a Schopenhauer da coleção "Os Pensadores" (*O mundo como vontade e representação* (parte III); *Crítica da filosofia kantiana*; *Parerga e paralipomena* (capítulos V, VIII, XII, XIV), trad. Wolfgang Leo Maar e Maria Lúcia Mello e Oliveira Cacciola. São Paulo: Abril Cultural, 1980).

SOBRE A FILOSOFIA E SEU MÉTODO
PARERGA E PARALIPOMENA
(V. II, T. I)

SOBRE A FILOSOFIA E SEU MÉTODO

§. 1.

A BASE e o solo sobre os quais repousam todos os nossos conhecimentos e ciências é o inexplicável. É a ele que se refere toda explicação, por meio de muitas ou poucas etapas intermediárias, assim como no mar a sonda encontra o fundo, tanto em uma grande quanto em uma pequena profundidade, mas deve, por fim, encontrá-lo por toda a parte. Esse inexplicável cabe à metafísica.

§. 2.

Quase todo homem sempre pensa que ele é este homem aqui ($\tau\iota\varsigma$ ἄντρωπος), ao lado dos corolários que disso resultam: no entanto, poucos se dão conta do fato mais importante de que cada um é na verdade um homem (ὁ ἄντρωπος) e os corolários que disso se seguem. Os poucos que dão mais atenção à última do que à primeira proposição são os filósofos. A direção seguida pelos outros, porém, se reduz à tendência em ver nas coisas frequentemente somente o aspecto particular e individual, não sua universalidade. Somente os mais altamente dotados veem cada vez mais, segundo o grau de sua eminência, nas coisas particulares seu aspecto universal. Essa importante diferença atravessa toda a faculdade de conhecimento de modo que atinge também a intuição dos objetos mais ordinários; portanto, mesmo essa intuição numa mente brilhante é diferente da mesma em uma mente ordinária. Essa apreensão, que sempre se apresenta, do universal no particular coincide com o que eu chamei de sujeito puro do conhecer, isento de vontade, e que apresentei como o correlato subjetivo da ideia platônica. Pois somente se o conhecimento for dirigido ao universal é que pode permanecer isento de vontade; já o objeto do *querer*, pelo contrário, está nas coisas particulares, por isso o conhecimento dos animais se limita estritamente a esse particular e de acordo com isso seu intelecto permanece exclusivamente a serviço de sua vontade. Por outro lado, aquela direção do espírito para o universal é a condição indispensável para as verdadeiras realizações na filosofia, na poesia e nas artes e ciências em geral.

Para o *intelecto a serviço da vontade*, portanto no uso prático, só há *coisas particulares*. Para o intelecto que se ocupa com a arte ou a ciência, que é ativo por si mesmo, só há *universalidades*, todo tipo de gêneros, espécies, classes, *ideias* das coisas, pois mesmo o artista plástico quer apresentar ao indivíduo a ideia, quer dizer a espécie. Isso se deve ao fato de que a *vontade* somente se volta diretamente às coisas individuais: estas são seus verdadeiros objetos, pois apenas elas têm realidade empírica. Conceitos, classes, espécies, pelo contrário, só podem de maneira muito indireta se tornar seus objetos. Por isso o homem rude não tem nenhum sentido para as verdades universais; o gênio, ao contrário, desconsidera e negligencia o individual. Para ele, a ocupação obrigatória com o particular como tal que constitui a matéria da vida prática é uma maçante servidão.

§. 3.

Para filosofar, as duas primeiras exigências são as seguintes: primeiramente, que se tenha a coragem de não guardar em seu coração nenhuma pergunta sem resposta; e em segundo lugar, que se traga à clara consciência *aquilo que se entende por si mesmo* para considerá-lo como problema. Por fim, para se filosofar propriamente, a mente deve estar verdadeiramente ociosa: ela não deve perseguir nenhuma finalidade e não deve ser guiada pela vontade, mas entregar-se desinteressadamente ao aprendizado que o mundo intuitivo e a própria consciência lhe oferece. — Professores de filosofia, ao contrário, estão preocupados com seu próprio proveito, com sua vantagem pessoal e o que a ela conduz: aí está para eles a seriedade. Por isso não veem tantas coisas claras e não chegam uma única vez sequer ao esclarecimento sobre os problemas da filosofia.

§. 4.

O *poeta* oferece à imaginação imagens da vida, caracteres humanos e situações, põe tudo isso em movimento e deixa cada um levar seu pensamento tão longe quanto sua força espiritual lhe permite. Desse modo, ele consegue satisfazer homens das mais diversas capacidades, tolos e sábios, ao mesmo tempo. O *filósofo*, por sua vez, não apresenta daquela mesma maneira a vida, mas sim os pensamentos prontos que dela abstraiu e exige apenas que seu leitor pense do mesmo modo e com o mesmo alcance que ele próprio. Com isso o seu público será muito pequeno. Pode-se comparar o poeta, portanto, àquele que traz as flores, enquanto o filósofo se compara àquele que traz sua quintessência.

Uma outra grande vantagem das realizações poéticas em relação às filosóficas consiste em que todas as obras poéticas podem existir umas ao lado das outras sem se incomodarem mutuamente, e mesmo as mais heterogêneas podem ser estimadas e apreciadas por um só e mesmo espírito. Já um sistema filosófico, por sua vez, nunca vem ao mundo sem já ter em vista o declínio de todos os seus irmãos, tal como um sultão asiático quando ascende ao trono. Pois, assim como numa colmeia só pode haver *uma* rainha, da mesma forma só *uma* filosofia pode estar na ordem do dia. Pois os sistemas são por natureza tão insociáveis quanto as aranhas que permanecem apenas em sua própria teia e observam quantos insetos se tornarão suas presas, aproximando-se de uma outra aranha apenas para combatê-la. Portanto, enquanto as obras poéticas apascentam tranquilamente umas ao lado das outras como cordeiros, as obras filosóficas são como ani-

SOBRE A FILOSOFIA E SEU MÉTODO

mais predadores, aparentados, em sua sede de destruição, a escorpiões, aranhas e algumas larvas de inseto, que se voltam preferencialmente contra sua própria espécie. Elas aparecem no mundo como os homens em armadura, nascidos na terra dos dentes de dragão de Jasão, e como esses até o presente se exterminaram mutuamente. Tal batalha já dura mais de dois mil anos: resultará dela uma vitória final e uma paz duradoura?

Em consequência dessa natureza essencialmente polêmica, desse *bellum omnium contra omnes*[1] dos sistemas filosóficos, é infinitamente mais difícil obter reconhecimento como filósofo que como poeta. A obra do poeta não exige do leitor senão que ele entre em contato com uma série de escritos que o entretenha ou que o eleve e à qual ele deve dedicar algumas poucas horas. A obra do filósofo, ao contrário, quer revolucionar toda a maneira de pensar do leitor e dele exige que considere como um erro tudo aquilo que aprendera até então e acreditava como correto, que aceite como perdido todo o tempo e o esforço que ele fez para adquirir tal conhecimento e que comece de novo a partir do início. No máximo, ela deixará subsistir alguns fragmentos de um predecessor para a partir daí construir seu novo fundamento. A isso se acrescenta o fato de que ela reconhece como adversário todo aquele que professa um sistema já existente em virtude de sua função mesma. Até mesmo o Estado toma às vezes sob sua proteção um sistema filosófico favorito e impede o surgimento de qualquer outro utilizando poderosos meios materiais. Deve-se levar em conta ainda que o tamanho do público filosófico e o tamanho do público poético são proporcionais ao público que quer ser instruído e ao número de pessoas que querem se entreter: com isso pode-se medir *quibus auspiciis*[2] aparece um filósofo. — É verdade, porém,

---

[1] "Guerra de todos contra todos". Hobbes, *De cive*, I, 12; *Leviatã*, I, 13. [N.T.]

[2] "Sob quais auspícios." [N.T.]

que é a aprovação dos pensadores, a eleição de um longo intervalo de tempo e de todos os países, sem distinção de nação, que recompensa o filósofo. Pouco a pouco a multidão aprende a venerar seu nome pela força da autoridade. Em consequência disso, pelo lento mas profundo efeito do curso da filosofia em toda a humanidade, a história dos filósofos se desenrola desde milhares de anos paralelamente àquela dos reis, mas conta com cem vezes menos nomes do que esta. Por isso, é uma grande realização para alguém fixar um lugar permanente nessa história.

§. 5.

O escritor filosófico é o condutor e seu leitor o andarilho. Se eles devem chegar juntos, eles devem antes de tudo partir juntos diante de todas as coisas. Ou seja, o autor deve levar seu leitor a um ponto de vista que eles certamente têm em comum: este não pode ser nenhum outro que a consciência empírica que todos temos em comum. Que o filósofo tome seu leitor firmemente pela mão e veja que altura, para além das nuvens, ele pode atingir junto com ele, passo a passo, na trilha da montanha. Assim também fez Kant: ele parte da consciência inteiramente comum, tanto da consciência de si próprio quanto da consciência das outras coisas. Como é absurdo, pelo contrário, quando se quer partir do ponto de vista de uma pretensa intuição intelectual de relações hiperfísicas, ou mesmo de fatos, ou ainda de uma razão que percebe o suprassensível, ou mesmo de uma razão absoluta que se pensa a si mesma: pois tudo isso significa partir de pontos de vista de conhecimentos que não são imediatamente comunicáveis, o que faz com que, portanto, já de início o leitor fique sem saber se está ao lado do seu autor ou a milhas de distância dele.

§. 6.

Nossa própria e séria meditação e consideração profunda das coisas está para a *conversação* com um outro sobre as mesmas, assim como uma máquina está para um organismo vivo. Pois somente neste último tudo é talhado a partir de uma única peça ou tocado na mesma tonalidade; por isso, nele se pode atingir a completa clareza, inteligibilidade e verdadeira coesão, em suma, a unidade. Na outra, pelo contrário, porções heterogêneas de origem bem diversa são ajuntadas umas às outras de modo que se força uma unidade de movimento que é frequentemente interrompida inesperadamente. Somente entendemos perfeitamente a nós mesmos; os outros só pela metade: pois só podemos no máximo atingir a comunidade dos conceitos, não porém a apreensão intuitiva que está em sua base. Por essa razão, as profundas verdades filosóficas jamais são trazidas à luz por meio do pensamento ordinário e do diálogo. Mas o mesmo é bem apropriado para a preparação, para a busca e a ventilação de problemas, e em seguida para por à prova, para o controle e a crítica da solução proposta. Nesse mesmo sentido são compostos os diálogos de Platão, e a segunda e terceira academias que surgiram de sua escola tomaram por isso uma direção cada vez mais cética. Como forma de comunicação de pensamentos filosóficos, o diálogo escrito somente é apropriado quando sobre o objeto em questão se pode admitir dois ou mais pontos de vista bem diferentes ou mesmo opostos, sobre os quais cabe ao leitor o juízo, ou que, tomados em conjunto, conduziriam à compreensão completa e exata da questão. Ao primeiro caso pertence a refutação de objeções que são postas. A forma dialógica escolhida com esse propósito deve, além disso, assumir uma forma genuinamente dramática, visto que assim a diversidade de opiniões é extraída e elaborada minuciosamente: deve haver realmente dois interlocutores. Sem isso, o diálogo não passa de um jogo vão, como ocorre frequentemente.

§. 7.

Nem nosso conhecimento nem nossa compreensão progredirá de modo significativo por meio da comparação e da discussão do que é dito pelos outros. Pois isso seria como versar água de um vaso no outro. Nossa compreensão e conhecimento só poderão ser efetivamente enriquecidos com a observação das próprias coisas: pois somente ela é a fonte viva sempre presente e sempre à mão. Por isso, é curioso ver como filósofos aspirantes seguem frequentemente o primeiro caminho e parecem desconhecer completamente o outro; como se preocupam sempre com aquilo que um diz e outro possa ter pensado. Eles agem assim como alguém que sempre verte velhos vasos para ver se a menor gota ainda permanece lá, enquanto a fonte viva negligenciada escorre a seus pés. Nada denuncia tão bem quanto isso a sua incapacidade e mostra a falsidade de seu pretenso ar de importância, de profundeza e de originalidade.

§. 8.

Aqueles que esperam se tornar filósofos pelo estudo da história da filosofia deveriam antes concluir da mesma que na verdade filósofos *nascem* assim como poetas, e de fato bem mais raramente.

§. 9.

Uma definição de filosofia incomum e indigna, mas que até mesmo Kant oferece, é aquela segundo a qual ela seria uma ciência *de meros conceitos*. Toda a propriedade dos conceitos não consiste em nada senão naquilo que se depositou neles após ter sido solicitado e retirado do conhecimento intuitivo, essa fonte efetiva e inesgotável de toda compreensão. Por isso uma filosofia verdadeira não se deixa entretecer com meros conceitos abstratos; pelo contrário, ela deve ser fundada na observação e experiência, tanto a interna quanto a externa. Também não é por meio de meras combinações de conceitos — como fazem tão frequentemente especialmente os sofistas de nosso tempo, Fichte e Schelling, de modo ainda mais repulsivo Hegel e também Schleiermacher na moral — que algo correto na filosofia será realizado. Assim como

SOBRE A FILOSOFIA E SEU MÉTODO

a arte e a poesia, ela tem que ter a sua fonte na apreensão intuitiva do mundo. E embora a cabeça deva ficar em cima, não se deve proceder na filosofia com tanto sangue frio, de tal modo que no final o homem todo, com o coração e a cabeça, não viesse à ação e não fosse inteiramente abalado. Filosofia não é nenhum exemplo de álgebra. Por isso disse Vauvenargues: "*Les grandes pensées viennent du coeur*".³

§. 10.

Pode-se considerar em seu todo e em seu conjunto a filosofia de todos os tempos como um pêndulo que oscila de um lado para o outro entre o *racionalismo* e o *iluminismo*,⁴ isto é, entre o uso das fontes objetivas de conhecimento e o uso das fontes subjetivas.

O *racionalismo*, que tem como seu órgão o intelecto que originalmente é determinado a estar a serviço da *vontade* e por isso dirigido para o *exterior*, aparece primeiramente como *dogmatismo*, e como tal se comporta de maneira completamente *objetiva*. Depois ele se transforma em *ceticismo* e na sequência em *criticismo*, que empreende terminar a disputa por meio da consideração do *sujeito*: isto é, se torna *filosofia transcendental*. Por esta eu entendo toda filosofia que parte do fato de que seu objeto mais próximo e imediato não são as coisas, mas somente a consciência humana das coisas, a qual, portanto, ninguém deve deixar fora de consideração. Os franceses a denominam de modo impreciso como *méthode psychologique*, em oposição ao *méthode purement logique*, pela qual eles compreendem muito simplesmente a filosofia que parte de objetos ou de conceitos pen-

---

³ "Os grandes pensamentos vêm do coração." *Reflexions et maximes*, 127 [N.T.]

⁴ O original traz *Illuminismus* que não deve ser confundido com *Aufklärung*, também traduzido frequentemente por "iluminismo" (a partir da expressão francesa *les Lumières*), "ilustração" ou "esclarecimento", termo que designa um período da história marcado pelo racionalismo e pelos ideais de progresso e emancipação (política e ideológica) do homem. [N.T.]

sados objetivamente, portanto, o dogmatismo. Nesse ponto, o racionalismo chega à compreensão de que seu órgão diz respeito apenas ao *fenômeno*, e não atinge a essência última, íntima e própria das coisas.

Em todos os seus estágios, mas sobretudo neste, o *iluminismo* se afirma como a antítese do racionalismo. Essencialmente dirigido para o *interior*, o iluminismo tem como seu órgão a iluminação interior, a intuição intelectual, a consciência superior, a razão imediatamente cognoscente, a consciência divina, unificação e coisas semelhantes, e rebaixa o racionalismo como a "luz da natureza". Se ele toma como base uma religião, então ele se torna *misticismo*. Sua falha primordial consiste em que seu conhecimento é algo *não comunicável*. Isso reside em parte no fato de que para a percepção *interior* não há nenhum critério da identidade do objeto de diferentes sujeitos e, em parte, no fato de que um tal conhecimento deve, porém, ser comunicado pela linguagem, mas esta surgiu para o auxílio do conhecimento do intelecto dirigido para o *exterior*, através de abstrações da mesma, e é portanto bem inapropriada para expressar os estados interiores que são a matéria do iluminismo, que deve então formular uma linguagem própria, mas que é por sua vez impossível, devido àquela primeira razão. Como *não comunicável*, um tal conhecimento é também indemonstrável; por essa razão reaparece, de mãos dadas com o ceticismo, o racionalismo. O *iluminismo* pode já ser notado parcialmente em Platão, mas de modo mais decisivo ainda na filosofia dos neoplatônicos, dos gnósticos, de Dionísio, o Areopagita, assim como em Escoto Erígena; mais tarde entre os muçulmanos, no ensino dos *sufis*; na Índia, é dominante no Vedanta e Mimansa; também a ele pertencem de modo decisivo Jakob Böhme e todos os místicos cristãos. Ele sempre aparece quando o racionalismo percorreu seu caminho sem atingir o objetivo. Foi assim que ele apareceu como mística no fim da filosofia escolástica, em oposição a ela, especialmente entre os alemães, em Tauler e no autor da *Teologia alemã*, ao lado de outros; e da mesma forma nos últimos tempos como oposição à filosofia kantiana, em Jacobi e Schelling, e também no último período de Fichte. — Mas a filosofia deve ser um conhecimento *comunicável*, tem que ser um racionalismo, portanto. De acordo com isso eu apenas indiquei, ao final de minha própria filosofia, o âmbito do iluminismo como algo existente, mas me resguardei de dar um único passo sequer em seu terreno. Pelo contrário, também não procurei oferecer explicações definitivas sobre a existência do mundo, mas fui somente até onde era possível pelo caminho objetivo, racionalista. Ao iluminismo deixei espaço aberto para que encontrasse, à sua maneira, a solução de todos os enigmas, sem que com isso barrasse o meu caminho ou tivesse de polemizar contra mim.

Entretanto, frequentemente um iluminismo velado pode estar na base do racionalismo. Nesse caso então, o filósofo considera tal iluminismo como uma bússola secreta, enquanto ele pretende não se guiar senão pelas estrelas, isto é, pelos objetos exteriores que se apresentam claramente a ele e que ele toma exclusivamente em consideração. Isso é admissível, pois ele não busca comunicar o conhecimento imediato, mas sua comunicação permanece puramente objetiva e racional. Esse parece ter sido o caso com Platão, Espinosa, Malebranche e muitos outros; isso não diz respeito a ninguém, pois são os segredos de seu coração. Ao contrário, o apelo ruidoso à intuição intelectual e a narração ousada de seu conteúdo com a pretensão de validade objetiva, como no caso de Fichte e Schelling, é descarada e reprovável.

De resto, o *iluminismo* é em si mesmo uma tentativa natural e por isso justificável de alcançar a verdade. Pois o intelecto, que é dirigido para o *exterior* como mero órgão para o cumprimento das finalidades da vontade e, portanto, meramente secundário, é apenas uma *parte* do todo do nosso ser humano. Ele pertence ao *fenômeno* e seu conhecimento corresponde somente a ele, pois existe apenas para o seu objetivo. Por conseguinte, quando o intelecto que conhece objetivamente falha, o que pode ser mais natural do que colocar em jogo todo o nosso restante ser que deve ser, portanto, a coisa-em-si mesma, e pertencer à verdadeira natureza do mundo, e consequentemente trazer de alguma forma dentro de si a solução para todos os enigmas e buscar nele o auxílio? Como os antigos alemães que, depois de terem perdido tudo, colocam em jogo a própria pessoa. Mas a única maneira correta e válida objetivamente de resolver isso é apreender o fato empírico de uma vontade que se proclama a si mesma em nosso ser mais íntimo, que unicamente constitui nossa essência, e aplicar esse fato para a elucidação do conhecimento exterior objetivo, tal como fiz. O caminho do iluminismo, pelo contrário, pelas razões arroladas acima, não conduz ao fim visado.

§. 11.

A mera esperteza basta para fazer um cético, mas não um filósofo. Não obstante, o ceticismo é para a filosofia o que é a oposição no parlamento, ou seja, tão benéfico quanto necessário. Isso se deve ao fato de que a filosofia não é capaz de uma evidência do tipo que tem a matemática; tão pouco quanto o homem é capaz daquele impulso artístico típico do animal que é igualmente certo *a priori*. Por isso, diante de todo e qualquer sistema, o ceticismo se colocará no outro lado da balança; mas seu peso se tornará tão pequeno comparado ao outro que ao fim não irá mais incomodá-lo, assim como a quadratura aritmética do círculo, que é meramente aproximativa.

Aquilo que se sabe tem um duplo valor se admitirmos da mesma forma que não sabemos aquilo que *não se sabe*. Pois, dessa forma, sobre aquilo que sabemos não cairá a suspeita, a qual se mostra, por exemplo, nos discípulos de Schelling que afirmam saber aquilo que não se sabe.

§. 12.

Vereditos da razão é a expressão usada por todo aquele que toma algo por verdadeiro mesmo sem qualquer exame e se crê tão convencido de sua verdade que, mesmo se quisesse, não poderia colocá-lo seriamente à prova, pois isso significaria submetê-lo à dúvida. Ele chegou a conferir esse firme crédito, pois quando começou a falar e a pensar isso lhe foi repetido constantemente e assim lhe foi inculcado. Por isso, seu hábito de pensar essa verdade lhe é tão antigo quanto o hábito de pensar mesmo, de modo que não consegue mais separar uma coisa da outra; na verdade, tudo isso confundiu-se com seu cérebro. O que foi dito aqui é tão verdadeiro que prová-lo com exemplos seria tão supérfluo por um lado quanto questionável por outro.

§. 13.

Nenhuma visão de mundo que tenha surgido de uma apreensão objetiva e intuitiva das coisas e conduzida de maneira consequente pode ser inteiramente falsa; no pior dos casos, porém, ela é apenas unilateral. Assim é, por exemplo, o materialismo consumado, o idealismo absoluto, entre outros. Todos eles são verdadeiros, mas o são simultaneamente. Logo, sua verdade é apenas relativa. Cada compreensão é em si verdadeira apenas de um determinado ponto de vista, assim como um quadro representa a paisagem só de *um* ponto de vista. Se nos elevarmos do ponto de vista de um tal sistema, reconheceremos a relatividade de sua verdade, isto é, sua parcialidade. Somente o ponto de vista mais elevado que a todos observa e tudo leva em conta pode fornecer verdade absoluta. — De acordo com isso, será verdadeiro se eu considerar a mim mesmo como um mero produto da natureza, que um dia surgiu e está destinado ao completo declínio, à maneira do *Eclesiastes*. Mas também é verdade que eu sou tudo que foi e será, e que fora de mim nada existe. Da mesma forma, é verdade quando eu coloco a maior bem-aventurança no gozo do presente, à maneira de Anacreonte[5]. Mas é verdadeiro da mesma forma que eu reconheça o caráter salutar do sofrimento e o caráter nulo, sim, a perniciosidade de todo prazer e a morte como a finalidade da minha existência.

Tudo isso tem sua razão no fato de que toda visão conduzida de modo consequente é apenas uma apreensão intuitiva e objetiva da natureza traduzida em conceitos e com isso tornada fixa. Mas a natureza, por sua vez, jamais mente ou contradiz a si mesma, pois sua essência exclui essa possibilidade. Onde se tem contradição e mentira, lá há pensamentos que não se originaram da apreensão objetiva, como por exemplo, o otimismo. Por outro lado, uma apreensão objetiva pode ser incompleta e unilateral; então ela precisa de um complemento, não de uma refutação.

§. 14.

Reprova-se incansavelmente a metafísica pelos seus progressos tão pequenos em comparação aos tão grandes progressos das ciências naturais. Já Voltaire exclamava: *"O métaphysique! nous sommes aussi avancés que du temps des premiers Druides"*.[6] Mas qual outra ciência teve, como a metafísica, um antagonista *ex officio*, um acusador fiscal solicitado, um *King's champion*[7] em armadura, que invade sem defesa e sem armas, como um obstáculo permanente? Nunca pôde ela mostrar suas verdadeiras forças, nunca pôde dar seus passos de gigante desde que se lhe exigiu, sob ameaças, que acomodasse a si mesma a dogmas adaptados à capacidade tão pequena da grande massa. Primeiro atam nossos braços, depois nos escarnecem pelo fato de não podermos fazer nada.

As religiões se apoderaram da inclinação metafísica do

---

[5] Poeta lírico da Jônia (século VI a.C.).

[6] "Oh metafísica! Nós estamos tão avançados como no tempo dos primeiros druidas." *Mélanges de philosophie*, cap. 9. [N.T.]

[7] Cavalheiro real que desafiava todos aqueles que não reconheciam o rei no momento de sua coroação. [N.T.]

homem, em parte por paralisá-la através do inculcamento prematuro de seus dogmas e, em parte, por proibir e desaprovar todas as suas livres e francas manifestações. Deste modo, a investigação livre sobre os problemas mais importantes e mais interessantes, mesmo sobre sua própria existência, foi em parte diretamente proibida ao homem, em parte indiretamente obstruída, em parte subjetivamente tornada impossível por meio daquela paralisação e desse modo a mais sublime de suas disposições se encontra acorrentada.

§. 15.

Para nos tornarmos tolerantes em relação a opiniões contrárias à nossa, e pacientes diante de contradições, nada pode ser mais eficaz do que lembrar que frequentemente nós mesmos mantemos opiniões sucessivamente inteiramente contrárias sobre o mesmo assunto e mudamos de opinião às vezes até num curto espaço de tempo, e que ora rejeitamos ora aceitamos uma opinião ou seu contrário de acordo com a visão que se tem do objeto a partir de uma outra luz.

De acordo com isso, nada é mais apropriado para fazer nosso interlocutor aceitar a objeção que levantamos contra sua opinião que a frase: "eu também era dessa opinião, mas" etc.

§. 16.

Uma doutrina falsa, seja ela composta de visões equivocadas ou originada de má intenção, só se justifica devido a circunstâncias especiais, e por consequência só subsiste num determinado tempo. Só a verdade tem validade em todo tempo, ainda que ela possa ser momentaneamente desconsiderada ou abafada. Tão logo surja uma pequena luz de dentro ou um pouco de ar vindo de fora, haverá alguém para cuidar dela e defendê-la. Pois ela não surgiu para os propósitos de algum partido; então sempre haverá cabeças eminentes que se proclamarão seus guardiões. Pois ela é como o magneto que sempre indica para um ponto determinado e absoluto do mundo, enquanto a doutrina falsa assemelha-se a uma estátua, que com sua mão aponta para uma outra estátua, mas uma vez que é separada dela perde toda significação.

§. 17.

O que mais se opõe à descoberta da verdade não é a falsa aparência que vem das coisas e que conduz ao erro, nem mesmo a fraqueza do entendimento, mas a opinião preconcebida, o preconceito que como um *a priori* espúrio se coloca contra a verdade. Ele se assemelha ao vento contrário que tira o barco da direção da terra ansiada e torna inútil o comando da vela e do timão.

§. 18.

Eu comento da seguinte forma esses versos de Goethe no *Fausto*:

> O que hás herdado de teus pais
> Adquire, para que o possuas.[8]

Descobrir por si mesmo o que pensadores antes de nós já descobriram, e isso independentemente deles e antes que tenhamos conhecido o que eles pensavam, é de muito valor e de muita utilidade. Pois entendemos de modo muito mais profundo o que foi pensado por nós mesmos do que aquilo que aprendemos, e quando nós subsequentemente encontramos isso presente nos pensadores precedentes, isso confere uma confirmação da parte da autoridade reconhecida dos outros, o que inesperadamente fortalece a convicção em sua verdade. Com isso se ganha confiança e segurança para defender-se contra toda contradição.

Por outro lado, se descobrimos algo primeiro nos livros e depois chegamos ao mesmo resultado através da própria reflexão, nunca saberemos com certeza se pensamos e julgamos isso mesmo ou se simplesmente estaremos repetindo

---

[8] "Was du ererbt von deinen Vätern hast,/ Erwirb es, um es zu besitzen." Goethe, *Fausto* I, versos 682-683, trad. Jenny Klabin Segall. São Paulo: Editora 34, 2004, p. 51.

aquilo que outros já disseram ou se apropriando de seus sentimentos. Isso faz, entretanto, uma grande diferença em relação à certeza do assunto. Pois, no último caso, nós poderemos ao fim nos enganar com esses predecessores unicamente por preocupação, assim como a água segue facilmente um curso já previamente preparado. Quando duas pessoas fazem cálculos, cada uma por si, e ambas chegam ao mesmo resultado, então esse é um resultado certo; mas não quando o cálculo de uma é apenas revisto pela outra.

§. 19.

Em consequência da natureza de nosso intelecto, derivado da vontade, não podemos evitar conceber o mundo ou como *fim* ou como *meio*. No primeiro caso se poderia dizer que a existência do mundo seria justificada por sua essência, portanto sua existência seria decididamente preferível ao seu não-ser. Mas só o conhecimento de que o mundo é um campo de batalha entre seres sofredores e mortais não deixa essa ideia subsistir. De outra parte, porém, a infinitude do tempo percorrido até aqui não permite concebê-lo como *meio*, pois a infinitude desse tempo já decorrido deveria bastar para que já tivesse sido alcançado todo fim. — Disso se segue que a aplicação daquele pressuposto natural ao nosso intelecto para a totalidade das coisas ou para o mundo é *transcendente*, isto é, pode ser válida *no* mundo, não *para* o mundo. Isso se esclarece pelo fato de que esse pressuposto tem sua origem na natureza de um intelecto que, como eu mostrei, é originalmente destinado a servir uma *vontade* individual, isto é, para atingir seus objetos, e por isso é exclusivamente voltado para meios e fins e não conhece nem compreende nada mais.

§. 20.

Quando olhamos para *fora*, onde a incomensurabilidade do mundo e a quantidade inumerável de seres nos é apresentada, nosso próprio eu, enquanto simples indivíduo, se reduz a nada e parece desaparecer. Quando se é levado por essa imensidão de massa e número, pensa-se que somente a filosofia dirigida para o *exterior*, portanto, a *filosofia objetiva* pode estar no bom caminho. Também os mais velhos filósofos gregos não duvidavam disso.

Se, ao contrário, olharmos para *dentro*, nós veremos que cada indivíduo só tem um interesse imediato consigo mesmo; de fato, ele tem muito mais a si mesmo no coração que todos os outros reunidos, o que vem do fato de que ele só conhece a si mesmo de maneira imediata, todos os outros de modo apenas indireto. Se acrescentarmos a isso o fato de que todo ser consciente e cognoscente apenas é possível enquanto indivíduo e que os seres sem consciência só têm uma meia existência meramente mediata, então se segue que toda existência genuína e autêntica está nos indivíduos. Quando ainda se reflete sobre o fato de que o objeto é condicionado pelo sujeito e que, portanto, aquele mundo exterior imensurável tem existência apenas na *consciência* de um ser cognoscente, e por isso está decididamente ligado à existência dos indivíduos que são seus portadores, então esse mundo pode ser considerado nesse sentido até mesmo como um mero equipamento, um acidente da consciência sempre individual. — Quando se tem tudo isso em vista, então se chega ao resultado de que somente a filosofia voltada para o *interior*, que parte do sujeito como dado imediato, ou seja, a filosofia dos modernos desde Descartes, está no caminho certo e, portanto, os antigos desconsideraram o ponto principal. Mas só se chega à completa convicção disso ao aprofundar-se em si mesmo e trazer à consciência o sentimento da originalidade que está presente em todo ser cognoscente. Mais do que isso, cada ser humano, mesmo o mais insignificante, sente-se, em sua simples consciência de si, como o mais real dos seres e reconhece necessariamente em si o verdadeiro centro do mundo, como a fonte originária de toda realidade. E poderia essa consciência originária mentir? Sua mais forte expressão são as palavras dos Upanixades: "*hae omnes cre-*

aturae in totum ego sum, et praeter me ens aliud non est, et omnia ego creata feci (*Oupnekh*. I, p. 122).[9] Isso representa certamente a transição para o iluminismo, até mesmo para o misticismo. É esse o resultado da consideração voltada para o interior, enquanto a consideração voltada para o exterior só nos deixa ver a finalidade de nossa existência como uma pilha de cinzas.[10]

§. 21.

Sobre a *divisão da filosofia*, que é especialmente importante tendo em vista sua exposição, de acordo com meu ponto de vista, deveria valer o seguinte.

A filosofia tem como seu objeto a experiência, é verdade, mas diferente das outras ciências, não essa ou aquela experiência determinada, mas a experiência mesma, em geral e como tal, segundo sua possibilidade, seu domínio, seu conteúdo essencial, seus elementos internos e externos, sua forma e sua matéria. Por conseguinte, a filosofia deve ter uma base empírica e não ser entretecida a partir de conceitos puros e abstratos, como eu expliquei de maneira pormenorizada no capítulo 17 do segundo volume de minha obra principal ([*O mundo como vontade e representação*], pp. 180–85)[11] e também resumi rapidamente acima no parágrafo 9. Por aquilo que se declarou ser seu tema, resulta que a primeira coisa que ela tem que considerar é o *medium* pelo qual a *experiência em geral* se apresenta a si mesma, ao lado de sua forma e natureza. Esse *medium* é a representação,

---

[9] "Eu sou mesmo toda essa criação, e além de mim não existe nenhum outro ser; eu criei tudo que foi criado." [N.T.]

[10] Finito e infinito são conceitos que só têm significado em relação ao tempo e ao espaço. Pois ambos são infinitos, isto é, sem fim e infinitamente divisíveis. Se aplicarmos ainda esses dois conceitos a outras coisas, então isso deve servir para coisas tais que preencham o espaço e o tempo e compartilhem suas propriedades. Daí podemos ver com que grande abuso os filosofastros e cabeças de vento trataram esses conceitos no século XIX. [N.A.]

[11] Quando não houver outra indicação, Schopenhauer refere-se à segunda edição desta obra, de 1844. [N.T.]

o conhecimento, portanto, o intelecto. Dessa forma, toda filosofia deve começar com uma investigação sobre a faculdade de conhecimento, suas formas e leis, assim como de sua validade e de seus limites. Uma tal investigação será a *philosophia prima*. Ela se divide, de um lado, na consideração das representações primárias, isto é, intuitivas, parte que recebe o nome de *Dianologia* ou teoria do entendimento; e de outro, na consideração das representações secundárias, isto é, abstratas, assim como da ordenação de seu uso, formando assim a *lógica* ou a teoria da razão. Essa parte geral compreende, ou melhor, substitui ao mesmo tempo aquilo que outrora se chamava *Ontologia*, que compunha a teoria das propriedades mais universais e essenciais das coisas em geral enquanto tais. Pois se considera como propriedades das coisas em si mesmas o que somente pertence a elas em consequência da forma e da natureza de nossas faculdades representativas, já que todos os seres que essas apreendem devem se exibir de acordo com a forma e natureza da nossa faculdade representativa e, por isso, deve trazer em si certas propriedades comuns a todas elas. Isso se compara ao ato de atribuir uma cor aos objetos a partir da lente pela qual as vemos.

A filosofia em sentido mais estrito que se segue de tal investigação é a *metafísica*, pois ela não apenas reconhece aquilo que existe, a natureza, e a ordena e a considera em seu nexo, mas também a apreende como um fenômeno dado, de alguma maneira determinado, no qual se apresenta um ser dela mesma diferente, que seria então a coisa-em-si. Esta última é aquilo que ela busca conhecer mais de perto: os meios para isso são, em parte, a combinação da experiência externa com a interna e, em parte, a conquista de uma compreensão do fenômeno em seu conjunto, por meio da descoberta de seu sentido e de sua conexão — o que pode ser comparado à leitura dos caracteres misteriosos de um escrito desconhecido. Nesse caminho, a filosofia chega, a partir da aparência, *àquilo que aparece* [*Erscheinende*], àquilo que está escondido atrás da primeira; por isso τὰ μετὰ τὰ φυσικά. Consequentemente, ela se divide em três partes:

- Metafísica da natureza
- Metafísica do belo
- Metafísica dos costumes.

A dedução dessa divisão pressupõe já a metafísica. Essa indica a coisa em si, a essência íntima e última do fenômeno como presente em nossa *vontade*; por isso será investigada, depois da consideração de como ela se apresenta na natureza externa, sua manifestação imediata e bem diferente em nosso íntimo, donde surge a metafísica dos costumes. Antes disso, porém, será tomada em consideração a compreensão mais completa e pura de sua manifestação objetiva e exterior, que nos é oferecida pela metafísica do belo.

Não há psicologia racional ou doutrina da alma, pois como Kant provou, a alma é uma hipóstase transcendente e como tal não demonstrada e injustificada. Por isso, a oposição entre "espírito e natureza" fica a cargo dos filisteus e dos hegelianos. A essência em si do homem só pode ser compreendida em conjunção com a essência em si de todas as coisas, portanto, do mundo. Por isso já Platão colocava, em seu *Fedro* (270c), através de Sócrates, a seguinte pergunta em sentido negativo: "Acreditas ser possível conhecer a natureza essencial da alma em um sentido próprio sem conhecer a natureza essencial de todo o universo?" (*Animae vero naturam absque totius natura sufficienter cognosci posse existimas?*).[12] O microcosmo e o macrocosmo se esclarecem mutuamente, à medida que ambos se revelam no essencial

---

[12] Em grego, no original: "ψυχῆς οὖν φύσιν ἀξίως λόγου κατανοῆσαι οἴει δυνατὸν εἶναι ἄνευ τῆς τοῦ ὅλου φύσεως;"

como o mesmo. Essa consideração ligada ao íntimo do homem penetra e preenche toda a metafísica em todas as suas partes, e não pode, portanto, aparecer separadamente como psicologia. A *antropologia*, ao contrário, como ciência da experiência, pode se estabelecer, mas é por um lado anatomia, por outro fisiologia — por outro ainda mera psicologia empírica, isto é, conhecimento das manifestações e particularidades morais e intelectuais do gênero humano que surge da observação, e nesse sentido, conhecimento também da variedade das individualidades. O mais importante, entretanto, é necessariamente antecipado e preparado, como matéria empírica, pelas três partes da metafísica. O que ainda resta exige fina observação e espirituosa compreensão, até mesmo consideração de um ponto de vista um tanto mais elevado, quero dizer, de alguma superioridade que se pode saborear somente nos escritos de espíritos privilegiados como Teofrasto, Montaigne, La Rochefoucauld, La Bruyère, Helvétius, Chamfort, Addison, Shaftesbury, Shenstone, Lichtenberg, entre outros. Mas isso não se deve buscar nem aturar nos compêndios de professores de filosofia sem espírito e por isso hostis a ele.

SOBRE LÓGICA E DIALÉTICA

§. 22.

Toda verdade *universal* está para as verdades particulares assim como o ouro está para a prata, pois se pode convertê-la em um número considerável de verdades especiais que se seguem dela, assim como se converte uma moeda de ouro em uma moeda de baixo valor. Por exemplo, toda a vida das plantas é um processo de desoxidação, enquanto a vida dos animais é um processo de oxidação; ou também, em toda parte que uma corrente elétrica entra em circulação se produz imediatamente uma corrente magnética que a atravessa perpendicularmente; ou *"nulla animalia vocalia, nisi quae pulmonibus respirant"*;[1] — ou: *"tout animal fossil est un animal perdu"*;[2] ou nenhum animal ovíparo tem um diafragma. Todas essas são verdades universais das quais se podem deduzir muitas verdades particulares para usar na explicação de fenômenos que ocorrem ou mesmo antecipá-los antes que apareçam. Igualmente valiosas são também as verdades gerais no âmbito moral e psicológico: toda regra geral, toda sentença, e até todo provérbio, vale ouro. Pois eles são a quintessência de milhares de eventos que se repetem todo dia e por meio dos quais são exemplificados e ilustrados.

§. 23.

Todo juízo *analítico* é simplesmente o desdobramento de um conceito, enquanto um juízo *sintético* é a formação de um novo conceito a partir de dois que já estão presentes em outra parte no intelecto. Mas a combinação desses dois

---

[1] "Nenhum animal sem pulmão é dotado de voz." [N.T.]
[2] "Todo fóssil animal é um animal extinto." [N.T.]

conceitos deve ser mediada e fundamentada por meio de uma *intuição* qualquer. E na medida em que essa intuição for empírica ou pura *a priori*, então o juízo que daí resulta é um juízo sintético *a posteriori* ou *a priori*.

Todo juízo *analítico* contém uma tautologia e todo juízo isento de tautologia é *sintético*. Disso se segue que, em um discurso os juízos analíticos só podem ser empregados sob a condição de que aquele a quem o discurso é dirigido não tenha um conhecimento tão completo e presente do assunto como aquele que fala. — Além disso, o caráter sintético das proposições geométricas se demonstra pelo fato de não conter nenhuma tautologia. No caso das proposições aritméticas isso não é tão óbvio, mas também é assim. Pois quando se conta de 1 a 4 e de 1 a 5, por exemplo, a unidade é toda vez repetida, assim como de 1 a 9, o que não constitui nenhuma tautologia, mas é possibilitado pela intuição pura do tempo e sem ela não seria compreensível.

§. 24.

De *uma* proposição não deve seguir-se nada além do que nela já está contido, isto é, daquilo que ela mesma diz para a compreensão exaustiva de seu sentido. Mas de *duas* proposições, quando elas estão ligadas silogisticamente a premissas, pode seguir-se mais do que aquilo que nelas está contido quando tomadas separadamente — tal como um corpo quimicamente composto mostra propriedades que nenhum de seus elementos possuía quando considerados isoladamente. Nisso reside o valor dos silogismos.

§. 25.

Toda *demonstração* é uma dedução lógica de uma proposição afirmada a partir de uma proposição já admitida e certa — com a ajuda de uma outra como segunda premissa. Essa proposição deve então ou ter ela mesma uma certeza imediata, melhor dizendo, primordial, ou seguir-se logicamente de uma que tenha tal certeza. Tais proposições de uma certeza original, portanto, não comprovadas constituem as verdades fundamentais de todas as ciências e sempre surgem como resultado da transposição daquilo que foi de algum modo apreendido intuitivamente para aquilo que é pensado, o abstrato. Por isso, elas são consideradas *evidentes*, um predicado que só pertence propriamente a elas, não a proposições meramente demonstradas que, como *conclusiones ex praemissis*[3] devem ser qualificadas apenas como consequentes. De acordo com isso, a verdade delas é indireta, derivada e emprestada: no entanto, elas podem ser tão certas como qualquer proposição de verdade imediata, a saber, quando são corretamente inferidas de uma proposição desse gênero, mesmo que a partir de sentenças intermediárias. Mesmo com essa condição, sua verdade pode ser frequentemente demonstrada e tornada clara para qualquer um mais facilmente do que a partir de um axioma cuja verdade só pode ser conhecida imediata e intuitivamente, pois para a cognição de tal axioma faltam tanto as condições objetivas quanto subjetivas. Essa relação é análoga ao caso do imã de aço, que é produzido por compartilhamento, e que não apenas é tão forte quanto o magneto de ferro original, mas frequentemente tem ainda mais poder de atração do que ele.

As condições subjetivas do conhecimento das proposições imediatamente verdadeiras constituem aquilo que se chama faculdade de julgar; esta pertence às prerrogativas das mentes superiores, enquanto a capacidade de tirar a conclusão correta a partir de premissas dadas não falta a nenhuma mente sadia. Pois para estabelecer proposições originais, imediatamente verdadeiras, é exigida a transposição para o conhecimento abstrato daquilo que é intuitivamente conhecido. Mas a capacidade para isso é normalmente muito limitada nas mentes comuns e não se estende senão a relações facilmente visíveis, como por exemplo, os axiomas

---

[3] "Conclusões a partir de premissas." [N.T.]

de Euclides, ou também a fatos bem simples, incontestáveis, plenamente óbvios para elas. O que ultrapassa isso pode apenas convencê-los por meio do recurso a uma prova, que não requer nenhum outro conhecimento imediato que aquele que é expresso na lógica pelos princípios de contradição e de identidade e que são repetidos nas provas em cada passo. Por conseguinte, em tal caminho tudo deve ser remetido às verdades mais simples, as únicas que eles podem imediatamente apreender. Se partirmos do geral para o especial temos uma dedução; mas se procedermos a partir do sentido contrário, teremos então uma indução.

Mentes capazes de juízo, inventores e descobridores ainda mais, possuem em um grau muito maior a capacidade de passar daquilo que é intuído para aquilo que é pensado, ou abstraído. Desse modo, essa faculdade se estende à compreensão de relações bem complicadas, e com isso, o campo de proposições imediatamente verdadeiras é para eles incomparavelmente mais extenso e abrange muito daquilo de que os outros só podem adquirir uma fraca e meramente indireta convicção. Para estes, a prova de uma verdade nova recém-descoberta é buscada a partir da remissão a verdades já conhecidas ou indubitáveis. Mas há casos em que isso não é aplicável. Por exemplo, eu não posso encontrar nenhuma prova para as seis frações pelas quais eu exprimi as seis principais cores, e que unicamente revelam a essência própria e específica de cada uma delas e assim explicam efetivamente pela primeira vez as cores ao entendimento. E, no entanto, sua certeza imediata é tão grande que dificilmente alguma mente dotada de juízo será capaz de negá-la. E por isso o senhor professor Rosas, de Viena, a tomou para si como se fosse o resultado de sua própria compreensão: sobre isso eu remeto ao meu ensaio "Sobre a vontade na natureza", p. 19.[4]

---

[4] Schopenhauer remete especificamente ao capítulo intitulado "Fisiologia e patologia" de seu ensaio "Sobre a vontade na natureza". [N.T.]

§. 26.

A controvérsia, a disputa sobre um assunto teórico, pode sem dúvida ser muito frutífera para as duas partes, pois com isso as ideias que cada um tem são corrigidas e confirmadas, além de estimular o surgimento de novas. É um conflito ou colisão de duas mentes que frequentemente provoca faíscas; mas é análoga a colisão dos corpos, na qual o corpo mais fraco via de regra sofre, enquanto o mais forte se sai bem e deixa escapar um grito de vitória. Em consideração a isso, o que se requer é que ambos os disputantes sejam de certo modo equivalentes, tanto em conhecimento quanto em inteligência e habilidade. Se falta a um deles o conhecimento, então ele não está *au niveau*, e por isso não tem acesso aos argumentos do outro; está como que fora do terreno da disputa. Mas se lhe falta a inteligência e a habilidade, a exasperação que subitamente tomará conta dele o induzirá pouco a pouco a lançar mão de todo tipo de deslealdade, subterfúgios e chicanas na discussão, e se essas lhe forem demonstradas apelará até mesmo à grosseria. Por consequência, assim como nos torneios só os iguais são admitidos, um erudito não deve entrar em disputa com leigos, pois contra eles não poderá usar seus melhores argumentos, pois faltam a eles os conhecimentos necessários para entendê-los e ponderá-los. Se ele tenta, nessa circunstância embaraçosa, torná-los compreensíveis, ele fracassará na maioria das vezes; de fato, através de contra-argumentos ruins e grosseiros eles parecerão ter razão aos olhos de ouvintes tão ignorantes quanto eles. Por isso diz Goethe:

> Não te deixes em nenhum momento
> induzir em contradição;
> sábios caem na ignorância
> quando discutem com ignorantes.[5]

---

[5] "Laß Dich nur zu keiner Zeit/ Zum Widerspruch verleiten:/ Weise

Mas ainda pior é a situação quando falta ao adversário inteligência e entendimento, a menos que ele suplante essa falta com um esforço sincero pela verdade e pela instrução. Pois de outro modo ele se sentirá logo ferido em sua parte mais vulnerável, e aquele com quem ele discute logo notará que ele não trata mais com seu intelecto, mas com o radical do homem, sua vontade, para a qual a única coisa que importa é a vitória, *per fas* ou *per nefas*.[6] Doravante seu entendimento estará dirigido apenas para as astúcias, os artifícios e deslealdades de todo tipo; uma vez esgotados esses recursos ele será levado à grosseria, para compensar de qualquer maneira a inferioridade que ele sabe ter, até que possa, de acordo com o estágio e as circunstâncias dos disputantes, transformar o conflito de mentes em uma luta de corpos, na qual ele pensa ter maior chance de sucesso. Daí a segunda regra, segundo a qual não se deve disputar com pessoas de entendimento limitado. Vê-se assim já, que não restarão muitos com os quais se pode entrar numa controvérsia. Na verdade, essa só pode acontecer com aqueles que contam entre as exceções. Por outro lado, em geral as pessoas, tais como são em regra, se ofendem quando não temos a mesma opinião que elas; mas então elas deveriam organizar melhor suas opiniões de modo que se pudesse aceitá-las. De qualquer modo, uma controvérsia com elas não leva senão a aborrecimentos, mesmo quando elas não recorrem a *ultima ratio stultorum*[7] acima mencionada. Pois nesse caso não está em jogo apenas sua incapacidade intelectual, mas também se trata de sua depravação moral, que se manifesta especialmente na frequente desonestidade de seu comportamento na disputa. As artimanhas, os truques e chicanas aos quais elas recorrem para ter razão são tão numerosos e variados, e ainda assim tão regularmente recorrentes,

---

verfallen in Unwissenheit,/ Wenn sie mit Unwissenden streiten." (Goethe, *West-östlicher Divan*).

[6] "Pelo bem ou pelo mal." [N.T.]
[7] "Último recurso dos estultos." [N.T.]

que eu os tornei objeto de minha própria reflexão há alguns anos e procurei atentar para seu lado puramente formal após perceber que, mesmo que fossem diferentes tanto os objetos de discussão como as pessoas nela envolvidas, ainda assim os mesmos truques e artimanhas sempre voltavam e eram facilmente reconhecíveis. Isso me levou à ideia de separar nitidamente a parte meramente formal desses truques e artimanhas de sua parte material e colocá-los à mostra como um preparo anatômico. Eu reuni pois todos os procedimentos desonestos tão frequentemente empregados na disputa e apresentei claramente cada um deles segundo suas características próprias, ilustrando com exemplos, e indiquei para cada um deles um nome específico. Por fim, eu adicionei ainda os meios que se podem empregar contra eles, como um tipo de defesa contra essas armadilhas; donde se desenvolveu uma *dialética erística* formal.[8] Nessa dialética, os artifícios acima mencionados ou estratagemas, como figuras erísticas e dialéticas, tomam o lugar que na lógica é ocupado pelas figuras silogísticas, e na retórica pelas figuras retóricas. Com essas duas ela tem em comum o fato de que são de certo modo inatas, na medida em que sua prática precede a teoria, e para empregá-las nós não temos a necessidade de tê-las aprendido antes. A exposição puramente formal delas seria um complemento daquela *técnica da razão* que é apresentada no capítulo 9 do segundo volume de minha obra principal, e que é constituída de lógica, dialética e retórica.[9]

---

[8] Schopenhauer escreveu em Berlim, por volta de 1830, um pequeno tratado chamado *Dialética erística*, que contém 38 estratagemas para vencer um debate mesmo sem ter razão. O autor jamais publicou essa obra em vida, e as razões pelas quais ele não publicou esse tratado foram dadas logo depois. O autor diz: "a consideração detalhada e minuciosa dos desvios e truques, que a natureza humana ordinária se vale para dissimular suas limitações não é mais apropriada para o meu estado de espírito, e por isso eu a deixo de lado".

[9] Schopenhauer se refere ao capítulo 9 dos "Complementos" a *O mundo como vontade e representação*, intitulado "Sobre lógica em geral".

SOBRE LÓGICA E DIALÉTICA

Como, pelo que sei, não existe nenhuma tentativa de fazer algo deste tipo, eu não pude me valer de nenhum trabalho anterior. Somente os *Tópicos* de Aristóteles me foram úteis em uma coisa ou outra, assim como pude também usar para meu fim algumas regras para a disposição (κατασκευάζειν) e revogação (ἀνασκευάζειν) das afirmações. Mas a obra realmente correspondente a esse tema deve ter sido a obra de Teofrasto mencionada por Diógenes Laércio, *Agonística, manual teórico sobre a controvérsia*,[10] que se perdeu junto com seus escritos sobre retórica. Também Platão faz menção, no livro v da *República*, a uma ἀντιλογικῆς τέχνης [arte da contradição] que ensina a ἐρίζειν [disputar], assim como a διαλεκτική [arte da conversa] ensinava a διαλέγεσθαι [discussão]. Dos livros modernos, o que mais se aproxima de meu propósito é o livro do professor Friedemann Schneider, de Halle, *Tractatus logicus singularis, in quo processus disputandi, seu officia, aeque ac vitia disputantium exhibentur* [*Tratado de lógica particular, no qual são expostos o método utilizado na controvérsia, suas leis, assim como os vícios da disputa*], Halle, 1718. Isso porque esse livro expõe no capítulo sobre os *vitia* muitos exemplos de deslealdade erística. Mas ele tem em vista apenas as disputas formais e acadêmicas; dessa forma, seu tratamento do assunto é em geral pobre e fraco como costumam ser essas mercadorias universitárias, e além do mais, escrito num latim extremamente ruim. O *Methodus disputandi* de Joachim Lange, que apareceu um ano depois, é bem melhor, mas não contém nada que possa servir a meu fim. — Empreendendo a revisão daquele meu trabalho precedente, chego à conclusão de que a consideração detalhada e minuciosa dos desvios e truques, que a natureza humana ordinária se vale para dissimular suas limitações não é mais apropriada para o meu estado de espírito, e por isso eu a deixo de lado. Todavia, para descrever para aqueles

---

[10] Em grego, no original: Ἀγωνιστικὸν τῆς περὶ τοὺς ἐριστικοὺς λόγους θεωρίας.

que futuramente possam querer se ocupar desse assunto a minha maneira de tratar tal objeto, citarei alguns desses estratagemas como amostras, mas antes ainda compartilharei os "esboços daquilo que é essencial em toda disputa", que fazem parte da mesma obra. Pois esse esboço fornece a estrutura, como que o esqueleto, da controvérsia em geral e pode ser considerado como sua osteologia. Ele pode ser bastante útil por causa de sua clareza e de seu caráter abrangente. Ei-lo:

Em toda disputa, seja ela pública, como nos auditórios acadêmicos e tribunais, ou conduzida na mera conversação, o processo se dá essencialmente como se segue:

Uma *tese* é posta e deve ser refutada; para isso há dois *modos* e dois *caminhos*:

1) Os *Modi* [modos] são: *ad rem* [em relação à coisa] e *ad hominem* [em relação à pessoa], ou *ex concessis* [por concessão]. Somente pelo primeiro deles nós conseguimos revogar a verdade absoluta ou objetiva da tese, mostrando que ela não corresponde à natureza do caso em questão. No caso dos outros modos, contudo, só podemos revogar sua verdade relativa, ao mostrar que ela contradiz outras afirmações ou concessões daquele que defende a tese, ou então mostrando que seus argumentos são insustentáveis, com o que a verdade objetiva da questão em si permanece propriamente indefinida. Por exemplo, em uma controvérsia sobre assuntos filosóficos ou concernentes à ciência da natureza, o oponente (que para esse caso deve ser um inglês) se permite valer-se de argumentos bíblicos, então podemos refutá-lo usando dos mesmos argumentos, ainda que esses não passem de meros *argumenta ad hominem* [argumentos em relação à pessoa], que não decidem nada sobre a questão. É como se pagássemos alguém com a mesma moeda que dele recebemos. Em muitos casos pode-se até mesmo comparar esse *modus procedendi* ao caso do acusador que diante do tribunal produz uma falsa nota promissória que o réu teria por sua vez quitado com um falso recibo; apesar disso, o empréstimo poderia ter sido feito. Mas, assim como nesse último caso, a mera *argumentatio ad hominem* tem quase sempre a vantagem da brevidade, pois

tanto num caso como no outro, a elucidação verdadeira e aprofundada da questão seria extremamente complicada e difícil.

2) Os dois *caminhos* ulteriores são o *direto* e o *indireto*. O primeiro ataca a tese em seus *fundamentos*, o outro em suas *consequências*. Aquele prova que a tese não é verdadeira, e este último prova que ela não pode ser verdadeira. Consideremos isso mais de perto.

   a) Contradizendo pelo caminho *direto*, ou seja, atacando os *fundamentos* da tese, mostramos ou que eles não são verdadeiros, dizendo *nego majorem* [nego a premissa maior], ou *nego minorem* [nego a premissa menor]: por este meio atacamos a matéria do silogismo que fundamenta a tese.

   b) Contradizendo pelo caminho *indireto*, ou seja, atacando a tese por suas consequências, para inferir da falsidade dessas últimas a falsidade da própria tese, pela lei *a falsitate rationati ad falsitatem rationis valet consequentia*.[11] Para isso podemos nos servir ou da simples instância ou da apagogia.

      i) A instância, ἔνστασις, é um mero *exemplum in contrarium*: ela refuta a tese ao demonstrar fatos ou circunstâncias compreendidas em sua afirmação, que portanto se deduzem dela, mas que manifestamente não se aplicam a ela e por isso não pode ser verdadeira.

      ii) Aplicamos a apagogia assumindo provisoriamente a tese como verdadeira, mas associando a ela alguma outra proposição que é reconhecida de modo inquestionável como verdadeira, de modo que as duas se tornem as premissas de um silogismo cuja conclusão é obviamente falsa, já que ela contradiz ou a natureza das coisas em geral, ou a propriedade já reconhecida da coisa em questão, ou ainda uma

---

[11] "Da falsidade da consequência se segue a falsidade do fundamento." [N.T.]

outra afirmação do defensor da tese. A apagogia pode ser tanto *ad hominem*, como *ad rem,* segundo o *modus*. Mas se aquilo que essa conclusão contradiz são verdades incontestáveis e mesmo certas *a priori*, então reduzimos a posição de nosso oponente *ad absurdum* [ao absurdo]. Seja como for, como a outra premissa adicionada é de uma verdade indubitável, a falsidade da conclusão só pode resultar da tese e, por isso, essa não *pode* ser verdadeira.

Todo método de ataque numa disputa será redutível aos procedimentos aqui formalmente descritos. Portanto, esses são na dialética aquilo que na esgrima são os golpes regulares, como a terça, a quarta etc. — Por outro lado, podemos comparar os artifícios e estratagemas aqui compilados com as fintas e, por fim, as manifestações pessoais dos contraditores no decorrer de uma disputa com os golpes irregulares dos professores de esgrima das universidades. Os seguintes estratagemas podem ser mencionados como amostras e exemplos dos estratagemas por mim reunidos.

Sétimo estratagema: a *ampliação*. A afirmação do oponente é levada para além de seus limites naturais, ou seja, é tomada num sentido mais amplo do que ele previa ou mesmo expressou, para refutá-la nesse sentido comodamente.

Exemplo: A afirma que os ingleses suplantam todas as outras nações nas artes dramáticas. B, por sua vez, faz a plausível *instantia in contrarium*, segundo a qual, na música, e por consequência também na ópera, as realizações dos ingleses seriam bem escassas. Disso se segue, como defesa contra essa finta, que quando uma contradição é levantada, é preciso limitar severamente nossas afirmações ou restringi-las a seu sentido aceito, e sobretudo fixá-las em limites bem estreitos. Pois, quanto mais geral se torna uma afirmação, mais ela estará exposta a ataques.

Oitavo estratagema: *a consequência forçada*. Nós adicionamos à proposição do oponente de maneira frequentemente tácita uma outra proposição que é aparentada com a primeira, seja pelo sujeito ou pelo predicado. Dessas duas premissas tiramos uma conclusão falsa quase sempre maliciosa que deixamos à cargo do adversário.

Exemplo: A elogia os franceses por esses terem expulsado Carlos X. B tão logo retruca: "então você quer que nós expulsemos nosso rei". — A proposição tacitamente adicionada por ele como premissa maior é: "Todos que expulsam seu rei são louváveis". — Esse procedimento pode ser reduzido a *fallacia a dicto secundum quid ad dictum simpliciter*.[12]

Nono estratagema: a *diversão*. Se, no curso de uma disputa, notamos que a coisa vai mal e que o adversário ganhará, tentaremos prevenir esse infortúnio a tempo por meio de uma *mutatio controversiae* [mudança de assunto], ou seja, desviando o assunto da discussão para uma outra coisa, uma bagatela qualquer, se necessário saltando repentinamente para ela. Tenta-se imputá-la ao adversário, para que ele tenha que combatê-la e fazer dela o tema da controvérsia ao invés do tema original, de modo que com isso o adversário abandone sua vitória iminente e volte-se para ela. Se por uma infelicidade virmos um vigoroso contra-argumento se aproximando, deveremos rapidamente repetir o mesmo procedimento mais uma vez e passar subitamente para outro assunto. Pode-se repetir isso umas dez vezes em um quarto de hora, a menos que o oponente perca a paciência. Conduz-se essas diversões estratégicas de modo ainda mais hábil quando desviamos de maneira imperceptível e gradual o objeto da controvérsia a um outro aparentado àquele em questão, se possível para algo realmente relacionado a ele, apenas considerado em outro sentido. Menos sutil já seria o caso quando se mantém apenas o assunto da tese, mas introduzindo outras discussões à respeito do mesmo que, porém, nada tem a ver com o que está em questão; por exemplo, passar de uma discussão sobre o budismo dos chineses a uma sobre o seu comércio de chá. Se isso também não for praticável, então se pega alguma expressão casualmente empregada pelo adversário e a partir dessa liga--se uma controvérsia inteiramente nova para se livrar assim

---

[12] "O procedimento que toma em um sentido ilimitado o que é afirmado em um sentido limitado." [N.T.]

da velha. Por exemplo, o oponente se expressou assim: "aqui está o mistério da coisa"; daí replicamos de pronto: "pois é, se tu queres falar de mistérios e misticismo, então eu não sou a pessoa certa, pois no que concerne a isso" etc., e então se ganhou o espaço desejado. Se porém nenhuma oportunidade é dada então deve-se trabalhar de modo ainda mais drástico e passar subitamente a uma coisa bem diferente, algo como "sim, e tu afirmastes recentemente" etc. — A diversão em geral é, entre todas as artimanhas que os disputantes desonestos se valem na maioria das vezes de modo instintivo, o preferível e mais usual e mesmo quase inevitável tão logo eles se veem em apuros.

Eu compilei e desenvolvi cerca de quarenta estratagemas desse tipo. Mas agora me exaspera todo esse esclarecimento do esconderijo da limitação e da incapacidade, tão estreitamente ligados à teimosia, à vaidade e à desonestidade. Por isso me contentarei com essas amostras, e remeto mais seriamente às razões indicadas acima, para evitar discutir com pessoas, tais como elas são em sua maioria. Podemos em todo caso tentar ajudar a compreensão de um outro por meio de argumentos, mas tão logo notamos teimosia em suas réplicas, devemos parar bruscamente. E logo em seguida ele se tornará também desonesto, e o que na teoria é um sofisma, na prática é uma chicana; mas os estratagemas aqui mencionados são ainda mais indignos que os sofismas. Pois neles a vontade veste a máscara do entendimento, para desempenhar seu papel, o que frequentemente é execrável, porque poucas coisas causam mais indignação que quando se nota que uma pessoa compreende mal intencionalmente. Aquele que não se deixa convencer pelos bons argumentos de seu adversário prova a fraqueza de seu entendimento, seja diretamente, ou ainda indiretamente, ao ser oprimido pela dominação de sua própria vontade. Devemos nos relacionar com tal pessoa, portanto, apenas se as obrigações e os deveres exigirem. — Apesar disso tudo, porém, para fazer justiça a todos os sub-

SOBRE LÓGICA E DIALÉTICA

terfúgios mencionados, devo conceder que podemos agir precipitadamente ao desistir de nossa própria opinião por causa de um argumento apropriado do adversário. De fato, nós sentimos sua força, mas os contra-argumentos ou seja lá o que for que pudesse salvar ou manter nossa afirmação não nos ocorrem tão rapidamente. Em tal caso damos nossa tese por perdida; mas pode acontecer que por isso mesmo nós fomos infiéis à verdade, pois podemos descobrir posteriormente que estávamos certos, mas por fraqueza e falta de confiança em nossa causa nós cedemos à impressão do momento. — Talvez tenha ocorrido que a prova que estabelecemos para nossa tese fosse realmente falsa, mas pode haver uma outra que seja verdadeira. Conscientes disso, pessoas sinceras e amigas da verdade costumam não deixar-se levar por um bom argumento, e buscam, pelo contrário, oferecer resistência, e até mesmo mantêm sua posição ainda por um momento, mesmo que a argumentação contrária torne sua verdade duvidosa. Eles se parecem então com o general que tenta manter por um momento uma posição que ele sabe que não conseguirá manter, na esperança de que chegue o reforço. Eles esperam assim que, enquanto tentam se defender com maus argumentos, os bons lhe ocorram, ou que a simples fragilidade dos argumentos do adversário se tornará evidente para eles. Dessa forma, somos compelidos a uma pequena desonestidade na disputa quando momentaneamente temos que lutar não tanto pela verdade, mas por uma afirmação que fizemos. Isso é consequência da incerteza da verdade e da imperfeição do intelecto humano. Mas, ao mesmo tempo, surge o perigo de ir tão longe nessa prática de defender uma convicção equivocada que ao fim nos tornamos obstinados e que, dando assim espaço à maldade humana, terminamos por defender nossa opinião *per fas et nefas,* e com a ajuda de estratagemas desonestos a mantemos *mordicus* [à força]. Que cada um esteja protegido por seu bom gênio para que não tenha que se envergonhar posteriormente. Enquanto isso, porém, um conhecimento claro sobre a natureza do assunto aqui tratado serve também nesse sentido à cultura de si.

PENSAMENTOS ACERCA DO INTELECTO EM GERAL
e em todas as suas relações

§. 27.

Todo pretenso *procedimento sem pressuposição* alguma na filosofia não passa de quimera, pois sempre devemos tomar algo como dado e dele partir. Isso diz nomeadamente o δῶς μοι που στῶ,[1] que é condição incontornável de toda ação humana, mesmo do filosofar; pois nós somos tão pouco capazes de flutuar espiritualmente no éter livre quanto fisicamente. Um tal ponto de partida do filosofar, esse dado provisoriamente admitido deve, porém, ser novamente compensado e justificado. O mesmo pode ser tanto algo *subjetivo*, como a consciência de si, a representação, o sujeito, a vontade, ou então algo *objetivo*, que se apresenta na consciência de outras coisas, como o mundo real, as coisas externas, a natureza, a matéria, o átomo, também um deus ou um mero conceito pensado arbitrariamente, como a substância, o absoluto, ou seja lá o que for. Para compensar o procedimento arbitrário empregado no início e retificar o pressuposto, deve-se posteriormente trocar o *ponto de vista* e assumir o ponto de vista contrário, do qual se deduz por um argumento filosófico suplementar a suposição admitida inicialmente como dada: *sic res accendunt lumina rebus*.[2]

Por exemplo, se se parte do *subjetivo*, como fizeram Berkeley, Locke e Kant, no qual esse modo de consideração atinge

---

[1] Alusão a Arquimedes que teria dito: "me dê um ponto de apoio e eu movo o mundo" [δῶς μοι πᾶ στῶ καὶ τὰν γᾶν κινάσω]. [N.T.]

[2] "E assim uma coisa iluminará a outra", Lucrécio. [N.T.]

seu ápice, obtém-se, entretanto, uma filosofia em parte muito parcial, em parte não inteiramente justificada, apesar das maiores vantagens que essa via proporciona graças à efetiva *natureza imediata* do subjetivo. Uma tal filosofia assim o será a menos que se a complemente tomando novamente como dado, como ponto de partida, aquilo que havia sido deduzido, e assim deduzindo do ponto de vista contrário o subjetivo do objetivo, assim como previamente o objetivo fora deduzido do subjetivo. Esse complemento da filosofia kantiana eu acredito ter fornecido, no essencial, no capítulo 22 do segundo volume de minha obra principal e na "Vontade na natureza", no capítulo intitulado "Fisiologia das plantas", onde eu deduzo o intelecto a partir da natureza externa.

Se, ao contrário, parte-se do objetivo e, com o mesmo direito, toma-se como algo dado a matéria, por exemplo, e as forças que nela se manifestam, então se tem logo toda a natureza; com esse modo de consideração chega-se ao puro *naturalismo*, que eu nomeei de forma mais precisa a *física absoluta*. Por conseguinte, o que é dado, o absolutamente real, compreendido de maneira geral, consiste pois em leis naturais e forças naturais, além da matéria que é seu portador; compreendido de maneira especial, porém, consiste em um número ilimitado de sóis pairando livremente no espaço infinito, e os planetas que gravitam em torno deles. Em suma, como resultado disso, não há nada além de esferas que em parte iluminam e em parte são iluminadas. Na superfície dessas últimas, em consequência de um processo de putrefação, se desenvolveu a vida, que então fornece seres orgânicos em ascendência gradual, que se apresentam como indivíduos que começam e terminam no tempo, através da procriação e da morte, de acordo com as leis da natureza que regem a força vital. Essas leis, como todas as outras, constituem a ordem existente e reinante em toda a eternidade das coisas, sem início e sem fim e sem dar conta de si. O ponto culminante de tal escala ascendente é ocupado pelo homem, cuja existência tem da mesma forma um início, e em seu curso muitos e grandes sofrimentos, e poucas alegrias, bem menores em comparação, e então, como tudo o mais, tem um fim, após o qual é como se nunca houvesse existido. Nossa *física absoluta,* que conduz aqui a investigação e representa o papel da filosofia, nos explica agora como, em consequência daquelas leis naturais existentes e válidas, um fenômeno sempre produz ou mesmo suplanta um outro. Assim, tudo se passa naturalmente e é, por isso, perfeitamente claro e compreensível, de modo que poderíamos aplicar para a totalidade do mundo assim explicado uma frase que Fichte costumava proferir, quando ele exibia seu talento dramático na cátedra com profunda seriedade, com ênfase imponente e um ar que desconcertava completamente os estudantes: "isso é por que é, e é assim por que é assim". De acordo com esse ponto de vista, portanto, parecerá loucura querer buscar ainda outras explicações em uma metafísica totalmente imaginária, a partir da qual se possa fundar também uma moral, a qual, não podendo basear-se na física, teria que buscar seu único apoio nessas ficções da metafísica. Daí resulta o notável desprezo com o qual os físicos encaram a metafísica. — Não obstante toda a autossuficiência daquele filosofar puramente *objetivo*, a parcialidade desse ponto de vista e a necessidade de trocá-lo — isto é, de tomar o sujeito cognoscente, assim como sua faculdade de conhecimento, na qual somente aqueles mundos existem, como objeto da investigação — virá cedo ou tarde à tona, sob diversas formas e em diversas ocasiões. Assim, por exemplo, já a expressão da mística cristã, que nomeia o intelecto humano a *luz da natureza* e o toma por incompetente em instâncias mais elevadas, está fundada na ideia de que a validade de tais conhecimentos é apenas relativa, condicionada, e não incondicionada como defendem nossos racionalistas hodiernos, que por isso mesmo desprezam os profundos mistérios do cristianismo, assim como os físicos a metafísica. Eles consideram, por exemplo, o dogma do pecado original uma superstição, pois seu entendimento de comerciante pelagiano descobriu felizmente que ninguém pode ser responsabilizado por um pecado cometido há seis mil anos antes dele. O racionalista segue então com confiança sua *luz da natureza* e imagina séria e realmente que há quarenta ou cinquenta anos ele não era absolutamente *nada* e da mesma forma surgiu do nada até que seu papai em seu gorro de dormir o procriou e sua mamãe ganso o depositou cuidadosamente nesse mundo. Pois só assim *pode* ele não ser responsável de coisa alguma. O pecador e o arquipecador!

E dessa forma, como foi dito, a especulação que segue o conhecimento *objetivo*, começará, cedo ou tarde, por diferentes vias, mas sobretudo pela inevitável via filosófica, a desconfiar de algo e a compreender que toda sua sabedoria obtida pelo lado objetivo deve ser posta a crédito do intelecto humano, que nele tem suas próprias formas, funções e modo de apresentação, e é inteiramente condicionado por ele. Daí se segue a necessidade de mais uma vez trocar o ponto de vista e substituir o procedimento objetivo pelo subjetivo e fazer assim do intelecto o tema da investigação e de pôr sua autoridade à prova. Pois, esse intelecto, na mais perfeita autoconfiança, erigiu até aqui tranquilamente seu dogmatismo e ajuizou audaciosamente *a priori* acerca do mundo e de todas as coisas nele presentes, até mesmo sua possibilidade. Esse processo conduz primeiro a Locke; depois à *Crítica da razão pura*, e finalmente ao conhecimento segundo o qual a luz da natureza é dirigida apenas para fora e que se ela quisesse retornar sobre si e iluminar seu próprio interior ela não conseguiria e seria também incapaz de dissipar diretamente a escuridão que aí prevalece. Somente pelo desvio da reflexão, seguida por aqueles filósofos e, na verdade, com grande dificuldade, é que se obtém uma informação indireta de seu próprio mecanismo e de sua própria natureza. Fica claro então que o intelecto é originalmente destinado a compreender meras relações, suficientes para o serviço de uma vontade individual, e que é essencialmente dirigido para o *exterior,* mas mesmo aqui não passa de uma força meramente superficial, como a eletricidade, isto é, que só atinge a superfície das coisas, e não penetra em seu interior. Pela mesma razão, ele é incapaz de compreender plenamente e de escrutar a fundo uma única coisa de todas aquelas que são claras e reais para ele, mesmo a menor e mais simples: antes, em toda e cada uma das coisas o principal permanece um mistério. Com isso, porém, ele é conduzido à profunda intelecção, que é designada como *idealismo,* segundo a qual esse mundo objetivo e sua ordem tal como ele as apreende em suas operações, não subsiste incondicionalmente e em si, mas surge por meio das funções do cérebro, existe somente neste e de acordo com essa forma só tem uma existência relativa e condicionada, é portanto mero fenômeno, mera aparição. Até aqui, o homem buscou as razões de sua própria existência, supondo que as leis do conhecimento, do pensamento e da experiência eram puramente objetivas, existiam em si e para si de modo absoluto, e que ele e tudo o mais só existiam em virtude delas. Agora ele reconhece que, pelo contrário, seu intelecto, consequentemente sua existência, é a condição de todas aquelas leis e do que delas se segue. Por fim, ele compreende que a idealidade do espaço, do tempo e da causalidade que agora se tornou clara para ele, deixa espaço para uma ordem de coisas completamente diferente da ordem da natureza; ele se vê forçado a enxergar nessa última, porém, o resultado, ou o hieróglifo daquela outra ordem.

§. 28.

Quão pouco o entendimento humano é apropriado para a reflexão filosófica mostra-se, entre outras coisas, já pelo fato de que, mesmo agora depois de tudo que foi dito a respeito desde Descartes, o *realismo* continua ainda a rivalizar com o *idealismo,* com a afirmação ingênua de que os corpos existem como tais não apenas em nossa representação, mas também de maneira efetiva e verdadeira. Mas justo essa efetividade mesma, esse modo de existência, e tudo o que ela contém, é exatamente aquilo que afirmamos estar presente apenas na *representação* e em nenhum outro lugar, pois ela não é senão uma ordem necessária de ligação de nossas representações. Apesar de tudo que os primeiros idealistas professaram, especialmente Berkeley, foi só a partir de Kant que o idealismo recebeu uma confirmação fundamentalmente exata, pois ele não encerra o assunto de uma vez por todas, mas vai até o particular, separa o *a priori* e dá conta de todo elemento empírico. A quem compreendeu, porém, a idealidade do mundo, a afirmação de que tal mundo existiria mesmo se ninguém o representasse, parecerá sem sentido, pois afirma uma contradição: pois seu estar presente significa apenas ser representado. Sua existência mesma reside na representação do sujeito. É isso que quer dizer a expressão: ele é objeto.[3] De acordo com isso, também as religiões mais nobres, antigas e melhores, como o bramanismo e o budismo, baseiam suas doutrinas no *idealismo*, e chegam mesmo a supor que até o povo reconhecerá isso. O judaísmo, pelo contrário, é uma verdadeira concentração e consolidação do realismo.

Um truque fraudulento introduzido por Fichte e desde então aceito nas universidades se encontra na expressão *"o eu"*. Com ela aquilo que é essencial e absolutamente subjetivo é transformado em objeto pela forma substantivada e a colocação do artigo. Pois na verdade "eu" designa o subjetivo como tal, o qual então de maneira alguma pode se tornar objeto, ou seja, o cognoscente em oposição e como condição de tudo que é conhecido. E isso é expresso na sabedoria presente em todas as línguas, uma vez que elas não tratam "eu" como substantivo: por isso Fichte tem que fazer violência

---

[3] Se eu olho um objeto, uma paisagem por exemplo, se eu penso ao mesmo tempo que minha cabeça foi cortada, eu sei que o objeto permanecerá fixo e imóvel. Isso implica, porém, no fundo, que eu ainda assim existiria. Isso será óbvio para poucos, mas que isto seja dito então para eles. [N.A]

à linguagem para atingir seu propósito. Um truque ainda mais drástico do mesmo Fichte é o abuso sem vergonha com a palavra *Setzen* (pôr) que, ao invés de ser denunciada e explodida, é frequentemente empregada, até os dias de hoje, por todos os filosofastros segundo seu exemplo e sob sua autoridade, como um expediente constante para sofismas e doutrinas falaciosas. *Setzen, ponere* (da qual deriva *propositio*) sempre foi, desde os antigos, uma expressão puramente lógica, que enuncia no contexto lógico de uma disputa ou de uma explicação, que se assume, se pressupõe ou se afirma algo provisoriamente e se lhe outorga validade lógica e verdade formal, deixando sua realidade, sua verdade material e efetividade intocada e absolutamente fora de discussão. Fichte, contudo, obtém gradualmente e sub-repticiamente para esse *Setzen* um significado real, naturalmente obscuro e vago, que os idiotas aceitam e os sofistas continuamente empregam. Desde que, portanto, o eu pôs primeiro a si mesmo e depois o não-eu, pôr [*Setzen*] significa o mesmo que criar, produzir, em suma, pôr no mundo não se sabe como tudo aquilo que se aceita sem razão como existente e se quer impor aos outros, bastando ser posto [*gesetzt*] para estar aí bem real diante de nós. Esse é o método ainda válido da chamada filosofia pós-kantiana, e isso é obra de Fichte.

§. 29.

A *idealidade do tempo* descoberta por Kant já está propriamente contida na *lei da inércia*, que pertence à mecânica. Pois o que isso diz no fundo é que o *tempo* por si mesmo não produz nenhum efeito físico; portanto, que ele por si só não interfere no repouso ou no movimento de um corpo. Já a partir daí resulta que ele não tem nenhuma realidade física, é apenas um ideal transcendental, isto é, não tem sua origem nas coisas, mas no sujeito cognoscente. Se o tempo fosse inerente às coisas mesmas e em si, como propriedade ou acidente, então seria necessário que seu quantum, isto é, sua duração ou brevidade, alterasse alguma coisa nelas.

Mas não é isso absolutamente que acontece: pelo contrário, o tempo passa sobre as coisas sem deixar a menor pista. Pois somente as *causas agem* no curso do tempo, não o próprio curso. Por isso mesmo, quando um corpo é despojado de todas as influências químicas — como, por exemplo, o mamute na geleira do rio Lena, o mosquito no âmbar, um metal precioso no ar completamente seco, antiguidades egípcias (até mesmo perucas) em tumbas de rocha secas — milhares de anos não o alteram em nada. A mesma absoluta inefetividade do tempo é o que aparece na mecânica como lei de inércia. Se um corpo recebeu alguma vez movimento, nenhum tempo é capaz de retirá-lo, ou mesmo diminuí-lo, pois o movimento permanecerá infinito se nenhuma causa física agir em sentido contrário. Da mesma forma, um corpo em repouso permanecerá em repouso se nenhuma causa física intervir e colocá-lo em movimento. Disso se segue então que o tempo é algo que não afeta os corpos, que eles são de natureza heterogênea, já que aquela realidade pertencente aos corpos não pode ser atribuída ao tempo, pelo que se vê que este é absolutamente *ideal*, isto é, pertence apenas à representação e seu aparato. Já os corpos, pelo contrário, pela múltipla diversidade de suas qualidades e de seus efeitos, manifestam que não são de natureza meramente ideal, mas são, ao mesmo tempo, objetivamente reais, neles se revela uma coisa-em-si mesma, não importa o quão diferente esta possa ser do seu fenômeno.

O *movimento* é antes de tudo um mero processo *foronômico*, isto é, um processo cujos elementos são tomados apenas do tempo e do espaço. A matéria é o *móvel*, ela já é objetivação de uma coisa-em-si. Mas sua absoluta *indiferença em relação ao repouso e ao movimento*, pela qual a matéria permanece sempre tanto em uma quanto em outra desde que ela os adotou e está pronta, da mesma maneira, a planar ou a repousar eternamente, mostra que a coisa-em-si, que se apresenta como matéria e lhe empresta todas as suas forças, não depende de modo algum do tempo e do espaço e, consequentemente, das oposições do movimento e do repouso que surgem apenas deles. Pelo contrário, espaço e tempo são *completamente estranhos* à coisa-em-si e não provém, portanto, *daquilo que aparece* [*Erscheinenden*] no fenômeno [*Erscheinung*], mas do *intelecto* que apreende esse fenômeno. A esse intelecto pertencem espaço e tempo como suas formas.

Quem quiser ter uma intuição viva e correta da lei de inércia aqui mencionada deve imaginar que se encontra no limite do mundo, diante do espaço vazio e aí dispara um tiro de pistola. Sua bala irá voar na mesma direção durante toda a eternidade. Bilhões de anos não enfraquecerão esse voo, não haverá lapso de espaço no qual ele não voará, nem o tempo para isso passará. A isso se acrescenta o fato de que sabemos tudo isso *a priori* e com completa certeza. Eu penso que a idealidade transcendental, isto é, a fantasmagoria cerebral da coisa toda fica extraordinariamente clara aqui.

Uma consideração do *espaço*, análoga e paralela àquela precedente do tempo, pode associar-se ao fato de que a matéria não pode ser aumentada nem diminuída, seja por divisão em toda sua extensão ou por compressão no espaço. Da mesma forma, no espaço absoluto, repouso e movimento em linha reta coincidem foronomicamente e são a mesma coisa.

Uma antecipação da doutrina kantiana da idealidade do tempo mostra-se em muitas afirmações de filósofos antigos, a respeito das quais eu já disse o necessário em outro lugar. Espinosa diz precisamente: "*Tempus non est affectio rerum, sed tantum merus modus cogitandi*" (*Cogitata metaphysica*, c. 4.).[4] De fato, a consciência da idealidade do tempo está no

---

[4] "O tempo não é uma afecção das coisas, mas apenas um modo de pensar." Espinosa. In: *Pensamentos metafísicos*; *Tratado da correção do intelecto*; *Tratado político*; *Correspondência*, org. Marilena Chauí, trad. Marilena Chauí et al. São Paulo, Abril Cultural, 3ª ed., 1983, p. 12 (Os pensadores). [N.T.]

fundamento mesmo do conceito de *eternidade*, desde sempre presente. Ela é essencialmente o oposto do tempo, e assim sempre compreenderam seu conceito aqueles que são inteligentes, o que eles só podiam fazer devido ao sentimento de que o tempo está apenas em nosso intelecto e não na essência das coisas em si. Somente devido à falta de compreensão os bem incapazes não souberam interpretar o conceito de eternidade senão como um tempo sem fim. Isso mesmo que levou os escolásticos a fórmulas tão expressivas como "*aeternitas non est temporis sine fine successio, sed Nunc stans*".[5] Mesmo Platão já havia dito no *Timeu* e Plotino o repete: "O tempo é a imagem móvel da eternidade."[6] Poderia se nomear, a propósito disso, o tempo, uma eternidade estirada, e com isso apoiar a afirmação segundo a qual se não houvesse nenhuma eternidade o tempo também não poderia ser, pois o intelecto só pode produzir o tempo porque nós mesmos estamos na eternidade. — Desde Kant, o conceito de um *ser fora do tempo* foi introduzido no mesmo sentido na filosofia. No entanto, é preciso ser bem cuidadoso no uso do mesmo, pois ele pertence àqueles conceitos que bem podem ser pensados, mas nunca podem ser verificados nem realizados por nenhuma intuição.

Que o tempo segue seu curso com perfeita regularidade em toda parte e em todos os corpos seria facilmente compreensível se ele fosse algo puramente externo, objetivo, perceptível pelos sentidos como os corpos. Mas não é assim: nós não podemos nem vê-lo, nem tocá-lo. Ele também não é o mero movimento ou qualquer outra mudança dos corpos. Pelo contrário, ele está antes *no* tempo, o qual é pressuposto por ele como sua condição. Pois o relógio segue velozmente ou lentamente seu curso, mas o tempo não o

---

[5] "A eternidade não é uma sucessão temporal sem fim, mas um permanente agora." [N.T.]

[6] Em grego, no original: "αἰῶνος εἰκὼν κινητη ὁ κρόνος". Platão, *Timeu*, 37d; Plotino, *Eneadas*, III, 7, 11. [N.T.]

segue; ao contrário, o que é uniforme, regular e normal e ao que se refere essa velocidade ou lentidão é o efetivo curso do tempo. O relógio *mede* o tempo, mas não o *faz*. Se todos os relógios parassem, se o próprio sol ficasse imóvel, se todo tipo de movimento ou mudança cessasse, tudo isso não entravaria um só instante o curso do tempo, que continuaria seu ritmo uniforme sem ser acompanhado por nenhuma mudança. Todavia, como dito, ele não é nada perceptível, nada que seja dado de fora ou aja sobre nós, enfim, nada de objetivo. O que significa que ele não é nada senão algo que está em nós, nosso próprio processo mental que avança ininterruptamente, ou como diz Kant, a forma do sentido interno e de toda nossa representação. Em suma, ele é o que compõe o suporte básico do cenário desse mundo objetivo. Essa regularidade de seu curso em todas as mentes mostra mais que qualquer coisa que nós todos estamos afundados no mesmo sonho, que é um só ser que o sonha.[7] O tempo nos aparece como algo que se entende como que *por si mesmo* de modo que nós naturalmente só notamos o curso de transformações que nele ocorrem, que são conhecidas de maneira puramente empírica. Por isso já é um passo significativo para a formação filosófica fixar a atenção puramente no tempo mesmo e perguntar com plena consciência: "o que é esse ser que não se deixa ver nem ouvir, mas no qual tudo tem que entrar para ser real e que avança continuamente de maneira inexoravelmente regular, sem que nada seja minimamente capaz de detê-lo ou acelerá-lo, como é o caso com as mudanças das coisas que ocorrem nele de modo a poder fazer alguma coisa com ela até o fim em um determinado

---

[7] Se, a propósito dessa origem subjetiva do tempo, nos espantássemos com a completa regularidade de seu curso em tantas mentes diferentes, isso seria baseado em um mal-entendido. Pois a regularidade significaria aqui necessariamente que em um certo tempo uma quantidade de tempo igual decorreria, então deveria ser feita a absurda suposição de um segundo tempo no qual o primeiro, rápida ou lentamente escorreria. [N.A.]

tempo?" — Mas o tempo nos parece tanto algo que *se entende por si mesmo* que ao invés de colocar tal pergunta não podemos pensar nenhuma coisa existente sem ele: ele é a pressuposição permanente de toda existência. Isso mesmo comprova que ele é meramente forma de nosso intelecto, aparato de conhecimento, no qual, assim como no espaço, tudo tem que se apresentar. Por essa razão, quando o cérebro desaparece, desaparece com ele o tempo, assim como toda a ontologia das essências fundada nele. — O mesmo pode ser dito sobre o espaço. Pois à medida que eu posso deixar para trás de mim todos os mundos, não importa quantos, eu não posso entretanto jamais sair do espaço, mas o carrego para toda parte já que ele adere a meu intelecto e pertence à máquina de representação em minha cabeça.

Sem considerações desse tipo, cujo fundamento é a *Crítica da razão pura*, nenhum progresso sério na metafísica é possível. Por isso os sofistas, que negligenciaram tais considerações para substituí-las e tornar naturais sistemas da identidade e farsas de todo tipo, não merecem nenhuma consideração.

O *tempo* não é apenas uma forma *a priori* de nosso conhecimento, mas sua base ou seu baixo fundamental; ele é a trama primeira do tecido do mundo que se apresenta a nós e o portador de todas as nossas apreensões intuitivas. As restantes formas do princípio de razão são como que cópias dele: ele é o arquétipo de todas elas. Por isso todas as nossas representações que se referem à existência e à realidade são deles inseparáveis, e nós não podemos deixar de representar todas as coisas umas depois das outras, e o quando é ainda mais inevitável que o onde. Não obstante, tudo que se apresenta nele é mero fenômeno.

O *tempo* é aquela organização do nosso intelecto pela qual aquilo que apreendemos como futuro parece agora não existir de modo algum, ilusão que desaparece quando o futuro se torna presente. Em alguns sonhos, no sonambulismo clarividente e na segunda visão, essa forma enganadora é provisoriamente posta de lado, e o futuro se apresenta como presente. Isso explica por que as tentativas feitas intencionalmente para tornar vãs as predições de alguém dotado de segunda visão, mesmo a propósito de incidentes menores, estavam votadas ao fracasso, pois esse alguém já viu a coisa então realmente existente, exatamente como nós só percebemos o presente. Essa coisa tem a mesma constância e imutabilidade que tem o passado. (Exemplos de tentativas desse tipo encontra-se em Kieser, *Archiv für thierischen Magnetismus*, v. 8, Parte 3, pp. 71, 87, 90.)

De acordo com isso, a *necessidade* de tudo o que acontece, que nos é transmitida pela série de causas e efeitos que se apresenta, isto é, que ocorre sucessivamente no tempo, é apenas a maneira como nós apreendemos sob a forma do tempo aquilo que existe de modo uniforme e inalterável. Essa necessidade é também a impossibilidade de algo existir sem ser idêntico a si mesmo, uno e inalterável, embora ele seja conhecido por nós hoje como futuro, amanhã como presente, depois de amanhã como passado. Assim como a finalidade do organismo representa a unidade da vontade que se objetiva nele, a qual, porém, é compreendida em nossa apreensão ligada ao espaço como uma multiplicidade de partes que se combinam em vista de um fim (ver *Sobre a vontade na natureza*, p. 61); assim, da mesma forma, a necessidade de tudo o que acontece, introduzida pela série causal, revela a unidade do ser em si que aí se objetiva, a qual, contudo, é compreendida em nossa apreensão ligada ao tempo como uma sucessão de estados, isto é, como passado, presente e futuro. A essência em si mesma, por sua vez, não conhece nada disso, pois vive no *Nunc stans*.

As separações pelo *espaço* são bem mais frequentemente, e por isso mais facilmente, eliminadas na sonâmbula clarividência do que aquelas operadas pelo *tempo*, pois aquilo que está simplesmente ausente e afastado é mais recorrentemente trazido à intuição que aquilo que ainda está no porvir. Na linguagem de Kant, isso seria esclarecido dizendo que o espaço é apenas a forma do sentido externo e o tempo a forma do sentido interno. — Que o tempo e o espaço são intuídos *a priori* segundo sua *forma*, ensinou Kant. Mas que isso também pode ser feito segundo o *conteúdo*, ensina o sonambulismo clarividente.

§. 30.

A prova mais esclarecedora e ao mesmo tempo mais simples da *idealidade do espaço* está no fato de que nós não conseguimos suprimir o espaço no pensamento como conseguimos com todas as outras coisas. No máximo podemos esvaziá-lo: tudo, absolutamente tudo, nós podemos tirar pelo pensamento do espaço, fazer tudo desaparecer; podemos muito bem imaginar que o espaço entre as estrelas fixas é absolutamente vazio, e assim por diante. Mas *do espaço mesmo* não podemos nos livrar. Seja lá o que for que fazemos ou onde nos coloquemos, o espaço estará lá e jamais terá um fim, pois ele está no fundamento e é a primeira condição de nossa representação. Isso prova de maneira certa *que ele pertence ao nosso próprio intelecto*, é uma parte integrante do mesmo, e precisamente aquela que fornece os primeiros fios sobre os quais então se tece o mundo objetivo e multicolorido. Pois ele se apresenta tão logo um objeto deva ser representado, e acompanha então todos os movimentos, rumos e tentativas do intelecto intuitivo, de modo tão permanente quanto os óculos que eu carrego sobre o nariz acompanha todos os movimentos e rumos de minha pessoa, ou como a sombra acompanha seu corpo. Se eu noto que alguma coisa está comigo em toda parte e em todas as circunstâncias, eu concluo então que ela é ligada a mim, como, por exemplo, um odor peculiar que eu gostaria de evitar, mas que se encontra em todo lugar que eu vou. Com o espaço não é diferente: seja lá o que for que eu quiser pensar, qualquer mundo que eu queira representar, o espaço estará sempre lá e não irá embora. Se se torna manifesto, portanto, que o espaço é uma função fundamental de meu intelecto, então a idealidade que disso resulta se estende a tudo que é espacial, isto é, a tudo que se manifesta no espaço. Embora todas essas coisas possam ter em si mesmas uma existência objetiva, uma vez que são espaciais, ou seja, têm forma, grandeza e movimento, elas são subjetivamente condicionadas. Mesmo os cálculos astronômicos tão exatos e tão concordantes só são possíveis porque o espaço está de fato em nossa cabeça. Segue-se disso que nós não conhecemos as coisas como elas são, mas só como aparecem. Essa é a grande doutrina do grande Kant.

Que o espaço infinito seja independente de nós, portanto absolutamente objetivo e existente em si mesmo e que apenas uma cópia do mesmo, como algo infinito, entre em nossa cabeça pelos olhos, seria o mais absurdo dos pensamentos, mas em um certo sentido o mais frutífero. Pois quem compreendesse o caráter absurdo desse pensamento, reconheceria imediatamente assim a existência meramente fenomenal deste mundo, pois o apreenderia como um mero fenômeno cerebral, o qual desapareceria com a morte do cérebro e deixaria um mundo inteiramente diferente, o mundo das coisas em si. Que a cabeça esteja no espaço não impede que se veja que o espaço também só está na cabeça.[8]

§. 31.

O intelecto é para o mundo interno da consciência aquilo que é a luz para o mundo corporal externo. Pois o intelecto se relaciona com a vontade, portanto, com o organismo, já que este é apenas a vontade objetivamente intuída, mais ou menos como a luz se relaciona com os corpos combustíveis e o oxigênio, que sua combinação gera. E da mesma forma que

---

[8] Quando eu digo "em um outro mundo", seria um grande sinal de ininteligência perguntar "então onde está o outro mundo?" Pois o *espaço*, do qual todo "*onde*" recebe um sentido pertence precisamente a *este* mundo, fora do qual não há nenhum "*onde*". — Paz, sossego e beatitude residem apenas lá *onde não há nenhum onde e nenhum quando*. [N.A.]

a luz é tanto mais pura quanto menos está misturada com a fumaça do corpo em combustão, da mesma forma o intelecto é tanto mais puro quanto mais separado estiver da vontade da qual ele provém. Numa metáfora audaciosa se poderia dizer: a vida é, como se sabe, um processo de combustão, e o desenvolvimento da luz que tem lugar em um tal processo é o intelecto.

§. 32.

Que nosso conhecimento, como nossos olhos, olha somente para o exterior e não para o interior, de modo que, quando aquele que conhece procura voltar-se para dentro para conhecer-se a si mesmo, vê apenas uma completa escuridão e cai num vazio total — isso se explica pelas duas razões a seguir:

1) O *sujeito do conhecimento* não é algo autônomo, não é uma coisa-em-si e não tem uma existência independente, original e substancial, mas é um mero fenômeno, algo secundário, um acidente, condicionado primeiramente pelo organismo, que é o fenômeno da vontade; em uma palavra, ele não é nada senão o foco no qual coincidem todas as forças cerebrais, como expliquei no segundo volume de minha obra principal, no capítulo 22, página 277. Como poderia esse sujeito do conhecimento conhecer-se a si mesmo, já que em si mesmo ele nada é? Se ele se volta para dentro ele conhece de fato a vontade, que é a base de seu ser, mas isso não é, porém, para o sujeito *cognoscente*, nenhum conhecimento de si próprio, mas conhecimento de um outro, diferente de si mesmo que, todavia, já como algo conhecido, é ao mesmo tempo apenas fenômeno, embora um fenômeno tal que tem somente o tempo como forma, não como as demais coisas do mundo exterior, que também tem o espaço como forma. Mas à parte isso, o sujeito conhece a vontade da mesma forma que

conhece as coisas exteriores, em suas manifestações, portanto, em seus atos individuais de vontade e demais afecções, que se compreende com os nomes de desejos, afetos, paixões e sentimentos. Consequentemente ele se conhece apenas como fenômeno, ainda que não submetido à limitação do espaço, como as coisas exteriores. A si mesmo, porém, o sujeito cognoscente não pode se conhecer, pois, de fato, não há nada nele a conhecer a não ser o fato de ele ser aquele que conhece e não aquele que é conhecido. Ele é um fenômeno que não tem nenhuma outra exteriorização a não ser como conhecer. Por isso, nenhuma outra exteriorização dele pode ser conhecida.

2) A *vontade* é certamente coisa-em-si, existente por si mesma, primária e autônoma, aquela que se manifesta como fenômeno na apreensão espacial intuitiva do cérebro como organismo. Não obstante, também ela é incapaz de autoconhecimento, pois ela é em si e para si mesma algo que meramente quer, não algo que *conhece*. Pois ela, como tal, não conhece absolutamente nada, logo, também não a si mesma. O conhecimento é uma função secundária e mediata, que não pertence imediatamente à primária em sua própria essencialidade.

§. 33.

A observação de si mais simples e imparcial, associada às conclusões anatômicas, leva ao resultado segundo o qual o intelecto, assim como sua objetivação, o cérebro, e o aparelho sensorial ligado a ele, não é nada senão uma suscetibilidade bem elevada para impressões vindas de fora. Mas o intelecto não constitui nosso ser íntimo, original e próprio. Ele não é, portanto, em nós, aquilo que é a força ativa nas plantas, aquilo que o peso e as energias químicas são na pedra. Só a *vontade* prova ser tudo isso. Já o intelecto é, em nós, aquilo que na planta pode favorecer ou entravar sua simples suscetibilidade às influências externas, aos efeitos físicos e químicos, a tudo o mais que pode afetar seu crescimento e sua prosperidade. Todavia, essa suscetibilidade é tão elevadamente presente em nós que graças a ela todo o mundo objetivo, o mundo como representação, se apresenta, consequentemente se origina dessa forma enquanto objeto. Para ilustrar isso, podemos imaginar o mundo sem nenhum ser animal. Aí está ele sem nenhuma percepção, logo, não objetivamente existente, admitamos isso um instante porém. Agora pensemos num certo número de plantas surgindo do solo umas ao lado das outras. Elas são afetadas agora por vários fatores como o ar, o vento, o choque de uma planta com a outra, umidade, frio, luz, calor, tensão elétrica etc. Agora imaginemos cada vez mais no pensamento a suscetibilidade dessas plantas a tais influências até que surja finalmente a sensibilidade acompanhada da capacidade de referi-la a sua causa e, no fim, a percepção: de repente lá está o mundo, se apresentando no espaço, no tempo e na causalidade. E, no entanto, permanece um mero resultado da influência externa à suscetibilidade das plantas. Essa consideração figurada é bem apropriada para tornar compreensível a existência meramente fenomenal do mundo exterior. Pois a quem ocorrerá então afirmar que as condições que existem em uma intuição que surge a partir das meras relações entre influências exteriores e a suscetibilidade viva apresentam a constituição verdadeiramente objetiva, íntima e original de todas aquelas potências naturais que supostamente agem nas plantas, ou seja, o mundo das coisas em si? Nós podemos assim, por meio dessa imagem, nos fazer compreender por que o âmbito do intelecto humano tem limites tão estreitos como demonstrou Kant na *Crítica da razão pura*.

A coisa-em-si, ao contrário, é somente a *vontade*. Por isso ela é a criadora e portadora de todas as propriedades do fenômeno. Ela é indubitavelmente encarregada do que é moral, mas também o *conhecimento* e sua potência, logo, o intelecto, pertence a seu fenômeno, portanto, indiretamente, a ela. — Que as pessoas limitadas e estúpidas experimentam constantemente um desprezo pode dever-se ao fato de que nelas a vontade se livrou tão facilmente de seu peso e para atingir seus propósitos se encarregou de uma parte mínima de força intelectual.

§. 34.

Não apenas toda *evidência* é intuitiva, como eu já disse acima no §. 25 e em minha obra principal (v. I, §. 14), mas também todo *entendimento* verdadeiro e genuíno das coisas. É o que provam as inumeráveis expressões figuradas em todas as línguas, que são esforços conjuntos de remeter tudo o que é abstrato para algo intuitivo. Pois conceitos simplesmente abstratos de uma coisa não oferecem nenhuma compreensão efetiva dela, mas permitem falar nela como muitos falam de muitas coisas. Alguns, na verdade, não precisam nem de conceitos para isso, mas se contentam com meras palavras, por exemplo, expressões artificiais que eles aprenderam. — Ao contrário, para entender algo de maneira real e verdadeira, exige-se que se o apreenda intuitivamente, que se receba uma imagem clara, se possível da realidade mesma, quando não, então, da fantasia. Mesmo o que é muito grande ou muito complicado de ser visto com um só olhar, deve-se torná-lo presente de maneira intuitiva, seja parcialmente ou através de um representante bem visível, se se quiser compreendê-lo verdadeiramente. Mas o que não permite nem isso, deve-se buscar ao menos tornar claro por meio de uma imagem intuitiva ou uma comparação. Isso porque a intuição é a base de nosso conhecimento. Isso se mostra também quando pensamos *in abstracto* em números muito grandes e da mesma forma em grandes distâncias, como na astronomia, que só podem ser expressas por tais números. Nós não podemos, porém, compreendê-los direta e propriamente, mas temos deles apenas um conceito relativo.

Mas o *filósofo*, ainda mais que qualquer outro, deve explorar aquela fonte originária, o conhecimento intuitivo, e ter sempre em vista as coisas mesmas, a natureza, o mundo, a vida, e fazer disso, e não dos livros, o texto de seus pensamentos. Ele deve sempre testar e controlar neles todos os conceitos já feitos e transmitidos e empregar os livros não como fontes do conhecimento, mas apenas como um auxiliar. Pois aquilo que eles oferecem, ele recebe sempre já de segunda mão, na maioria das vezes já algo falsificado; trata-se de um reflexo, um retrato do original, a saber, do mundo, e raramente o espelho é completamente límpido. A natureza, a efetividade, ao contrário, jamais engana: ela faz de toda verdade a plena verdade. Por isso, o filósofo deve fazer dela seu estudo e de fato, de seus grandes traços claros, de seu caráter principal e fundamental donde surge seu problema. Dessa forma, ele tomará como objeto de sua consideração os fenômenos essenciais e universais, o que é em todo o tempo e em toda parte. Já os fenômenos especiais, singulares, raros, microscópicos ou transitórios ele deixará a cargo do físico, do zoólogo, do historiador etc. Ele se ocupa com coisas mais importantes: o conjunto e a grandeza do mundo, o essencial dele, as verdades fundamentais constituem seu propósito mais elevado. Por isso ele não pode ao mesmo tempo ocupar-se com particularidades e micrologias, assim como um homem que contempla a paisagem do alto de uma montanha não pode examinar e determinar as plantas que crescem no vale, mas deixa esse trabalho para quem lida com a botânica lá em baixo. — Para devotar-se com todas as suas forças a uma ciência especial deve-se ter grande amor por ela e uma grande indiferença por todas as outras, pois só se pode fazer isso com a condição de permanecer ignorante em todas estas últimas, assim como quem se casa com uma mulher deve renunciar a todas as outras. Espíritos de primeiro escalão nunca se dedicarão a uma ciência específica; pois a visão do todo está no coração deles. São generais, não capitães, condutores de orquestra, não instrumentistas. Como poderia um grande espírito encontrar satisfação em conhecer um ramo determinado da totalidade das coisas, um campo único, de maneira exata e em suas relações com as outras coisas, mas deixando de levar em conta todas as outras? Ele se voltará, antes, manifestamente para o todo, e seu esforço se orienta para a totalidade das coisas, o mundo em geral, e aí nada lhe deve ser estranho. Consequentemente, ele não pode passar toda sua vida esgotando as micrologias de uma especialidade.

§. 35.

O olho fica embotado depois de fitar longamente um objeto e não vê nada mais; da mesma forma o intelecto à força de pensar continuamente numa mesma coisa se torna incapaz de escrutá-la e compreendê-la, embota e se confunde. Nós devemos abandoná-la para voltar a ela quando a reencontramos fresca e em traços nítidos. Por isso, quando Platão conta, no *Banquete*, que Sócrates, ao meditar sobre uma ideia que lhe ocorreu, permanecia estarrecido e imóvel como uma estátua por 24 horas, então devemos dizer não apenas *non è vero*, mas acrescentar *è mal trovato*. — Por essa necessidade de repouso do intelecto se esclarece também por que depois de uma longa pausa qualquer, nós olhamos o curso ordinário das coisas desse mundo como novatos e estrangeiros e então temos uma visão fresca e imparcial e seu nexo e sua significação se tornam claros da maneira mais pura e mais profunda, de modo que vemos então as coisas de maneira palpável e não conseguimos compreender como aqueles que se agitam constantemente entre elas não as notam. Tal instante de clareza pode então ser comparado a um *lucido intervallo*.

§. 36.

Em um sentido mais elevado, até mesmo as horas de inspiração, com seus momentos de iluminação e de concepção propriamente dita, são os *lucida intervalla* do gênio. Com isso podemos dizer que o gênio reside apenas um andar acima da loucura. Mas até mesmo a razão do homem racional atua para valer mesmo só nos *lucidis intervallis*: pois ele não é sempre racional. Também o homem inteligente não o é todo o tempo; mesmo o mero erudito não o é em todo momento, pois às vezes ele se torna incapaz de se lembrar das coisas mais familiares e de ordená-las. Em suma, *nemo omnibus horis sapit*.[9] Tudo isso parece indicar um certo fluxo e refluxo dos humores do cérebro, ou tensão e relaxamento de seus filamentos.[10]

Quando, por um afluxo primaveril desse tipo, uma nova e profunda visão surge subitamente a nós, pela qual nosso pensamento atinge um alto grau de vivacidade, então a ocasião para isso só pode ter sido intuitiva, e uma visão intuitiva está na base de todo grande pensamento. Pois palavras despertam pensamentos nos outros, imagens em nós.

§. 37.

Que devemos transcrever o mais rápido possível nossas valiosas meditações próprias nem se fala; pois se já esquecemos às vezes o que vivenciamos, esquecemos ainda mais frequentemente o que pensamos. Os pensamentos não vêm quando *nós* queremos, mas quando *eles* querem. Por outro lado, é melhor não anotar aquilo que recebemos de fora já pronto, que foi simplesmente ensinado, o que em todo caso pode ser encontrado em livros, ou seja, não devemos fazer nenhuma coletânea, pois transcrever algo significa lançá-lo ao esquecimento. Com a memória deve-se mostrar severo

---

[9] "Ninguém sabe o tempo todo." [N.T.]
[10] De acordo com o fato de a *energia do espírito* estar elevada ou em repouso (em consequência do estado fisiológico do organismo) ele *voa para alturas bem diferentes*, chegando a flutuar no éter e contemplar o mundo de cima ou a rasar nos pântanos da terra, geralmente entre os dois extremos, mas mais perto de um ou de outro! Aqui a vontade não pode fazer nada. [N.A.]

e despótico para que ela não desaprenda sua obrigação. Por exemplo, se nós não conseguimos lembrar de uma coisa, um verso, ou palavra, não devemos procurá-la nos livros, mas torturar a memória durante semanas, periodicamente, até que ela tenha cumprido seu dever. Pois quanto mais longamente nós tivermos refletido sobre uma coisa, tanto mais firmemente ela ficará retida; o que se tirou do fundo da memória com tanto esforço estará desde então muito mais facilmente à disposição do que aquilo que foi lembrado com a ajuda de livros.[11] — A mnemônica, por outro lado, baseia-se no fato de que confiamos mais no gracejo do que na memória e, assim, encarregamos a primeira com o serviço da segunda. Ou seja, o gracejo deve substituir uma coisa difícil de reter por uma que seja fácil, para traduzir futuramente a primeira na segunda. Mas essa mnemônica está para a memória natural assim como uma perna artificial está para uma perna de verdade e sucumbe como tudo à sentença de Napoleão: *tout ce qui n'est pas naturel est imparfait*.[12] É útil se servir inicialmente dela ao aprender coisas ou palavras novas como uma muleta temporária, até que elas sejam incorporadas à memória natural imediata. Como nossa memória começa a encontrar aquilo que lhe é exigido a cada vez, do domínio frequentemente ilimitado de suas reservas; como procede em sua busca, às vezes longa e cega; como aquilo que buscamos em vão na maioria das vezes nos vem espontaneamente,

---

[11] A memória é um ser capcioso e jocoso, comparável a uma jovem moça: às vezes ela recusa inesperadamente aquilo que ela ofereceu cem vezes, depois nos oferece isso de novo, mais tarde, quando não mais pensávamos nisso.

Uma palavra se prende à memória bem mais firmemente se a associarmos a uma imagem mental do que a um simples conceito. Seria uma maravilha se soubéssemos de uma vez por todas *aquilo que aprendemos*, mas infelizmente as coisas não são assim: deve-se refrescar na memória tudo aquilo que se aprende, se não, aos poucos se o esquece. Mas como a pura repetição aborrece, deve-se aprender sempre ainda algo mais: Daí: *aut progredi aut regredi* [ou progredir ou regredir]. [N.A.]

[12] "Tudo o que não é natural é imperfeito." [N.T.]

como se nos fosse insinuado quando descobrimos um fio pendurado a ele, mas que de outra maneira encontraríamos somente depois de horas ou dias — tudo isso é para nós, que somos concernidos, um mistério. Mas para mim parece indubitável que essas operações tão sutis e misteriosas com uma quantidade e uma variedade imensa de material de lembrança não podem jamais ser substituídas por um jogo artificial e consciente de analogias, pois a memória natural permanecerá sendo o *primum mobile*, mas então ela tem que reter duas coisas ao invés de uma, o signo e aquilo que é sinalizado. Em todo caso, uma memória artificial como essa só pode guardar uma reserva relativamente bem pequena. Em geral, porém, há duas maneiras pelas quais as coisas ficam impregnadas em nossa memória: ou através da nossa memorização intencional e deliberada, pela qual nós podemos nos valer de artifícios mnemônicos quando se trata de meras palavras ou números; ou então elas estampam-se a si mesmas, sem nossa participação, por força da impressão que elas exercem sobre nós, pelo que as chamamos de inesquecíveis. Contudo, assim como nós muitas vezes não sentimos uma ferida na hora em que ela foi causada, mas só mais tarde, da mesma forma, muitos eventos, ou pensamentos ouvidos ou lidos produzem em nós uma impressão mais profunda do que se pôde constatar na hora. Mas depois tudo isso volta, e o resultado é que não esquecemos, mas incorporamos isso ao sistema de nosso pensamento, para reaparecer no momento certo. É claro que para isso ocorrer aqueles eventos devem ter um interesse para nós. Para isso se exige, porém, que se tenha um espírito vivaz que deseje alcançar aquilo que é objetivo e se esforce para o conhecimento e para a inteligência. A ignorância surpreendente de muitos especialistas sobre coisas da sua especialidade tem como origem última a falta de interesse objetivo deles pelos assuntos de que ela trata, e, por isso, as impressões, anotações e visões que dizem respeito a ela não deixam nenhuma impressão viva neles, logo, não são retidas, pois eles não a estudam *con amore*, mas somente por autoconstrangimento. Quanto mais coisas despertam um interesse vivo e objetivo num homem, tanto mais ele fixará de modo espontâneo em sua memória, principalmente na juventude, quando a novidade das coisas intensifica o interesse por elas. Essa segunda maneira é bem mais certa que a primeira e, além disso, seleciona espontaneamente o que é importante para nós, embora em mentes obtusas ela será limitada a assuntos pessoais.

§. 38.

A *qualidade* de nosso pensamento (seu valor formal) vem de dentro, mas sua *direção*, e com isso sua matéria, vem de fora. Deste modo, aquilo que pensamos em cada momento é o produto de dois fatores fundamentalmente diferentes. Por isso, os objetos são para a mente aquilo que o plectro é para a lira: daí a grande variedade dos pensamentos que a mesma visão produz em mentes diferentes. Quando minha mente estava na flor da idade e no ponto culminante de suas forças, as circunstâncias favoráveis marcavam o momento em que o cérebro experimentava a mais elevada tensão e se meu olhar encontrasse qualquer objeto que fosse ele se tornaria uma revelação para mim e me inspirava uma sequência de pensamentos que mereciam ser anotados e o foram. Mas no decorrer da vida, especialmente nos anos de diminuição das forças, essas ocasiões se tornaram cada vez mais raras; pois se os objetos são o plectro, a lira é o espírito. Se esta está bem afinada ou não isso estabelece a grande variedade de mundo que se manifesta em cada mente. Como, por um lado, isso depende de condições fisiológicas e anatômicas, por outro lado, o acaso tem o plectro nas mãos ao trazer consigo os objetos que devem nos ocupar. Mesmo assim, uma grande parte disso ainda está sob nosso arbítrio, já que podemos determiná-lo à vontade, ao menos em parte, por meio dos objetos dos quais nos ocupamos ou que nos cercam. Por isso deveríamos aplicar alguma precaução e proceder com intenção metódica. A instrução para isso nos é dada por Locke em seu excelente livrinho *On the Conduct of the Understanding* (Sobre a conduta do entendimento). Bons e sérios pensamentos sobre assuntos importantes, porém, não se deixam evocar arbitrariamente a todo momento. Tudo o que podemos fazer é deixar o caminho livre para eles descartando todas as ruminações fúteis, triviais e vulgares e se afastando de todas as farsas e bobagens. Por isso pode-se dizer que para pensar algo notável o meio mais rápido é não pensar em nada de absurdo. Deixa-se assim o campo livre para boas ideias: elas virão. Por essa mesma razão, não devemos pegar num livro em todo e qualquer momento de ócio: pelo contrário, devemos dar um pouco de descanso à mente, então algo de bom pode facilmente surgir. Muito correto é o comentário de Riemer em seu livro sobre Goethe, segundo o qual os pensamentos pessoais nos vêm quase sempre quando estamos andando ou em pé, raramente quando estamos sentados. Pois em geral a presença de pensamentos vivos, penetrantes e válidos é sobretudo consequência de condições *internas* favoráveis mais do que as externas, o que esclarece por que muitos pensamentos desse tipo, relativos a objetos bem diferentes, aparecem muitas vezes numa rápida sucessão uns depois dos outros e às vezes até mesmo juntos, em cujo caso eles acabam se cruzando e estorvando um ao outro, como os cristais de uma drusa. Pode nos acontecer então o mesmo que ocorre com o caçador que persegue duas lebres ao mesmo tempo.

§. 39.

Pode-se medir o quanto o intelecto humano comum é limitado e escasso e quão pouca é a claridade da consciência pelo fato de que, apesar da efêmera brevidade da vida humana, lançada no tempo infinito, da precariedade de nossa existência, de inumeráveis enigmas que pululam em toda parte, do caráter importante de tantos fenômenos, da insatisfação sempre presente da vida, em suma, apesar de tudo isso, nem todos filosofam contínua e constantemente, nem mesmo muitos, de fato apenas uns poucos; na verdade não só um aqui, outro acolá, mas só as exceções. — O restante das pessoas vive nesse sonho que não difere muito daquele dos animais, dos quais elas só se distinguem pelas providências antecipadas de alguns anos. A necessidade metafísica que se faz sentir nelas é suprida previamente e de cima pelas religiões, e sejam elas quais forem elas bastam. Todavia, pode ser que se filosofe muito mais em silêncio do que parece, mesmo se isso também falhar. Realmente, que situação deplorável a nossa! Viver um lapso de tempo, cheio de penas, necessidades, medo e dor, sem saber ao menos *donde* viemos, *para onde* vamos e *para quê* tudo isso, e ainda ter que aturar os padres de todas as cores, com todas as suas respectivas *revelações* e ameaças contra os incrédulos. A isso se acrescenta ainda o seguinte: nós nos observamos uns aos outros e nos associamos uns aos outros, — como *máscaras* com máscaras; não sabemos quem somos, mas somos como máscaras que nem sequer se conhecem a si próprias. E da mesma forma nos olham os animais; e nós, eles.

§. 40.

Quase podemos acreditar que a metade de todas as nossas ideias aparece sem o concurso da consciência. Na maioria das vezes a conclusão chega sem que as premissas tenham sido claramente pensadas. Isso pode ser inferido do fato de que às vezes um evento do qual nós não percebemos as consequências, e cujo efeito eventual em nossos assuntos nós somos ainda menos capazes de avaliar claramente, ainda assim exerce uma influência incontestável em nosso humor, nos deixando alegres ou tristes. Isso só pode ser consequência de uma ruminação inconsciente e fica ainda mais visível pelo que se segue. Eu tomei conhecimento dos dados reais de um assunto teórico ou prático. Me acontecia frequentemente que após alguns dias o resultado, isto é, como a coisa se comportava ou o que devia ser feito com ela, me aparecia claramente diante de mim. Essa operação, entretanto, continuava tão oculta a mim quanto a operação de uma máquina de calcular: isso foi simplesmente uma ruminação inconsciente. Da mesma forma, depois de ter escrito algo sobre um tema que depois abandonei, me ocorre às vezes, quando eu não estou mais pensando no assunto, a ideia de adicionar um adendo. Igualmente, às vezes procuro em minha memória durante dias um nome que me escapou, mas num outro momento, quando eu não mais estou pensando nele, me vem a mente como se tivesse sido sussurrado a mim. Sim, nossos melhores, mais significativos e profundos pensamentos aparecem subitamente na consciência como uma inspiração, e frequentemente na forma de uma importante sentença. Elas são manifestamente resultado de uma longa e inconsciente meditação e inumeráveis *aperçus*, que em geral estavam num passado distante e esquecido em seus detalhes. Eu reenvio aqui àquilo que eu já desenvolvi em minha obra principal, volume 2, capítulo 14, p. 134. — Pode-se quase arriscar a hipótese fisiológica de que o pensamento consciente se passa na superfície do cérebro, enquanto o inconsciente no interior de sua substância medular.

§. 41.

Com a monotonia da vida e a insipidez que dela resulta nós a acharíamos insuportavelmente tediosa após um tempo considerável de duração se não fosse o progresso constante e contínuo do conhecimento e da inteligência em geral, assim como a compreensão sempre melhor e mais clara de todas as coisas e suas relações, progresso que surge em parte como fruto da maturidade e da experiência, em parte como consequência das mudanças que nós mesmos experimentamos através dos diferentes períodos da vida. Com isso somos colocados diante de um novo ponto de vista, a partir do qual as coisas mostram o seu lado ainda não conhecido e nos aparecem de uma forma diferente. E assim, apesar da diminuição da intensidade das forças intelectuais, o preceito *dies diem docet*[13] permanece sempre e infatigavelmente adequado, disseminando continuamente um encanto sobre a vida à medida que o idêntico se apresenta sempre como algo diferente e novo. O que faz com que todo velho que pensa tenha como divisa as palavras de Sólon: "Quanto mais eu envelheço mais eu acrescento ao meu conhecimento."[14]

Incidentalmente, o mesmo serviço nos é oferecido a todo momento pelas diversas mudanças de nossa disposição e humor, pela qual nós vemos as coisas diariamente sob uma outra luz. Também elas atenuam a monotonia de nossa consciência e de nosso pensamento ao agir como a iluminação que muda sem cessar com seus inesgotáveis efeitos de luz sobre toda uma bela região, o que faz com que aquela paisagem vista por nós uma centena de vezes volte a nos encantar. Assim, aquilo que já é conhecido aparece como algo novo a uma disposição de espírito alterada e desperta novos pensamentos e maneiras de ver.

§. 42.

Quem quer estabelecer uma verdade *a posteriori*, ou seja, através de um experimento, embora ela pudesse ser compreendida e decidida *a priori*, por exemplo, a necessidade de uma causa para qualquer mudança, ou verdades matemáticas, ou proposições da mecânica e da astronomia que são redutíveis à matemática, ou mesmo aquelas que se seguem de leis naturais indubitáveis e bem conhecidas, esse se torna desprezível. Um belo exemplo de algo desse tipo nos é dado pelos nossos recentes materialistas que partem da química, cuja sapiência extremamente unilateral me levou à observação feita em outro lugar de que a mera química capacita muito bem farmacêuticos, mas não filósofos. Eles acreditam, de fato, ter feito, pela via empírica, uma nova descoberta de uma verdade *a priori* que já foi milhares de vezes expressa antes deles, segundo a qual a

---

[13]"Cada dia ensina o outro." [N.T.]
[14]Em grego, no original: "γηράσκω δ' αἰεὶ πολλὰ διδασκόμενος".

matéria se conserva, a anunciam audaciosamente a despeito de um mundo que nada sabe a respeito e a provam francamente *pela via empírica*. ("A prova disso poderia ser dada apenas por nossas balanças e retortas", diz o senhor doutor Louis Büchner em seu livro *Kraft und Stoff*, na quinta edição, p. 14, que é um eco ingênuo dessa escola). Mas eles são tão indecisos e ignorantes, que nem sequer usam a única e correta palavra "matéria" [*Materie*], mas aquela que lhes é mais familiar "matéria" (*Stoff*), e dessa forma a proposição *a priori*, "a matéria [*Materie*] permanece e seu *quantum* não pode nem aumentar nem ser diminuído", é por eles assim expressa: "A matéria [*Stoff*] é imortal", com o que eles se sentem originais e importantes, *scilicet* [a saber], em sua nova descoberta. Pois uma tal gentalha ignora naturalmente que há séculos ou mesmo milênios se discute a preeminência e a relação da matéria permanente em relação à sua forma sempre presente. Eles aparecem *quasi modo geniti*[15] e sofrem gravemente de οφμαθια,[16] que Gellius (XI, 7) descreve como "*vitium serae eruditionis, ut, quod nunquam didiceris, diu ignoraveris, cum id scire aliquando coeperis, magni facias quocunque in loco et quacunque in re dicere*".[17] Se, porém, alguém naturalmente dotado de paciência quiser dar-se ao trabalho de mostrar a esses aprendizes de farmacêuticos e assistentes de barbeiros que acabam de vir de suas oficinas químicas sem nada saber, a diferença entre *Materie* e *Stoff*, então deve levar em conta que a última já é a matéria *qualificada*, isto é, a união da matéria com a forma, as quais podem novamente ser separadas, o que resulta que somente a *Materie* é o permanente, não a *Stoff*, que sempre pode tornar-se uma outra coisa — sem

---

[15] Como recém-nascidos. [N.T.]
[16] Erudição tardia. [N.T.]
[17] "O erro da erudição tardia, que consiste em repetir em toda parte e em toda ocasião como algo importante aquilo que acabou de se aprender, mas que não se aprendeu antes e que jamais se soube até que se começou a saber". [N.T.]

excetuar-se seus sessenta elementos químicos fundamentais [*chemischen Grundstoffe*]. A indestrutibilidade da matéria nunca pode ser estabelecida pela experiência; por isso, jamais saberíamos disso se isso não fosse certo *a priori*. O quanto o conhecimento da indestrutibilidade da matéria e de sua passagem por todas as formas é inteiramente e definitivamente *a priori* e, portanto, independente de toda experiência é testemunhado por uma passagem em Shakespeare, que certamente sabia muito pouco de física e em geral também não sabia muito, mas mesmo assim faz Hamlet dizer:

> The imperial Caesar, dead, and turn'd to clay,
> Might stop a hole to keep the wind away:
> O! that that earth, which kept the world in awe,
> Should patch a wall t' expel the winter's flaw!
>
> (Ato 5, cena 1.)[18]

Ele faz assim a mesma aplicação daquela verdade da qual nossos hodiernos materialistas da farmácia e da clínica sempre se servem, e chegam mesmo a glorificarem-se com isso e, como mostrado acima, a tomam como um resultado da empiria. — Quem, por outro lado, quer estabelecer *a priori* o que só pode ser conhecido *a posteriori*, a partir da experiência, esse passa por um charlatão e faz papel ridículo. Exemplos alarmantes desse erro foram dados por Schelling e seus discípulos quando eles atiraram *a priori* em direção a uma meta fixada *a posteriori*, como alguém exprimiu na época com engenhosidade. As proezas de Schelling nessa arte podem ser conhecidas bem nitidamente em seu *Ersten Entwurf einer Naturphilosophie* [Primeiro esboço de uma filosofia da natureza]. Salta aos olhos nesta obra que ele,

---

[18] "César Augusto é morto, virou terra;/ pôr o vento pra fora é sua guerra —/ o mundo tremeu tanto ante esse pó;/ que serve agora pra tapar buraco — só." *Hamlet*, trad. Millôr Fernandes. Porto Alegre: L&PM, 1991, pp. 173-74. [N.T.]

silenciosamente e de maneira bem empírica, abstrai da natureza diante de nós verdades universais e formula algumas expressões sobre sua constituição como um todo. Em seguida ele aparece com essas fórmulas como se fossem princípios descobertos *a priori* que permitem pensar na natureza em geral, dos quais ele felizmente ainda deduz os fatos descobertos que estão em sua base, com o que ele demonstra a seus discípulos que a natureza não poderia ser diferente do que ela é:

> Entra o filósofo, a provar, a respeito
> Que tem de ser daquele jeito.[19]

Como exemplo divertido desse procedimento, leia-se a dedução *a priori* da natureza orgânica e da gravidade, nas pp. 96–97 do referido livro. Para mim é como quando uma criança faz uma pegadinha e vejo claramente que ela pôs as bolinhas por baixo dos copos e eu devo depois me espantar de encontrá-las lá. — Depois de um tal precedente do mestre não nos surpreendemos de ver seus discípulos ainda seguirem muito tempo depois o mesmo caminho e de ver como eles tentam deduzir *a priori* o curso da natureza a partir de conceitos vagos tomados empiricamente, tais como forma oval, forma esférica, e de analogias arbitrárias e ambíguas, como animais de ovos, animais de tronco, animais de ventre, animais de peito, e outras bobagens mais. Vemos claramente, porém, em suas sérias deduções, que elas visam sempre aquilo que é *a posteriori* certo e ainda violentam de maneira gritante a natureza para modelá-la às suas fantasias. — Quão valiosos são, ao contrário, os franceses com seu honesto empirismo que se esforça abertamente para aprender apenas da natureza e explorar seu curso e não para lhe prescrever suas leis. Simplesmente pela via da indução

---

[19] "Der Philosoph, der tritt herein/ Und beweist euch, es müßt' so seyn." Goethe, *Fausto* I, versos 1928–9, trad. Jenny Klabin Segall. São Paulo: Editora 34, 2004, p. 187. [N.T.]

eles descobriram a classificação do reino animal que é tão profundamente concebida quanto precisa, e que os alemães sequer sabem apreciar. Ao invés disso, eles a colocam em segundo plano para ressaltar sua própria originalidade, através de noções singulares e curiosas como as mencionadas acima, pelo que eles se admiram uns aos outros. — esses juízes sagazes e imparciais do mérito intelectual. Que sorte ter nascido em uma tal nação!

§. 43.

É bem natural mantermos uma atitude defensiva e negativa diante de uma nova visão sobre um objeto a respeito do qual já afirmamos um juízo qualquer. Pois ela penetra de maneira hostil no sistema provisoriamente fechado de nossas convicções, perturba a tranquilidade já alcançada e nos exige novos esforços ao declarar como perdidos os antigos. Com isso, uma verdade que nos faz rever nossos erros é comparável a um medicamento, tanto por seu gosto amargo e repulsivo quanto pelo fato de que ele não manifesta seu efeito no momento em que é tomado, mas só depois de algum tempo.

Se já vemos o indivíduo se prender obstinadamente a seus erros, vemos ainda mais a massa e a maioria dos homens: pois a experiência e o aprendizado podem labutar durante séculos em vão sobre suas opiniões já formadas. Por isso há certos erros universalmente populares, firmemente acreditados, diariamente repetidos com complacência por uma infinidade de pessoas, erros dos quais eu fiz uma lista e peço a outros que a continuem:

1. Suicídio é uma ação covarde.

2. Quem desconfia dos outros é desonesto.

3. Mérito e genialidade são sinceramente modestos.

4. Os loucos são extremamente infelizes.

5. A filosofia não se aprende, mas só o filosofar (o contrário disso é a verdade).

6. É mais fácil escrever uma boa tragédia que uma boa comédia.

7. A sentença atribuída a Bacon de Verulam: "um pouco de filosofia afasta de Deus; muita o traz de volta". Como? *Allez voir!* [vá ver!] (*Bacon a Verul. de augm. scient.* Lib. I, p. 5).

8. *Knowledge is power*: O diabo também! Alguém pode ter muito conhecimento sem ter o mínimo poder, enquanto um outro tem a potência suprema com muito pouco conhecimento. Por isso Heródoto expressa muito corretamente o oposto daquela sentença: "O pior dos tormentos que há entre os homens é compreender muitas coisas sem ter o mínimo poder." (IX, 16).[20] — Que alguém possa ocasionalmente exercer um poder sobre outra pessoa quando, por exemplo, conhece seus segredos ou não deixa que os seus segredos sejam conhecidos etc., não justifica aquela sentença.

A maioria das pessoas repetem essas sentenças umas às outras sem pensar muito a respeito e meramente por que quando as ouviram pela primeira vez acharam que elas soavam muito sábias.

§. 44.

Pode-se observar especialmente em viagens como o modo de pensar da grande massa é entorpecido e enrijecido e como é difícil competir com ele. Pois quem tem a sorte de ter que viver mais com livros do que com homens tem em vista apenas e sempre a simples comunicação dos pensamentos e conhecimentos assim como a ação e reação

---

[20] Em grego, no original: "ἐχθίστη δὲ ὀδύνη ἐστὶ τῶν ἐν ἀνθρώποισι αὕτη, πολλὰ φρονέοντα μηδενὸς κρατέειν".

imediata dos espíritos uns aos outros. Com isso ele esquece facilmente como são diferentes as coisas no, por assim dizer, único mundo humano real, e acaba achando equivocadamente que toda sabedoria adquirida pertence desde então a toda a humanidade. Mas precisamos de apenas um dia de viagem de trem para notar que lá onde nos encontramos agora certos preconceitos, falsos conceitos, costumes, usos e vestimentas predominam, mantêm-se já há séculos, embora se mantenham desconhecidos no lugar em que estávamos ontem. O mesmo acontece com os dialetos provincianos. A partir disso podemos avaliar quão grande é o hiato entre o povo e os livros e quão lentamente, embora com certeza, chegam ao povo as verdades reconhecidas. Por isso, em relação à rapidez da propagação, nada é menos dessemelhante à luz física do que a espiritual.

Tudo isso provém do fato de que a grande massa pensa pouco já que o tempo e a prática para isso lhe faltam. Assim, ela conserva seus erros por muito tempo, mas não é como o mundo letrado, um cata-vento indicando a rosa dos ventos de toda mudança diária de opiniões. E ainda bem que é assim, pois seria um pensamento terrível imaginar a grande e pesada massa num movimento tão rápido, sobretudo quando se considera tudo o que ela arrastaria e derrubaria em suas revoltas.

§. 45.

O anseio por conhecimento se chama *desejo de saber* (*Wißbegier*) quando é orientado para o universal, orientado para o particular se chama *curiosidade* (*Neugier*). — Rapazes mostram em geral desejo de conhecer; mocinhas mera curiosidade. Estas, porém, num grau espantoso e frequentemente com uma repulsiva curiosidade. A predileção para o particular própria ao sexo feminino e sua insensibilidade ao universal já se anuncia aqui.

§. 46.

Uma mente afortunadamente organizada e consequentemente dotada de uma acurada capacidade de julgar, tem duas vantagens. Primeiro essa que em tudo que ela vê, experimenta e lê, ela ressalta o que é importante e significativo e automaticamente se imprime em sua memória para ser trazido à tona quando necessário, enquanto todo o restante se escoa. Sua memória se assemelha a uma fina peneira que guarda apenas os grandes pedaços enquanto a memória dos outros se assemelham a peneiras grosseiras que deixam passar tudo exceto o que nela permaneceu por acaso. A segunda vantagem de uma tal mente, que é ligada à primeira, é que tudo aquilo que é relevante a uma coisa, seu análogo, ou aparentado de algum modo a ela, não importa o quão remoto, lhe ocorre toda vez no momento certo. Isso se deve ao fato de que ela compreende nas coisas aquilo que é propriamente essencial, pelo que reconhece o que é idêntico e por isso homogêneo mesmo nas coisas de resto mais diferentes.

§. 47.

O entendimento não é uma grandeza extensiva, mas sim intensiva. Assim, um homem pode afrontar dez mil, mas um bando de mil idiotas não dá um homem inteligente.

§. 48.

O que falta a mentes miseravelmente ordinárias, das quais o mundo está repleto, são duas faculdades vizinhas, a saber, a de julgar e a de ter pensamentos próprios. Mas ambas faltam a elas em um tal grau que quem não pertence a elas dificilmente faz ideia e por isso mesmo ignora o caráter deprimente da existência delas, e do *"fastidio sui, quo laborat omnis stultitia"*.[21] Dessa indigência se explica, por um lado, a pobreza de tudo o que se escreve em todas as nações, que os contemporâneos tomam como sua literatura e, por outro

---

[21]"Desgosto consigo mesma de que sofre toda estupidez." Sêneca, *Cartas*, 9, §. 22. [N.T.]

lado, o destino daquilo que é autêntico e verdadeiro ao surgir entre essas pessoas. Toda poesia e todo pensamento verdadeiro é de fato uma certa tentativa de pôr uma grande mente na cabeça das pequenas pessoas: nenhuma surpresa que isso não funcione. A satisfação que um pensador pode oferecer exige uma certa *harmonia* entre seu modo de pensamento e aquele do leitor e será tanto maior quanto mais perfeita for essa harmonia. Por isso, um grande espírito só pode ser completa e inteiramente apreciado por outro grande espírito. Nisso mesmo repousa o desgosto e a repulsa que escritores ruins ou medíocres despertam em mentes pensantes; até mesmo na conversação com a maioria dos homens é assim: em todo passo sentimos a insuficiência e a *desarmonia*.

Nessa ocasião, que seja intercalada a seguinte advertência: que não se despreze uma nova sentença ou pensamento, talvez verdadeiro porque o achamos num mau livro ou escutamos da boca de um imbecil. O primeiro o roubou, o segundo o apanhou de algum lugar, o que eles naturalmente dissimulam. A isso se aplica o dito espanhol: *mas sabe el necio en su casa, que el cuerdo en la agena* (mais sabe o néscio em sua casa que o sábio em casa alheia). Em suma, em sua especialidade, qualquer um sabe mais que nós. Enfim, como se sabe, até uma galinha cega acha um grãozinho. De fato, é verdade que *il y a un mystère dans l'esprit des gens qui n'en ont pas*.[22]

Daí também:

Mesmo um jardineiro diz às vezes coisas pertinentes.
(*Et hortulanus saepe opportunissima dixit*).[23]

---

[22] "Há um mistério no espírito das pessoas que não têm nenhum." [N.T.]

[23] [Em grego, no original: "πολλάκι καὶ κηπωρὸς ἀνὴρ μαλα καίριον εἶπε."] Essa referência é dada por Gaisford em seu prefácio ao *Florilegium* de Estobeu (p. xxx), segundo *Gellius* II, 6. No *Florilegium* mesmo (v. 1, p. 107) está: "πολλάκι τοι καὶ μωρὸς ἀνὴρ κατακαίριον εἶπε. (*Saepe etiam stupidi non intempesta loquuntur*)" [Mesmo um homem estúpido diz às vezes coisas pertinentes"], o que é apresentado como um verso de Ésquilo que o editor põe em dúvida. [N.A.]

Também pode ocorrer de termos escutado há muito tempo uma observação ou a descrição de alguma experiência de uma pessoa insignificante e inculta, desde então, porém, não mais a esquecemos. Mas por causa dessa fonte nos sentimos inclinados a desprezá-la ou a considerá-la como uma coisa conhecida de maneira geral e desde muito tempo, então nos perguntamos se a escutamos novamente um longo tempo depois disso ou se a lemos em algum lugar. Se esse não for o caso, que lhe façamos honra. — Desprezaríamos um diamante por tê-lo encontrado em uma esterqueira?

§. 49.

Não pode haver nenhum instrumento musical que não adicione ao som puro, que consiste apenas em vibrações de ar, algo estranho, que provém das vibrações de sua própria matéria. Por seu impulso, essas vibrações do instrumento provocam as vibrações do ar e produzem um som secundário trazendo a cada som puro aquilo que lhe é específico e que distingue, por exemplo, o som do violino do som da flauta. Quanto menor é essa mistura inessencial tanto mais puro é o som. E assim a voz humana tem o som mais puro, pois o instrumento natural não se compara a um instrumento artificial. Da mesma forma, não pode haver nenhum *intelecto* que não adicione ao conhecimento puramente objetivo e essencial algo estranho a este, algo subjetivo que tem origem na personalidade que carrega esse intelecto e o condiciona, portanto, algo individual que corrompe o primeiro. O intelecto em que essa influência é menor será o mais *objetivamente* puro, portanto, o mais perfeito. Como resultado disso, suas produções quase só contém e reproduzem aquilo que todo intelecto compreende uniformemente nas coisas, portanto, aquilo que é *puramente objetivo*, e é essa a razão pela qual elas agradam a todos, tão logo eles a entendam. Por isso eu disse que a genialidade consiste na objetividade do espírito. Contudo, um intelecto absolutamente objetivo, portanto completamente puro, é tão impossível quanto um som absolutamente puro:

este último porque o ar não pode entrar em vibração por si mesmo, mas deve ser impelido de algum modo; o primeiro porque um intelecto não pode existir por si mesmo, mas só pode aparecer como instrumento de uma vontade ou (para falar de modo realista) um cérebro só é possível como parte de um organismo. Uma vontade irracional e mesmo cega que se apresenta como organismo é a base e a raiz do intelecto de qualquer um: daí a precariedade de cada um deles e os traços de tolice e absurdo sem os quais nenhum homem existe. Também aqui "não há lótus sem caule", e diz Goethe:

> A torre de Babel ainda assombra,
> Eles não podem se unir!
> Cada homem tem seu verme,
> Mesmo Copérnico.[24]

Além das contaminações do conhecimento pela natureza dada de uma vez por todas do sujeito, a individualidade, acrescenta-se também aquele que vem diretamente da vontade e de sua disposição momentânea, ou seja, do interesse, das paixões, dos afetos, do ser que conhece. Para medir em toda sua extensão o quanto de subjetivo há em nosso conhecimento, deveríamos olhar mais frequentemente o mesmo evento com os olhos de duas pessoas de diferentes disposições e interesses. Como isso não é possível, devemos nos contentar observando como as mesmas pessoas e os mesmos objetos se apresentam tão diferentes para nós mesmos, em épocas diferentes, em diversas disposições de ânimo e em diferentes ocasiões.

Seria de todo modo uma coisa excelente se nosso intelecto existisse *por si mesmo*, ou seja, fosse uma inteligência originalmente pura e não meramente uma faculdade secundária, que necessariamente se enraíza em uma *vontade* e que sofre por

---

[24] "Noch spukt der Babylon'sche Thurm,/ Sie sind nicht zu vereinen!/ Ein jeder Mann hat seinen Wurm,/ Kopernikus den seinen." Goethe, *Sprichtwörtlich*.

causa dessa base uma contaminação em quase todos os seus conhecimentos e juízos. Pois se ele não fosse assim poderia ser então um puro órgão do conhecimento e da verdade. Mas tal como ele é agora, como é raro vermos uma coisa em toda a sua clareza quando temos um interesse qualquer nela! Isto é quase impossível: pois a cada argumento e a cada dado que aparece a *vontade* intercede imediatamente, sem que se possa distinguir sua voz do intelecto, já que ambos estão amalgamados em um só eu. Isso se torna mais claro quando tentamos prognosticar o resultado de alguma coisa que nos interessa; o interesse falsifica o intelecto em cada passo, seja pelo medo ou pela esperança. É pouco possível ver claramente assim, pois o intelecto se assemelha a um facho com o qual queremos ler algo enquanto o vento noturno o agita violentamente. Por essa razão um amigo fiel e justo é de um valor inestimável em situações perturbadoras, pois ele, por não tomar parte na situação, vê as coisas tais como elas são, enquanto para nós elas se apresentam falsificadas pelo engano das paixões. — Só podemos ter um juízo correto sobre algo que aconteceu ou um prognóstico certo sobre coisas que estão por vir quando isso não nos diz mais respeito, quando isso não toca em nosso interesse. Além do mais, nós não somos incorruptíveis, pelo contrário, nosso intelecto é infectado e envenenado pela vontade sem que notemos. Daí, e também da incompletude ou mesmo falsificação dos dados, se esclarece por que homens de cabeça e conhecimento se enganam *toto coelo* ao profetizar sobre o desfecho de acontecimentos políticos.

Em artistas, poetas e escritores em geral, uma das contaminações subjetivas do intelecto é aquela que provém do que se costuma chamar ideias da época, e hoje em dia "consciência do tempo", isto é, certas visões e conceitos em voga. O escritor que é tingido com sua coloração deixou-a se impor ao invés de ignorá-la e rejeitá-la. Quando, depois de um lapso de tempo curto ou longo, aquelas visões tiverem desaparecido e caído no esquecimento, então as obras dessa época perdem o apoio que tinham nelas e frequentemente parecem ter um mal gosto inconcebível, assemelhando-se a um velho calendário. Só o poeta ou pensador absolutamente genuíno está acima de todas essas influências. Mesmo Schiller leu a *Crítica da razão prática* e ela se impôs a ele; já Shakespeare só leu o mundo. É por isso que em todas as suas peças, mas particularmente naquelas relativas à história inglesa, vemos as personagens completamente motivadas pelo egoísmo ou pela maldade, com algumas exceções não muito perceptíveis. Pois ele queria mostrar *homens* no espelho da poesia e não caricaturas morais; assim todos se reconhecem no espelho e sua obra vive hoje e sempre. As personagens de *Dom Carlos*, de Schiller, podem ser divididas rigorosamente em brancas e pretas, anjos e demônios. Já agora elas parecem estranhas: o que será delas daqui a cinquenta anos?

§. 50.

A vida das *plantas* se consome na mera *existência*: por isso, o seu prazer é uma satisfação surda, pura e absolutamente subjetiva. Nos *animais* surge o *conhecimento*, mas este permanece inteiramente limitado a motivos, e de fato somente aos mais próximos. Por isso também eles encontram na mera existência sua completa satisfação e lhes basta apenas levar sua vida. E assim eles podem passar muitas horas inativos, sem sentir impaciência ou mal-estar, embora eles não pensem, mas apenas observem. Somente nos animais mais inteligentes como cães e macacos se faz sentir a necessidade de atividade, e então o tédio; é por isso que eles gostam de brincar, e de se divertir olhando os transeuntes. Com isso eles já entram na classe dos homens que olham pelas janelas, que nos observam em toda parte, mas que só causam indignação quando se nota que esses homens são estudantes.

Somente no homem o *conhecimento* — isto é, a consciência de outras coisas em oposição à mera consciência de si — atingiu um grau elevado e com a entrada da razão se eleva até a clareza de consciência. Como consequência disso, sua vida, além da mera *existência*, pode ser preenchida também com o *conhecer*, que é de certo modo uma segunda existência, para além da existência de sua própria pessoa, em outros seres existentes e coisas. Mas também entre os homens o conhecer se limita na maioria das vezes a *motivos*, incluindo aqueles mais afastados que, quando compreendidos de maneira global, se chamam "conhecimentos úteis". No entanto, neles o conhecimento *livre*, isto é, destituído de finalidade, na maioria das vezes não vai além da curiosidade e do divertimento, mas está presente ao menos até essa medida em todos os homens. Se, porém, os motivos lhes dão uma trégua, uma boa parte das suas vidas será preenchida pelo mero *existir*. Disso é testemunha a frequente tagarelice e a sociabilidade ligada a ela, que consiste principalmente em se reunir com outros sem falar nada ou só trocar escassas e pobres palavras.[25] No fundo de seus corações, a maioria dos homens têm como máxima principal e regra de conduta, ainda que não com uma consciência clara, o princípio de *sair-se com o mínimo possível de dispêndio de pensamentos*; pois para eles o pensar é um peso e uma pena. De acordo com isso, eles pensam somente o que é estritamente necessário para suas ocupações profissionais e depois somente o que é exigido por seus diferentes passatempos, tanto conversações como jogos que são então organizados de tal modo que possam ser exercidos com o *mínimo* de pensamentos. Mas se nas horas de ócio faltam tais passatempos, então eles irão preferir ao invés de tomar um livro nas mãos, o que exigiria o uso da força de pensamento, passar horas na janela bisbilhotando os eventos mais insignificantes, o que ilustra o *ozio lungo d'uomini ignoranti*,[26] de Ariosto.

---

[25] O homem comum já foge do esforço corporal, ainda mais, porém, do esforço mental. Por isso ele é tão ignorante, tão desprovido de pensamento e de juízo. [N.A.]

[26] "O tédio dos ignorantes." Ariosto, *Orlando furioso*, XXXIV, 75. [N.T.]

SCHOPENHAUER

Somente quando o intelecto excede a medida necessária, o conhecimento se torna mais ou menos um fim em si mesmo. Por isso, é um fato bem fora do comum quando em alguém o intelecto abandona sua destinação natural, isto é, a servidão da vontade e, dessa forma, a apreensão de meras relações entre as coisas para proceder de forma puramente objetiva. Mas esta é precisamente a origem da arte, da poesia e da filosofia, que são produzidas portanto por um órgão que não estava originalmente destinado para elas. Com efeito, o intelecto é desde a origem um trabalhador assalariado submetido a um árduo labor, cujo exigente patrão, a vontade, o mantém ocupado de manhã à noite. Entretanto, se esse vassalo explorado consegue produzir em sua hora de lazer uma parte de seu trabalho, espontaneamente, por sua própria iniciativa, e sem segunda intenção, só para sua própria satisfação e deleite, então essa será uma genuína obra de arte, quando chega à perfeição até mesmo uma obra de gênio.[27]

---

[27] Nenhuma diferença seja ela de classe, de posição ou de nascimento é tão grande quanto o hiato entre os milhões que consideram e usam sua *cabeça apenas como uma serva do ventre*, isto é, como um instrumento para os propósitos da vontade — e aqueles extremamente poucos e raros que têm a coragem de dizer: Não, ela é muito boa para isso, ela só deve atuar em vista de suas próprias finalidades, isto é, para a compreensão do maravilhoso e colorido espetáculo desse mundo, para a reprodução de tal mundo, de uma ou de outra maneira, como imagem ou ilustração de acordo com a característica do indivíduo que a carrega. Esses são os verdadeiros *nobres*, a autêntica *noblesse* do mundo. Os outros são servos, *glebae adscripti* (adstritos à gleba). Certamente, estão referidos aqui somente aqueles que não apenas tem a coragem mas também a vocação e por isso o direito de liberar o intelecto do serviço da vontade, por conseguinte, que recompense o sacrifício. Para os outros, nos quais tudo isso existe apenas parcialmente, aquele hiato não é tão grande; mas uma nítida linha de demarcação sempre permanece, mesmo no caso de um menor mas firme talento.

O que uma nação tem a mostrar no domínio das *belas artes*, da *poesia* e da *filosofia* é o resultado do excedente em *intelecto* nela existente.

A grande maioria dos homens é de tal modo constituída que, conforme toda sua natureza, nada pode ser mais sério do que comer, beber e copular. Tudo aquilo que as naturezas mais raras e sublimes trouxeram ao mundo,

Um tal uso do intelecto dirigido para aquilo que é puramente objetivo está, em seu grau mais elevado, na base de todas as obras artísticas, poéticas, filosóficas e até mesmo puramente científicas. Isso já ocorre na compreensão e no estudo dessas obras e também na reflexão livre sobre qualquer objeto, isto é, uma reflexão livre de qualquer interesse pessoal. De fato, isso acontece já na simples conversação quando seu tema é puramente objetivo, quer dizer, sem nenhuma relação com o interesse, portanto, com a vontade dos interlocutores. Todo uso de tal forma objetivo do intelecto está para o uso subjetivo, isto é, que diz respeito ao interesse pessoal, ainda que indiretamente, assim como a dança está para o andar; pois ele é, assim como a dança, a aplicação sem finalidade de forças excedentes. Ao contrário, o uso subjetivo do intelecto é certamente o natural, já que ele surgiu apenas para servir a vontade. Mas justamente isso é o que temos em comum com os animais: ele é escravo da necessidade, porta a estampa da nossa miséria e nós aparecemos a eles justamente como *glebae adscripti*. Este uso se dá não apenas em nosso trabalho e em nossas atividades pessoais, mas também em toda conversação a respeito de coisas pessoais e principalmente materiais, como comer, beber e demais comodidades, depois

seja como religião, ou como ciência ou arte, será usado como instrumento para seus fins baixos, fazendo disso sua máscara.

O intelecto das pessoas comuns se mantém *estreitamente ligado* a seu ponto fixo, a saber, a vontade, de tal modo que se parecem com um pêndulo curto e por isso de oscilações rápidas, ou a um ângulo de elongação com um pequeno *radius vector*. Com isso ocorre que eles não veem propriamente nas coisas nada a não ser sua vantagem ou desvantagem, e essas ainda mais claramente, com o que surge uma grande facilidade no seu trato. Já o *intelecto genial*, ao contrário, vê *as coisas mesmas* e nisso consiste sua aptidão. Com isso, porém, o conhecimento de sua vantagem ou desvantagem fica obscurecido ou até mesmo suprimido, pelo que ocorre que aqueles outros têm um curso de vida mais jeitoso do que ele. Pode-se comparar a ambos com dois jogadores de xadrez, que em uma casa estrangeira jogam diante de autênticas peças de xadrez chinesas, belas e artisticamente trabalhadas. Um perde por que a contemplação das figuras o distrai e o dispersa; o outro, sem interesse por tais coisas, vê nelas meras peças de xadrez e ganha. [N.A.]

o ganho e coisas a ele relacionadas, além de utilidades de todo tipo, mesmo que essas digam respeito ao ser comum: pois o ser comum permanece um ser comum. A maioria dos homens não é capaz de qualquer outro uso de seu intelecto, pois este permanece para eles apenas um instrumento para servir a vontade e se reduz totalmente a essa servidão, sem que reste qualquer outra coisa. É isso o que os torna tão secos, brutalmente sérios, e incapazes de qualquer conversação objetivamente interessante, assim como ressalta a estreiteza do vínculo entre o intelecto e a vontade, visível em seus rostos. A expressão de escassez, que nós encontramos frequentemente de maneira tão deprimente, indica simplesmente a limitação de todo seu conhecimento aos assuntos de sua vontade. Vê-se que aí só existe tanto intelecto quanto é necessário para as finalidades da vontade em questão e nada mais: nisso reside a vulgaridade de sua aparência. (Cf. *O mundo como vontade e representação*, v. II, cap. 31). De acordo com isso, seu intelecto afunda em inatividade tão logo a vontade não mais o motiva. Eles não levam em conta nenhum interesse *objetivo*. Eles não dão sua atenção, muito menos reflexão, a nada que não tenha ao menos uma possível relação com sua pessoa; fora disso nada mais desperta seu interesse. Em nenhum instante eles são estimulados por um gracejo ou um chiste, pelo contrário, eles odeiam tudo aquilo que exige a mais fácil reflexão; a rigor, grosserias pesadas os fazem rir; quando não, então são bestas sérias: tudo porque são capazes apenas de interesse *subjetivo*. Exatamente por isso, o jogo de cartas é seu passatempo adequado — particularmente pelo dinheiro. Pois esse jogo não se mantém na esfera do puro conhecer, como o teatro, a música, a conversação, mas mobiliza a *vontade* mesma, a primária, que se encontra em toda parte. Aliás, eles são do primeiro ao último alento, homens de negócio, carregadores de carga da vida. Os prazeres deles são completamente sensíveis; para outros eles não têm nenhuma suscetibilidade. Devemos falar com eles somente sobre negócios e nada mais. Sociabilidade com eles é degradação, é tornar-se comum. As conversas *deles* são exatamente aquilo que Giordano Bruno (na conclusão da *Cena delle ceneri*) descreve como "*vili, ignobili, barbare ed indegne conversazioni*",[28] as quais ele jura simplesmente evitar. Por outro lado, a conversa entre pessoas que de algum modo são capazes de um uso puramente *objetivo* de seu intelecto — mesmo que a matéria seja bem leve e só dê lugar a um mero gracejo, ainda sempre um livre jogo de forças espirituais — está para o outro tipo de conversa assim como a dança para o andar. Uma tal conversa corresponde àquilo que se passaria se duas pessoas ou mais dançassem juntas, enquanto a outra lembra uma simples marcha de homens uns ao lado dos outros ou em fila para chegar num lugar.

Essa inclinação que é sempre associada à habilidade de fazer um uso livre e por isso anormal do intelecto alcança no *gênio* um grau em que o conhecer se torna o principal, a *finalidade* de toda vida, enquanto a própria existência é reduzida a algo secundário, um simples *meio*, em suma, a relação normal é subvertida. Assim, graças à compreensão cognitiva de todo o mundo restante, o gênio vive, no todo, mais nesse mundo que em sua própria pessoa. O crescimento anormal das forças cognitivas o priva da possibilidade de preencher seu tempo com a simples *existência* e suas finalidades: seu espírito tem necessidade de constante e vigorosa ocupação. A ele falta aquela serenidade na conduta das largas cenas da vida cotidiana assim como aquela absorção que é dada ao homem comum que assume mesmo a parte cerimonial da vida cotidiana com verdadeiro prazer. Por isso, ser um gênio não é um bom negócio para a vida prática, comum, para a qual as forças espirituais meramente normais são adequadas e é, como toda anomalia, um obstáculo. De fato, nessa elevação das forças intelectuais, a compreensão intuitiva do mundo exterior adquiriu uma tão grande clareza objetiva

---

[28] "Conversações comuns, ignóbeis, bárbaras e indignas." [N.T.]

e fornece tão mais do que se requer para servir a vontade que essa abundância se torna diretamente um impeditivo, pois a consideração dos fenômenos dados, como tais e em si, sempre afasta da consideração das relações desses fenômenos com a vontade individual e entre si, de modo a perturbar e impedir a tranquila compreensão dos mesmos. Para o serviço da vontade, ao contrário, é suficiente uma consideração bem superficial das coisas, que não fornece nada além das conexões que elas têm com nossos propósitos momentâneos e tudo que a eles se relaciona, em suma, consiste em meras relações e com a maior cegueira possível a todo o resto. Esse modo de conhecimento é enfraquecido e perturbado com uma compreensão objetiva e completa da essência das coisas. Então se confirma o dito de Lactâncio: *"vulgus interdum plus sapit, quia tantum quantum opus est sapit"*.[29]

O gênio é, pois, o oposto da capacidade de ação prática, particularmente em sua arena máxima, a esfera da política mundial, precisamente porque a grande perfeição e fina receptividade do intelecto trava a energia da *vontade*. Mas se tal energia que aparece como ousadia e firmeza, é acompanhada ainda de um entendimento hábil e preciso, de um juízo justo e de alguma astúcia, então ela fará o homem de estado, o general, e quando ela chega à temeridade e à obstinação, produzirá, em circunstâncias favoráveis, a personagem histórica. Mas seria ridículo falar em *gênio* a respeito de tais pessoas. Pois são exatamente os graus mais baixos da superioridade espiritual, como a prudência, a astúcia e certos talentos determinados mas limitados que tornam possível a prosperidade no mundo e ajudam a fundar a felicidade da pessoa, especialmente quando dotada também de impudência (como acima a temeridade). Pois em todos esses níveis de distinção o intelecto permanece sempre fiel a sua destinação natural, o serviço da própria vontade, mas agora com uma maior

---

[29] "O povo às vezes sabe mais, pois sabe o suficiente para o que é preciso." Lactantius, *Divinae institutiones*, lib. III, c. 5. [N.T.]

precisão e facilidade. No gênio, ao contrário, o intelecto está livre de tal servidão. Por isso, a genialidade é tão desfavorável à felicidade pessoal. É por tal motivo que Goethe faz Tasso dizer:

> Uma coroa de lauréis é, lá onde ela aparece,
> Um signo mais de sofrimento do que de felicidade.[30]

Por isso a genialidade é, para quem dela é dotado um ganho imediato, mas não mediato.[31]

---

[30] "Der Lorbeerkranz ist, wo er Dir erscheint,/ Ein Zeichen mehr des Leidens, als des Glücks." Goethe, *Torquato Tasso*, III, 4. [N.T.]

[31] Vemos claramente que nos animais o *intelecto* atua somente a serviço de sua *vontade*; nos homens, em regra geral, não é diferente. Mesmo neles nós vemos geralmente a mesma coisa. De fato, no caso de muitos homens, vê-se que eles nunca foram ativos de outro modo que não para as finalidades mesquinhas da vida e os meios frequentemente tão baixos e indignos de realizá-las. Se um homem tem um determinado excesso de intelecto para além daquilo que é necessário para servir a vontade, e se tal excesso é assumido para si para uma atividade livre, não motivada pela vontade nem pertinente a seus fins, e se o resultado disso for uma compreensão puramente objetiva do mundo e das coisas — então um tal homem é *um gênio*. E isso está estampado em seu rosto, assim como todo excesso relativo à dita medida necessária, embora menos fortemente. A mais correta *escala* para medir a *hierarquia das inteligências* é dada pelo grau no qual elas apreendem as coisas, seja de modo meramente *individual* ou então de modo cada vez mais *universal*. O animal conhece apenas o particular enquanto tal, permanece portanto limitado à apreensão do individual. Todo homem, porém, compreende o individual em conceitos, pois nisso consiste o uso de sua razão, e esses conceitos se tornam cada vez mais universais quais maior é sua inteligência. Se essa apreensão do universal atinge o conhecimento *intuitivo* e não apenas os conceitos, mas também o intuído é imediatamente apreendido como um universal, então surge o conhecimento das (platônicas) *ideias*: é o conhecimento estético, que pode se tornar, quando espontâneo, genial, atingindo o mais alto grau quando se torna conhecimento filosófico, pois então o todo da vida, dos seres e de sua transitoriedade, do mundo e seu conteúdo, aparece em sua verdadeira natureza intuitivamente apreendido e sob esta forma se impõe à consciência como objeto de meditação. É o grau mais elevado da clareza de consciência. — Portanto, entre este último e o conhecimento puramente animal existem inúmeros graus, que se diferenciam pela apreensão cada vez mais universal. [N.A.]

§. 51.

Para quem é capaz de entender algo *cum grano salis*, a relação entre o gênio e o homem normal pode ser talvez expressa mais claramente da seguinte maneira: um gênio é um homem que tem um *duplo* intelecto; um *para si mesmo*, para o serviço de sua vontade, e outro *para o mundo*, do qual ele se torna o espelho quando o apreende de maneira *puramente objetiva*. A suma, ou quintessência dessa apreensão, é reproduzida em obras de arte, de poesia, ou de filosofia, depois que o aperfeiçoamento técnico se fez presente. O homem normal, por outro lado, tem apenas o primeiro intelecto, que pode ser chamado de *subjetivo*, enquanto o genial é o *objetivo*. Embora esse intelecto subjetivo possa se apresentar em graus bem diversos de perspicácia e perfeição, ainda assim ele se separa em uma gradação determinada daquele intelecto duplo do gênio — assim como os sons da voz do peito, por mais altos que possam ser sempre são essencialmente diferentes do falsete, da mesma forma que as oitavas superiores da flauta e os harmônicos do violino são o uníssono das duas metades da coluna de vibração de ar que é dividida por um ponto nodal. Já na voz de peito e nas baixas oitavas da flauta, apenas a coluna de ar inteira e indivisa vibra. Isso permite compreender aquela propriedade específica do gênio, que é impressa de modo bem visível não apenas nas obras, mas também na fisionomia daqueles que o possuem. Da mesma forma fica claro por que um tal intelecto duplo é na maioria das vezes um obstáculo ao serviço da vontade, donde se esclarece a já mencionada pouca capacitação do gênio para a vida prática. Faz-lhe falta sobretudo aquela sobriedade que caracteriza o intelecto ordinário simples, seja ele perspicaz ou obtuso.

§. 52.

Assim como o cérebro é nutrido pelo organismo, como um parasita, sem contribuir para sua economia interna e leva uma vida autônoma e independente, lá em cima, em sua morada sólida e bem protegida, da mesma forma, o homem bem dotado intelectualmente conduz, além da vida individual comum a todos, ainda uma segunda vida, puramente intelectual, que consiste no contínuo crescimento, correção e alargamento não do mero saber, mas do conhecimento e intelecção apropriados e coerentes que permanecem intocados pelo destino da pessoa, na medida em que não são perturbados por ele em sua atividade. Isso eleva o homem e o conduz para além de sua vida e de suas flutuações. Ela consiste em um contínuo pensar, aprender, experimentar e exercer, e se torna gradualmente a existência principal, à qual está subordinada a vida pessoal como simples meio para um fim. Um exemplo da independência e da natureza separada dessa vida intelectual nos dá Goethe, que no meio do tumulto dos campos de batalha da guerra em Champagne observava fenômenos para sua teoria das cores e tão logo conseguia um curto momento de repouso na fortaleza de Luxemburgo, em meio à ilimitada miséria daquela campanha, retomava as folhas de sua teoria das cores. Ele nos deixou assim um modelo que devemos seguir, nós que somos o sal da terra, dedicando-nos à vida intelectual sem perturbação, por mais que nossa vida pessoal possa ser afetada e abalada pela tormenta do mundo, sempre lembrando que não somos o filho da criada, mas da mulher livre. Como nosso emblema e brasão familiar eu proponho uma árvore violentamente agitada pela tempestade, mas que mostra ainda em cada um dos seus ramos seus frutos rosados, com a inscrição: *dum convellor mitescunt*; ou também: *conquassata, sed ferax*.[32]

A essa vida puramente intelectual do indivíduo corresponde uma vida similar do conjunto da humanidade, cuja vida *real* de todo modo está na *vontade*, tanto segundo seu significado empírico como transcendente. Essa vida puramente intelectual da humanidade consiste em seu conhecimento continuamente em progresso graças à ciência e à perfeição

---

[32] "Enquanto sou sacudida, elas amadurecem", e "sacudida, mas frutífera." [N.T.]

das artes, as quais progridem lentamente por eras e séculos e para as quais as gerações particulares que fornecem sua contribuição se dirigem apressadamente. Essa vida intelectual oscila, como um acréscimo etéreo, um suave perfume emanando da fermentação, para além da agitação mundana, da vida propriamente real dos povos, conduzida pela *vontade*, e marcha paralelamente à história universal, inocente e sem manchas de sangue, a história da filosofia, das ciências e das artes.

§. 53.

A diferença entre o gênio e as mentes comuns é simplesmente *quantitativa*, na medida em que é uma diferença de grau. No entanto, somos tentados a vê-la como *qualitativa*, quando se considera como as mentes comuns, apesar de sua diversidade individual, ainda assim têm uma certa direção comum em seu pensamento, pela qual seus pensamentos tomam o mesmo rumo e seguem no mesmo trilho em situações similares. Daí a frequente concordância, que nem sempre se baseia na verdade e que vai tão longe que certas visões fundamentais professadas por eles são constantemente renovadas e repetidas, enquanto as grandes mentes de todas as épocas se opõem constantemente a elas, aberta ou secretamente.

§. 54.

O gênio é um homem em cuja cabeça o *mundo como representação* atingiu um grau a mais de claridade e se apresenta de maneira mais nítida: mas não é a observação minuciosa do particular que oferece o discernimento mais importante e mais profundo, e sim a intensidade da compreensão do todo. Por isso, a humanidade pode esperar dele o maior ensinamento. Ele fornecerá ora de uma forma, ora de outra, quando atingir sua plena instrução. Pode-se definir o gênio, portanto, como uma consciência notavelmente clara das coisas e também de seu oposto, de si mesmo. A humanidade olha nos homens assim dotados em busca de esclarecimento sobre as coisas e sobre sua própria essência.³³

De resto, ele é, como qualquer um, aquilo que ele é primeiramente para si mesmo: isso é essencial, inevitável e inalterável. O que ele é para os outros, por outro lado, permanece algo secundário, subordinado ao acaso. De modo algum podem eles receber de seu espírito mais que um reflexo, por meio de uma tentativa exigida de ambos os lados de pensar suas ideias com suas mentes, nas quais, porém, permanecem como plantas exóticas, por conseguinte, enfraquecidas e raquíticas.

§. 55.

Para ter pensamentos originais, extraordinários e até imortais basta alienar-se completamente do mundo e das coisas em alguns momentos, de modo que os objetos e acontecimentos mais ordinários apareçam como inteiramente novos e desconhecidos, revelando sua verdadeira natureza. O que aqui se exige não é propriamente difícil, mas não está em nosso poder e é precisamente o que distingue o gênio.³⁴

§. 56.

O *gênio* está para as outras mentes assim como o carbúnculo para as outras pedras preciosas: ela emana luz própria, enquanto as outras só refletem a luz recebida. — Também se pode dizer que o gênio se relaciona com os

---

³³ Pelo mais raro concurso de várias e mais favoráveis circunstâncias, acontece de tempos em tempos, às vezes um por século, de nascer um homem dotado de um *intelecto marcadamente superior à média comum* — essa qualidade secundária e acidental em relação à vontade. Mas pode levar algum tempo até que ele seja conhecido e reconhecido. — A estupidez dificulta o primeiro, a inveja o segundo. Mas, uma vez que isso acontece, então os homens se espremem em volta dele e de sua obra na esperança de que alguma luz penetre na escuridão de suas existências, e lhes ofereça algum esclarecimento sobre ela — como que uma *revelação* proveniente de um *ser superior* (por menor que seja). [N.A.]

³⁴ O gênio pode tão pouco ter pensamentos originais por si mesmos quanto as mulheres ter filhos sozinhas. A circunstância externa deve aparecer como pai para fecundar o gênio para que ele possa engendrar algo. [N.A.]

outros do mesmo modo que os corpos hidroelétricos com os meros condutores de energia. Por isso, o termo não é apropriado para o verdadeiro erudito, assim como os corpos hidroelétricos não são condutores. Pelo contrário, ele se relaciona com a mera erudição como o texto com as notas. Um erudito é alguém que aprendeu muito; um gênio é aquele de quem a humanidade aprende o que ele não aprendeu de ninguém. Logo, os grandes espíritos, dos quais dificilmente surge um em cem milhões, são os faróis da humanidade, sem a qual ela se perderia no mar ilimitado dos mais terríveis erros e do embrutecimento.

Enquanto isso, o verdadeiro e simples erudito, o professor ordinário de Göttingen, olha para o gênio mais ou menos como nós olhamos a lebre, que só depois de sua morte se torna palatável e própria para o preparo; em suma, enquanto vive é só alguém em quem nós devemos simplesmente atirar.

§. 57.

Aquele que quiser vivenciar o reconhecimento de sua época deve caminhar no mesmo passo que ela. Mas isso não produz nada de grande. Quem quer chegar a isso deve, portanto, dirigir seu olhar à posterioridade e com firme confiança preparar para essa sua obra. Com isso pode ocorrer, é claro, que ele permaneça desconhecido de seus contemporâneos e será comparável ao homem que depois de ter sido obrigado a passar sua vida em uma ilha deserta, erige laboriosamente um monumento destinado a transmitir a lembrança de sua existência a navegadores futuros. Se isso lhe parece algo duro de aceitar, então ele se consola com o fato de que mesmo os homens ordinários, meramente práticos, frequentemente têm a mesma sorte, sem ter, em contrapartida, nenhuma compensação a esperar por isso. Um tal homem, se for favorecido por uma situação, será ativo e produtivo no campo material; herdará, comprará, construirá, desbravará, instalará, fundará, instaurará e embelezará com um esforço diário e um zelo infatigável. Ele acha que trabalha para si mesmo, mas no fim somente *os descendentes* ficam com os bens, e muitas vezes nem os seus próprios. Por isso também ele pode dizer *nos, non nobis* [por nós, não para nós], e teve como recompensa seu próprio trabalho. Sua situação não é melhor que a do homem de gênio, que também espera recompensa para si, ou honra ao menos, mas no final fez tudo apenas para a posteridade. Ademais, ambos também herdaram muito de seus antecessores.

A compensação mencionada, que é privilégio do gênio, reside não naquilo que ele é para outros, mas naquilo que ele é para ele mesmo. Com efeito, quem viveu realmente mais que aquele que teve certos momentos cujo mero eco ainda é percebido através do barulho dos séculos? — Quiçá seria mais prudente para um tal homem, para permanecer tranquilo e sem preocupação, se ele se permitisse usufruir, enquanto vive, de seus próprios pensamentos e obras e constituísse o mundo apenas como herdeiro de sua rica existência, cuja simples imagem, similar a um *ichnolith*,[35] só viria ao mundo após sua morte.

Mas a vantagem que o homem de gênio tem em relação aos outros não se limita à atividade de suas forças mais elevadas, mas, assim como um homem extraordinariamente bem formado, ágil e hábil realiza seus movimentos com uma facilidade excepcional, e mesmo com prazer, pois tem uma satisfação na atividade para a qual ele é tão bem dotado, e frequentemente a empreende sem visar nenhum fim; como um dançarino de corda ou solo executa saltos que outros são incapazes de executar, mas mesmo nos mais simples passos de dança que os outros também executam, e mesmo no mero caminhar, deixa escapar sua rara leveza e sua agilidade — da mesma forma, um espírito verdadeiramente superior não produzirá meros pensamentos e obras que nenhum outro poderia produzir, e não se limitará a mostrar sua grandeza

---

[35] Impressão em pedra. [N.T.]

somente nestas, mas pelo fato de que para ele o conhecer e o pensar é uma atividade natural e fácil, ele sempre sentirá prazer nela, e compreenderá mesmo as coisas menos importantes acessíveis também aos outros, de modo ainda mais fácil, mais rapidamente, melhor que eles, sentirá uma alegria imediata e viva em todo conhecimento adquirido, todo problema resolvido, toda ideia engenhosa, seja ela própria ou de outra pessoa. E dessa forma, também seu espírito estará constantemente ativo, sem nenhum outro fim, e será para ele, assim, uma fonte sempre renovável de prazer, de modo que o tédio, esse demônio doméstico das pessoas ordinárias, jamais se aproximará dele. A isso se acrescenta o fato de que as obras primas de grandes espíritos, seus antecessores ou contemporâneos, existem plenamente apenas para ele. A mente ordinária, isto é, fraca, se regozija com um grande produto espiritual que lhe é recomendado do mesmo modo que um podagrista observa um baile; este vai ao baile por mera conveniência, e o outro lê a obra para não ficar para trás. Por isso tem muita razão La Bruyère quando diz: "*tout l'esprit qui est au monde est inutile à celui qui n'en a point*".[36] — Além disso, todos os pensamentos dos homens de espírito, ou mesmo geniais, estão para os pensamentos habituais, mesmo quando concordam no essencial, assim como um quadro pintado com cores vivas e vibrantes estão para simples esboços, ou quadros iluminados com fracas aquarelas. — Tudo isso pertence, portanto, à recompensa do gênio, à sua indenização por uma existência solitária, em um mundo para ele heterogêneo e não adequado. Como toda grandeza é relativa, então dá no mesmo se digo: Caio foi um grande homem; ou Caio teve que viver em meio a homens miseravelmente pequenos; pois Brobdingnag e Lilliput são diferentes apenas no ponto de partida. Então, por maior que possa ser o autor de obras imortais, por mais digno de admiração e interesse

---

[36] "Todo espírito que existe no mundo é inútil para quem não tem nenhum." [N.T.]

apareça a sua longa posteridade, tanto menor, tão deplorável e insuportável deverá ele aparecer aos outros homens enquanto vive. Foi nisso que pensei quando disse que se da base ao topo da torre há trezentos pés, seguramente há do topo à base também trezentos pés.[37]

De acordo com isso, não devemos nos espantar ao encontrar pessoas de gênio quase sempre insociáveis e às vezes até repulsivas. Pois isso não se deve à falta de sociabilidade, pelo contrário, seu passeio nesse mundo se assemelha ao de alguém que, numa bela manhã, contempla com entusiasmo a natureza em todo seu frescor e esplendor, mas se detém nela sem querer encontrar nenhuma companhia a não ser talvez camponeses que cultivam a terra sobre a qual estão inclinados. Assim, ocorre frequentemente que um grande espírito dá preferência a seu próprio monólogo ao invés do diálogo que se dá no mundo. Se acontecer de ele entrar num tal diálogo, logo ele perceberá sua vacuidade, o que o conduzirá de volta a seu monólogo, pois se esquecerá de seu interlocutor ou deixará de preocupar-se em saber se ele o entende ou não, como as crianças quando falam com bonecos.

A modéstia em um grande espírito bem que agradaria as pessoas: mas infelizmente ela é uma *contradictio in adjecto*. Ele deveria dar preferência e valorizar os pensamentos, opiniões e visões, assim como a maneira de ser dos outros, esses outros cujo número é legião, em detrimento de seus próprios pensamentos, que devem ser afastados, subordinados e adaptados às ideias dos outros, ou mesmo inteiramente reprimidos para dar lugar ao pensamento dos outros. Então ele não produziria e realizaria nada de novo, ou no máximo o mesmo que os outros. Ele só consegue produzir aquilo que é grandioso, genuíno e extraordinário porque não leva

---

[37] Os grandes espíritos, portanto, devem ter alguma indulgência com os pequenos; pois eles são grandes espíritos somente pela pequenez destes, já que tudo é relativo. [N.A.]

em consideração os pensamentos e as visões de seus contemporâneos, cria silenciosamente o que eles censuram e despreza o que eles louvam. Sem essa arrogância nenhum homem se torna grande. Se ocorre, porém, de sua vida e sua atividade cair num tempo que não pode nem reconhecê-lo nem apreciá-lo, ele deve permanecer sempre o mesmo, comparável a um distinto viajante obrigado a passar a noite em um albergue miserável; ele prosseguirá sua viagem alegremente no dia seguinte.

De todo modo, um pensador ou poeta pode ficar satisfeito com sua época quando lhe é permitido pensar ou escrever em paz em seu canto. E também com sua sorte, quando ela lhe proporciona um canto no qual ele pode pensar e escrever sem ter que se preocupar com os outros.

Que o cérebro seja um mero trabalhador a serviço do ventre é o destino comum de quase todos aqueles que não vivem do trabalho de suas *mãos*, e encontram-se muito bem assim. Mas para as grandes mentes, isto é, para aqueles cuja força cerebral ultrapassa a medida exigida para o serviço da vontade, é algo exasperante. Por isso ele irá preferir, caso necessário, viver na situação mais limitada se tiver garantido o uso livre de seu tempo para o desenvolvimento e o emprego de suas forças, isto é, o ócio, para ele inestimável. Com as pessoas comuns ocorre diferentemente, pois seu ócio, que não tem valor objetivo, mesmo para eles não se dá sem perigo; e eles parecem sentir isso. Pois a técnica de nosso tempo, elevada a níveis sem precedentes, que multiplica e aumenta os objetos de luxo, dá aos agraciados com a sorte, a possibilidade de escolher entre mais ócio e formação espiritual, de um lado, e mais luxo e bem-estar com intensa atividade, de outro. Via de regra eles escolhem, de maneira característica, sempre a última alternativa, e preferem champanhe ao ócio. Isto também é consistente, pois para eles qualquer esforço mental que não serve aos propósitos da vontade é uma rematada tolice, e eles nomeiam a inclinação para isso de excentricidade.

Deste modo, a persistência nas finalidades da vontade e do ventre é chamada por eles concentricidade — pois de todo modo a vontade é o centro, o núcleo do mundo.

Em geral, contudo, alternativas desse tipo não são muito frequentes. Pois da mesma forma que, por um lado, a maioria dos homens não tem nenhum excesso em dinheiro, mas só o necessário, por outro lado, ocorre o mesmo com o entendimento: eles só têm o que basta para o serviço de sua vontade, isto é, para a aquisição de seu ganha-pão. Feito isso, eles ficam felizes por estarem livres para flanar ou satisfazer-se com prazeres sensuais ou com jogos infantis, as cartas, dados, ou então conduzem as mais triviais conversações, ou se enfeitam e fazem reverências uns aos outros. Já aqueles que têm um excedente bem pequeno em forças intelectuais são bem poucos. Como aqueles que têm um pequeno excedente em dinheiro se permitem um prazer, eles se permitem um prazer intelectual. Eles se entregam a algum estudo liberal que nada produz, ou a uma arte, e são capazes assim de algum interesse *objetivo* em alguma coisa; por isso podemos ao menos conversar com eles. Com os outros, porém, é melhor não travar relações, pois, com exceção dos casos em que falam de suas experiências, de coisas de sua especialidade, ou trazem alguma contribuição de algo que eles aprenderam de outros, nem vale a pena ouvir o que eles dizem, e o que se diz a eles dificilmente entenderão corretamente e quase sempre isso irá contrariar suas opiniões. Balthazar Gracián os descreve de maneira precisa como *hombres que no lo son* — homens que não são. E Giordano Bruno diz o mesmo com as palavras: "*quanta differenza sia di contrattare e ritrovarsi tra gli uomini, e tra color, che son fatti ad imagine e similitudine di quelli*" (*Della causa*, Dial. 1, p. 224).[38] Isto concorda de maneira espantosa com a sentença do Kural: "o povo comum

---

[38] "Que diferença existe entre encontrar-se entre homens e encontrar-se entre aqueles que são feitos à sua imagem e semelhança." [N.T.]

parece com homens; algo tão parecido eu jamais vi".[39] Quem quiser uma conversação divertida para aplacar o amargor da solidão, eu recomendo um cachorro, cujas qualidades morais e intelectuais sempre podem proporcionar alegria e satisfação.

Todavia, devemos nos guardar de sermos injustos. Eu me surpreendo frequentemente com a inteligência de meu cachorro e também com sua estupidez; e minha experiência com a espécie humana tem sido similar. Incontáveis vezes eu fui levado à indignação com sua incapacidade, sua falta total de juízo e sua bestialidade e tive que concordar com o velho suspiro

> *Humani generis mater nutrixque profecto*
> *Stultitia est.*[40]

Em outros momentos, porém, eu me espanto em saber como puderam surgir, apesar de uma tal espécie, tantas belas e úteis ciências e artes, ainda que provenientes de individualidades, das exceções, como puderam criar raiz, manter-se e aperfeiçoar-se e ainda como essa espécie, com fidelidade e persistência, pôde conservar e preservar da destruição as obras de grandes espíritos como Homero, Platão, Horácio etc., durante dois e até três séculos, por meio de transcrições e colocando-as ao abrigo apesar de todos os tormentos e atrocidades de sua história; o que prova que ela reconheceu seu valor. Eu me surpreendo da mesma forma com certos

---

[39] Quando se pensa na estrita concordância de pensamento, e inclusive da expressão, mesmo entre nações e épocas tão distantes umas das outras, não se pode duvidar que ela tenha origem no próprio objeto. Portanto, eu não estava sob a influência dessas passagens (uma das quais não estava nem impressa e a outra não estava em minhas mãos há doze anos atrás), quando eu, há cerca de vinte anos, tive a ideia de ter uma tabaqueira, sobre cuja tampa, se possível em mosaico, duas belas castanhas estariam representadas ao lado de uma folha que indicaria que se tratava de castanhas da Índia. Este símbolo deveria me fazer lembrar sempre daquela ideia. [N.A.]

[40] "A estultice é a mãe e a ama do gênero humano." [N.T.]

feitos particulares e especiais, e também com certos traços de espírito e juízo, como que oriundos de uma inspiração, de pessoas que de resto pertencem à grande massa, e mesmo com a própria massa quando ela julga de maneira bem precisa tão logo seu coral se torna grande e completo, da mesma forma que o som de vozes destreinadas, quando são numerosas, soam frequentemente harmônicas. Aqueles que vão além dessa massa, que são qualificados de gênios, são simplesmente os *lucida intervalla* de toda a espécie humana. Eles realizam o que é completamente irrealizável para os restantes. De acordo com isso, a originalidade deles é tão grande que não apenas sua diversidade em relação aos demais homens salta aos olhos, mas até mesmo a individualidade de cada um deles é tão fortemente marcada que uma grande diferença de caráter e espírito entre os gênios se manifesta, pelo que cada um deles oferece ao mundo com suas obras um presente que ele não poderia receber nunca de nenhum outro em toda espécie. Por isso a metáfora de Ariosto, "*natura lo fece, e poi ruppe lo stampo*",[41] é tão precisa e merecidamente célebre.

§. 58.

Graças à medida finita das forças humanas em geral, todo grande espírito só o é sob a condição de ter algum lado fraco, também intelectualmente, isto é, uma capacidade na qual ele fica atrás até mesmo de uma mente medíocre. Esta será *aquela* justamente que teria ficado no meio do caminho de sua capacidade excepcional. Mas sempre será difícil indicar em uma palavra que capacidade é essa, mesmo no caso de um indivíduo dado. Isso pode ser melhor expresso indiretamente: por exemplo, o lado fraco de Platão é exatamente aquele no qual repousa a força de Aristóteles, e *vice-versa*. O lado fraco de Kant é aquele no qual Goethe é grande, e *vice-versa*.

§. 59.

Os homens adoram *venerar* o que quer que seja; mas em

---

[41] "A natureza o fez e depois destruiu a forma." [N.T.]

muitos casos, eles mantêm tal veneração diante de portas erradas, onde permanecem até que a posteridade os coloque no caminho certo. Depois que isso é feito, a veneração que a massa bem cultivada dedica ao gênio degenera rapidamente em um culto inepto de relíquias, exatamente como aquele que os crentes consagram aos seus santos. Como milhares de cristãos prezam as relíquias de um santo, cuja vida e doutrina lhes é desconhecida; da mesma forma, a religião de milhares de budistas consiste muito mais na veneração dos *Dalada* (o dente sagrado, *Eastern Monachism*, p. 224), ou outros *Dahtu* (relíquias), como a *Dagoba* (Stupa) que as inclui, ou o *Patra* sagrado (Eßnapf) ou a pegada petrificada, ou a árvore sagrada que Buda plantou — do que no conhecimento aprofundado e na prática fiel de suas elevadas doutrinas. Igualmente, a casa de Petrarca em Arqua, a suposta prisão de Tasso em Ferrara, a casa de Shakespeare em Stratford, com sua mesa, a casa de Goethe e seus móveis em Weimar, o chapéu de Kant e seus velhos sapatos no armário de Dresden, além dos respectivos autógrafos, são todos objetos de uma curiosidade embasbacada e atenciosa pela parte de muitos que sequer leram suas obras. Eles não podem fazer nada além de se embasbacar. Nos mais inteligentes, porém, existe o desejo de ver os objetos que um grande espírito frequentemente teve diante dos olhos, por uma estranha ilusão que conduz ao engano de achar que com o objeto também o sujeito seria trazido, ou que algo deste estaria preso ao objeto. Aparentados a esses são aqueles que se esforçam com zelo para pesquisar e conhecer profundamente o *material de uma obra poética*, a lenda de Fausto, por exemplo, e sua literatura, e então as relações pessoais e os fatos da vida do poeta que deram *ocasião* a sua obra. Eles se assemelham àquele que vê uma bela decoração no teatro e então corre até o palco para examinar a armadura de madeira com a qual ele é feito. Exemplos suficientes são dados pelos críticos investigadores do Fausto e da lenda de Fausto, de Frederica de Sesenheim, da Gretchen na Weißadlergasse [*rua da águia branca*], da família da Carlota de Werther etc. Isto prova que os homens não se interessam pela forma, isto é, pelo tratamento e a apresentação, mas somente pelo material, eles são materialistas [*stoffartig*]. Aqueles que ao invés de estudar os *pensamentos* de um filósofo, procuram saber sua história de vida se assemelham àqueles que ao invés de se ocupar com a pintura se interessam pela moldura, o estilo de sua escultura e o valor de sua douramento. Até aí tudo bem. Mas há ainda um tipo cujo interesse se dirige ao material e pessoal, mas que vai muito longe nisso a ponto de chegar à completa futilidade. Pelo fato de que um grande espírito lhes abriu os tesouros do fundo do seu interior e com o máximo esgotamento de suas forças produziu obras que servirão à conservação e ao esclarecimento não apenas dele mas de sua posteridade, até a décima, ou mesmo vigésima geração, em suma, pelo fato de terem oferecido à humanidade um presente que nenhum outro poderia dar, por isso esses patifes se sentem autorizados a trazer essa pessoa a seu juízo moral, para ver se podem encontrar nela alguma mácula para amenizar a dor que sentem pelo "sentimento opressivo de sua nulidade" causado pela visão de um grande espírito. Daí é que surgem investigações sem fim em inumeráveis livros e jornais sobre a vida de Goethe, sob o ponto de vista moral, como saber se ele deveria ou teria que casar com essa ou aquela moça com a qual ele teve um caso na infância, ou se ele ao invés de servir honestamente seu senhor deveria ter sido um homem do povo, um patriota alemão digno de um acento na igreja de Paulo, e assim por diante. Por tal ingratidão revoltante e sede maliciosa de detratação, esses falsos juízes provam o quão velhacos são tanto do ponto de vista moral quanto intelectual — pelo que já se diz muito.

§. 60.

O *talento* trabalha por dinheiro e fama. Ao contrário, o motivo que leva o *gênio* à elaboração de suas obras não é tão fácil de indicar. Raramente será pelo dinheiro; e também não é pela fama: só os franceses podem pensar assim. A fama é bem incerta e olhada mais de perto, de pouco valor.

Responsura tuo nunquam est par fama labori.[42]

Da mesma forma, também não é o próprio deleite, pois esse é quase suplantado pelo grande esforço. Antes, é um instinto bem peculiar que leva o indivíduo genial a expressar aquilo que ele vê e sente em obras duradouras, sem ter consciência de qualquer outro motivo. Tomado em conjunto, isso acontece com a mesma necessidade com a qual a árvore dá seus frutos e não exige nada mais que um solo sobre o qual o indivíduo possa prosperar. Considerado mais de perto, seria como se em um tal indivíduo a vontade de viver, como espírito da espécie humana, se tornasse consciente de ter alcançado aqui uma maior clareza de intelecto, por um acaso raro e por um curto espaço de tempo, e tentasse obter os resultados ou os produtos daquela visão clara e daquele pensamento para toda a espécie, que também é a essência mais íntima desse indivíduo, de modo que a luz que dela emana pudesse penetrar beneficamente a escuridão e a apatia da consciência humana comum. Daí surge então aquele instinto que impele o gênio a completar sua obra sem levar em conta recompensa, aplauso ou simpatia, com o maior esforço, de maneira assídua e solitária, negligenciando o bem-estar de sua própria pessoa, pensando mais na posteridade do que no seu meio, que só poderia extraviá-lo. Pois a posteridade representa uma parte maior da espécie e, no curso do tempo, os poucos que são capazes de julgar surgem individualmente. Passa-se com ele então aquilo que se passa com o artista de Goethe que reclama:

Um príncipe que apreciava os talentos

---

[42] "Tua fama jamais corresponderá a teu trabalho." Horácio, *Sátiras*, II, 8, 66. [N.T.]

Um amigo que se comprazia comigo
Infelizmente me fizeram falta.
No mosteiro encontrei protetores apáticos:
Foi assim que sem conhecedores
E sem alunos eu me torturei assiduamente.[43]

Legar sua obra a uma posteridade capaz de um juízo melhor, como um depósito sagrado e o verdadeiro fruto de sua existência, fazer dela propriedade da humanidade, essa é sua finalidade, que é mais importante que todas as outras, e pela qual ele porta uma coroa de espinhos que um dia se tornará uma coroa de lauréis. Na complementação e na consolidação de sua obra, ele concentra seu esforço de modo tão decidido quanto o inseto que em sua última forma se concentra na segurança de seus ovos e no cuidado de sua prole, que ele nunca viverá para ver; ele deposita os ovos lá onde sabe seguramente que encontra vida e alimentação, e então morre satisfeito.

APÊNDICE

A. O *fracasso da filosofia* até aqui é necessário e explicável pelo fato de que ao invés de se restringir à compreensão profunda do mundo dado, ela logo quer ir além e procura encontrar os fundamentos últimos de todo o existente, as relações eternas das coisas, o que nosso intelecto é incapaz de pensar. Sua força de apreensão só é apropriada para aquilo que os filósofos chamaram ora de coisas finitas, ora fenômeno, em suma, para as figuras fugazes desse mundo e aquilo que serve para nossa pessoa, nossas finalidades e nossa conservação; ele é imanente. Por isso sua filosofia deve também ser

---

[43] "Ein Fürst, der die Talente schätzte,/ Ein Freund, der sich mit mir ergötzte,/ Die haben leider mir gefehlt./ Im Kloster fand ich dumpfe Gönner:/ So hab' ich, emsig, ohne Kenner./ Und ohne Schüler mich gequält." Goethe, *Künstlers Apotheose*.

imanente e não se elevar a coisas sobrenaturais, mas limitar-se a entender a fundo o mundo dado, que já oferece matéria suficiente.

B. Se é assim, então temos com nosso intelecto um miserável presente da natureza. Se ele só serve para apreender relações que dizem respeito à nossa mísera existência individual e somente no curto espaço de tempo de nossa vida temporal; e se, por outro lado, não é capaz de apreender aquilo que unicamente pode interessar a um ser pensante, a saber, o esclarecimento de nossa existência em geral e a interpretação das relações do mundo como um todo, em suma, a solução do enigma do sonho de nossa vida, e, mesmo que tudo isso lhe fosse explicado, ainda assim não seria capaz de compreender, então não considero útil tentar aperfeiçoar o intelecto e dele me ocupar, pois é uma coisa que não vale o meu apreço.

A. Meu amigo, quando discutimos com a natureza, geralmente estamos errados. Pois pense. *Natura nihil facit frustra nec supervacaneum (et nihil largitur)*.[44] Nós somos seres simplesmente temporais, finitos, transitórios como um sonho e passageiros como as nuvens; como poderia um tal intelecto apreender as relações infinitas, eternas e absolutas das coisas? E como poderia um tal intelecto abandonar novamente essas relações e se voltar às mesquinhas relações de nossa existência efêmera, para nós as únicas reais e as únicas que nos dizem respeito, e ainda convir a estas? Com a atribuição de um tal intelecto, a natureza teria não apenas feito um imensurável e gigantesco *Frustra*, mas teria ainda trabalhado contra seu propósito conosco. Pois de quê serviria se, como diz Shakespeare:

---

[44] "A natureza não faz nada em vão nem nada de supérfluo (e não presenteia nada)." [N.T.]

> Nós, joguetes da natureza,
> sentimos o pavor penetrar nosso ser,
> por pensamentos muito além dos limites
> [que alcançamos.⁴⁵

Uma compreensão metafísica perfeita e exaustiva não nos tornaria incapaz de toda intelecção física, de toda ação e de toda ocupação? Talvez nos mergulharia para sempre em um horror estupefaciente, como aquele de quem viu um fantasma.

B. É, porém, uma infame *petitio principii* que tu fazes ao dizer que somos seres meramente temporais, transitórios, finitos; pois somos, ao mesmo tempo, infinitos, eternos, o princípio da natureza mesma. Por isso, vale a pena o esforço ininterrupto de saber "se não haverá de se compreender por fim a natureza em seu âmago?"⁴⁶

A. De acordo com tua própria metafísica, nós somos tudo isso apenas em um certo sentido, como coisa-em-si, não como fenômeno, como princípio íntimo do mundo, não como indivíduos, enquanto vontade de viver, não enquanto sujeitos do conhecimento individual. Aqui se trata apenas de nossa natureza inteligente, não da vontade, e enquanto inteligências, nós somos individuais e finitos, e assim é nosso intelecto. A finalidade de nossa vida (se posso usar uma expressão metafórica) é prática, não teórica; nosso agir, não nosso conhecer, pertence à eternidade; nosso intelecto está aí para conduzir esse agir e ao mesmo tempo

---

⁴⁵ "We fools of nature,/ So horridly to shake our disposition,/ With thoughts beyond the reaches of our souls". *Hamlet*, ato I, cena 4, trad. Millôr Fernandes. Porto Alegre: L&PM, 1991, p. 39. [N.T.]

⁴⁶ "Ob nicht Natur zuletzt sich doch ergründe." (Goethe, *Gedicht zu v. Voigt´s Jubiläum*, 27 set. 1816). [N.T.]

pôr um espelho diante de nossa vontade, e é isso o que ele faz. É extremamente provável que qualquer coisa a mais o tornaria incapaz disso. Já vemos, porém, que o gênio, este pequeno excesso de intelecto, é um obstáculo à carreira do indivíduo que dele é dotado e o torna exteriormente infeliz, ainda que internamente possa felicitá-lo.

B. Muito bem que você me faça lembrar do gênio! Isto derruba em parte tudo o que tu queres justificar. Para ti o lado teórico é anormalmente preponderante sobre o prático. Ainda que não possa apreender as relações eternas, ele já vê um tanto mais profundamente as coisas deste mundo, *"attamen est quadam prodire tenus"*.[47] E no entanto, isto certamente torna o intelecto favorecido pelo gênio pouco apto para a compreensão de relações mundanas, finitas; algo como usar um telescópio no teatro. Aqui parece ser o ponto em que concordamos e nossas observações comuns chegam a um fim.

---

[47] "Mas é legítimo, porém, ir até o limite." Horácio, *Epístolas*, 1, 32. [N.T.]

ALGUMAS CONSIDERAÇÕES
sobre a oposição entre a coisa-em-si e o fenômeno

§. 61.

Coisa-em-si significa aquilo que existe independente de nossa percepção, aquilo que é propriamente. Para Demócrito esta era a matéria formada: para *Locke*, no fundo, ainda era a mesma coisa; Para *Kant* era algo = x; para mim a *vontade*.

Como Demócrito tomava nesse sentido a questão e pertencia ao topo desta lista é provado pela seguinte passagem de Sexto Empírico (*Adv. math.* L. VII. §. 135), que tinha a obra dele diante de si e sempre o cita ao pé da letra: "Demócrito, ao negar que as coisas apareçam aos sentidos, diz que elas não aparecem tais como são na realidade, mas somente tais como aparecem. No entanto, os átomos e o vazio são reais [...]" (*Democritus autem ea quidem tollit, quae apparent sensibus, et ex iis dicit nihil ut vere est apparere, sed solum ex opinione; verum autem esse in iis, quae sunt, atomos et inane*).[1] Eu aconselho a leitura de toda a passagem, na qual ainda se encontra o seguinte: "Na verdade, não sabemos como uma coisa é constituída ou não." (*vere quidem nos, quale sit vel non sit unumquodque, neutiquam intelligimus*),[2] e ainda: "É difícil saber como uma coisa é verdadeiramente constituída."

---

[1] Em grego, no original: "Δημόκριτος δὲ ὁτὲ μὲν ἀναιρεῖ τὰ φαινόμενα ταῖς αἰσθήσεσι καὶ τούτων λέγει μηδὲν φαίνεσθαι κατ' ἀλήθειαν, ἀλλὰ μόνον κατὰ δόξαν, ἀληθὲς δὲ ἐν τοῖς οὖσιν ὑπάρχειν τὸ ἀτόμους εἶναι καὶ κενόν."

[2] Em grego, no original: "ἐτεῇ μέν νυν ὅτι οἷον ἕκαστον ἔστιν ἢ οὐκ ἔστιν οὐ συνίεμε."

(*vere scire, quale sit unum quodque, in dubio est*).³ Tudo isso quer na verdade dizer: "nós não conhecemos as coisas de acordo com aquilo que elas possam ser, mas somente tais como elas aparecem", e abre aquela série que parte do mais decidido materialismo, mas desemboca no idealismo, e que se encerra em mim. Uma distinção espantosamente clara e nítida entre a coisa-em-si e o fenômeno, no sentido kantiano, encontramos em uma passagem de *Porfírio*, que Estobeu nos conservou no capítulo 43 de seu primeiro livro, fragmento 3. Ela diz: "Se é dito do sensível e material que ele é extensível em todas as direções e mutável, então esse é realmente o caso... Mas daquilo que verdadeiramente é, e é subsistente por si mesmo, é verdadeiro dizer que ele é eternamente fundado em si mesmo e, da mesma forma, permanece sempre o mesmo etc." (Stob. v. 2, p. 716).⁴

§. 62.

Da mesma forma que só conhecemos a superfície do globo terrestre e não a massa grande e sólida de seu interior, não conhecemos empiricamente das coisas e do mundo absolutamente nada senão seu *fenômeno*, isto é, sua superfície. O conhecimento exato desta é a *física*, tomada no sentido mais amplo. Que essa superfície pressuponha um interior que não seja apenas plano, mas tenha um conteúdo cúbico é, ao lado das conclusões sobre sua natureza, o tema da *metafísica*. Querer construir a essência em si mesma das coisas segundo as leis do mero fenômeno é um empreendimento que pode ser comparado à tentativa de construir um corpo estereométrico a partir de meras superfícies e suas leis. Toda

---

³ Em grego, no original: "ἐτεῇ οἷον ἕκαστον γιγνώσκειν ἐν ἀπόρῳ ἐστί".
⁴ Em grego, no original: "Τὰ κατηγορούμενα τοῦ αἰσθητοῦ καὶ ἐνύλου ἀληθῶς ἐστὶ ταῦτα, τὸ πάντῃ εἶναι διαπεφορημένον, τὸ μεταβλητὸν εἶναι ... τοῦ δὲ ὄντως ὄντος καὶ καθ' αὑτὸ ὑφεστηκότος αὐτοῦ τὸ εἶναι ἀεὶ ἐν ἑαυτῷ ἰδρυμένον, τὸ ὡσαύτως ʹκαὶʹ κατὰ ταὐτὰ ἔχειν κτλ."

filosofia *dogmática transcendente* é uma tentativa de construir a *coisa-em-si* a partir das leis do *fenômeno*. É como querer cobrir uma pela outra duas figuras absolutamente dessemelhantes, o que frequentemente falha, pois seja qual for o modo como nós as coloquemos, esse ou aquele ângulo nunca deixará de sobressair-se em relação ao outro.

§. 63.

Já que todo ser na natureza é, ao mesmo tempo, *fenômeno* e *coisa-em-si*, ou *natura naturata* e *natura naturans*, então ele é suscetível de uma dupla explicação: uma *física* e uma *metafísica*. A explicação física é sempre a partir da *causa*; a explicação metafísica é sempre a partir da *vontade,* pois ela é aquela que se apresenta na natureza desprovida de conhecimento como *força natural*, em um grau mais elevado como *força vital*, mas que no animal e no homem recebe o nome de *vontade*. Falando de maneira estrita, o grau e a tendência da inteligência de um dado homem, a constituição moral de seu caráter, tudo isso pode ser deduzido de maneira puramente *física*. O primeiro poderia ser deduzido da constituição de seu cérebro e de seu sistema nervoso, assim como da circulação de sangue que age sobre eles; a última pode ser deduzida da constituição e do concurso de seu coração, seu sistema vascular, sangue, pulmões, fígado, baço, rins, intestino, genitália etc.; para isso, porém, seria necessário um conhecimento mais exato das leis que regem a *rapport du physique au moral* [relação do físico com o moral] do que aquele que *Bichat* e *Cabanis* possuíam (cf. § 102 *b*). Ambos poderiam ser reduzidos à causa física mais remota, a saber, a constituição de seus pais. Estes só poderiam fornecer o germe para um ser similar a eles, não para um ser superior e melhor. *Metafisicamente*, porém, o mesmo homem deveria ser explicado como o fenômeno de sua própria vontade, totalmente livre e original que criou para si um intelecto apropriado. Assim, embora seus atos provenham necessariamente de seu caráter, em conflito com os motivos dados, e esses apareçam como o resultado de sua corporificação, eles lhe são inteiramente imputáveis. De um ponto de vista metafísico, também a diferença entre ele e seus pais não é absoluta.

§. 64.

Todo *compreender* é um ato de *representar*, permanece, portanto, essencialmente no âmbito da *representação*; como esta só oferece *fenômenos*, então ele permanece limitado ao fenômeno. Onde começa a *coisa-em-si* cessa o fenômeno, portanto, também a representação e com essa a compreensão. Em seu lugar aparece o *ente* mesmo, que é consciente de si como *vontade*. Se esse tornar-se consciente fosse algo imediato, então teríamos um conhecimento inteiramente adequado da coisa-em-si. Como esse conhecimento é mediado pelo fato de que a vontade cria para si um corpo orgânico e um intelecto como parte do mesmo, e só então por meio deste intelecto se encontra e se reconhece como vontade, então esse conhecimento da coisa-em-si é primeiramente condicionado pela separação já aí contida de algo que conhece e algo que é conhecido e então pela forma do *tempo*, que é inseparável da consciência de si cerebral, e não é, portanto, completamente exaustivo e adequado. (Compare isso com o capítulo 18 do segundo volume de minha obra principal).

A isso se liga a verdade explicada em meu escrito "Sobre a vontade na natureza", no capítulo intitulado "Astronomia física" (p. 86), segundo a qual quanto mais manifesta for a inteligibilidade de um processo ou situação tanto mais ele residirá no mero fenômeno e não dirá respeito à essência em si.

A diferença entre coisa-em-si e fenômeno pode também ser expressa como a diferença entre a essência *subjetiva* e *objetiva* de uma coisa. Sua essência puramente *subjetiva* é, de fato, a coisa-em-si, mas ela não é nenhum objeto de conhecimento. Pois é essencial a um tal objeto estar sempre presente em uma consciência cognoscente, como sua representação.

O que se manifesta aí é justamente a essência *objetiva* da coisa. Esta é então objeto de conhecimento; mas como tal ela é mera representação e só pode se tornar isso graças a um aparato representativo que deve ter sua própria constituição e leis que dela resultam. Assim, é um mero fenômeno que pode estar referido a uma coisa-em-si. Isso também se aplica lá onde existe uma consciência de si, portanto, um eu que conhece a si mesmo. Pois também este se conhece apenas em seu intelecto, isto é, em seu aparato representativo e, na verdade, através do sentido externo como figura orgânica e pelo sentido interno como vontade, cujos atos ela vê simultaneamente repetidos através daquela figura, assim como os atos daquela por sua sombra, pelo que se conclui pela identidade de ambas que é chamada então eu. Graças a esse conhecimento duplo, porém, e também por causa da grande proximidade, na qual o intelecto permanece, de sua origem, ou raiz, a vontade, o conhecimento da essência objetiva e, portanto, do fenômeno, é aqui muito menos diferente do conhecimento da essência subjetiva, isto é, da coisa-em-si, do que o conhecimento através do sentido externo, ou da consciência das outras coisas, em oposição à consciência de si. Pois na medida em que esta só conhece por meio do sentido interno, somente a forma do tempo ainda adere a ela, não mais a forma do espaço e, ao lado da decomposição em sujeito e objeto, é tudo o que a separa da coisa-em-si.

§. 65.

Quando nós vemos e consideramos qualquer ser natural, por exemplo, um animal, sua existência, sua vida e sua ação, temos diante de nós, apesar de tudo, o que nos ensinam a zoologia e a zootomia, um mistério insondável. Mas deverá a natureza então permanecer, por pura obstinação, muda a nossas perguntas? Não é ela, como tudo que é grande, aberta, comunicativa e mesmo ingênua? Qual poderia ser a razão de seu silêncio senão que a questão foi mal formulada, enviesada, decorrente de falsas premissas, ou é mesmo contraditória em si? Pois, pode-se realmente pensar que possa haver um nexo de razões e consequências lá onde ele deveria permanecer eterna e essencialmente não descoberto? — Certamente não. Mas o caráter inexplicável reside no fato de que procuramos por razões e consequências em um domínio para o qual essa forma é estranha e seguimos o encadeamento de razões e consequências em uma via totalmente falsa. Nós buscamos encontrar a essência íntima da natureza que se oferece a nós em cada fenômeno pelo fio condutor do princípio de razão, mas esse princípio é apenas a forma com a qual nosso intelecto apreende o fenômeno, isto é, a superfície das coisas e nós queremos com ele, contudo, ultrapassar o fenômeno. Pois no interior deste ele é útil e adequado. Por exemplo, a existência de um dado animal pode ser explicada por sua geração. Essa não é menos misteriosa do que o resultado de todo outro efeito, mesmo do mais simples, a partir de sua causa; pois mesmo em um tal caso a explicação tropeça no incompreensível. Que no caso da geração nos faltem ainda alguns elementos da cadeia não muda o essencial: pois mesmo que os tivéssemos, nos encontraríamos no incompreensível. Tudo por que o fenômeno permanece fenômeno e não se torna coisa-em-si.

A essência íntima das coisas é estranha ao princípio de razão. Ela é a coisa-em-si, e isto é apenas a *vontade*. Ela é porque quer e quer porque é. Ela é em todo ser o absolutamente real.

§. 66.

O caráter fundamental de todas as coisas é a transitoriedade: vemos tudo na natureza, do metal até o organismo, aniquilar-se e corromper-se, em parte por meio de sua existência mesma, em parte pelo conflito com os outros. Como poderia a natureza suster a manutenção das formas e a renovação dos indivíduos, a incontável repetição do processo vital, em um tempo infinito sem se cansar se seu núcleo não fosse algo intemporal e por isso inteiramente indestrutível,

uma coisa-em-si, totalmente diferente de seus fenômenos, algo metafísico, heterogêneo em relação a toda coisa física?
— Esta é a *vontade* em nós e em todas as coisas.

Em cada ser está presente o *centro do mundo*. Por isso a existência do mundo está em tudo e em todos. Nisso reside também o *egoísmo*. É bem ridículo acreditar que a morte o aniquilaria já que toda existência só procede dele. (Cf. *O mundo como vontade e representação* II, p. 496 e ss. — [*Complementos*, cap. 41]).

§. 67.

Nós nos queixamos da obscuridade na qual passamos nossa vida, sem compreender a conexão da existência em seu todo e, particularmente, aquela entre o nosso próprio eu e o todo. Pois não apenas é curta nossa própria vida, mas também nosso conhecimento está limitado a ela já que não podemos olhar nem para além do nascimento, nem para além da morte. Nossa consciência é por assim dizer como um relâmpago que ilumina momentaneamente a noite. Por isso parece que tudo se passa como se um demônio nos tivesse interdito todo saber ulterior para deleitar-se com nosso embaraço.

Essa queixa é, no entanto, injustificada, pois surge de uma ilusão produzida pela falsa ideia fundamental segundo a qual a totalidade das coisas surgiu de um *intelecto* e, portanto, existiu como mera *representação* antes de existir realmente e, por isso, por ter se originado do conhecimento, também deve ser inteiramente acessível a ele, capaz de ser desvelado e esgotado por ele. — Mas segundo a verdade, antes deve ocorrer que tudo aquilo que reclamamos não saber não é sabido por ninguém, é, de fato, em si mesmo não sabível de modo algum, isto é, não representável. Pois a *representação*, em cujo âmbito reside todo conhecimento e à qual todo saber se refere, é apenas o lado externo da existência, algo secundário, adicional, precisamente aquilo que não era necessário para a manutenção das coisas em geral, portanto do mundo em seu todo, mas apenas para a conservação dos seres animais individuais. Por isso, a existência das coisas em geral e em conjunto só se manifesta ao conhecimento *per accidens*, portanto de maneira bem limitada. Ela forma apenas o fundo do quadro na consciência animal na qual os objetos da vontade constituem o essencial e ocupam o primeiro lugar. É verdade que por meio desse acidente surge todo o mundo no espaço e no tempo, isto é, o mundo como representação, que enquanto tal não tem outra existência fora do conhecimento. Sua essência íntima, aquilo que existe em si, ao contrário, é inteiramente independente de uma tal existência. Já que então, como eu disse, o conhecimento existe apenas para a conservação de cada animal individual, toda sua natureza, todas as suas formas, como tempo, espaço etc., está adaptada apenas para as finalidades dele; essas finalidades exigem apenas o conhecimento de relações entre fenômenos individuais, de modo algum, porém, da essência das coisas e do mundo como um todo.

Kant mostrou que os problemas da metafísica, que atormentam mais ou menos toda pessoa, não são suscetíveis de nenhuma solução direta e satisfatória. Isto repousa, em última instância, no fato de que elas têm sua origem nas formas de nosso intelecto, tempo, espaço e causalidade; já esse intelecto tem apenas a determinação de oferecer a uma vontade individual seus motivos, isto é, mostrar os objetos de seu querer assim como os meios e caminhos de se apoderar deles. Se esse intelecto é *abusivamente* dirigido para a essência em si das coisas, ao todo e ao nexo do mundo, então as formas mencionadas que lhe são inerentes, da simultaneidade, da sucessão e da causação de todas as coisas possíveis, darão ocasião a problemas metafísicos tais como aqueles da origem e finalidade, começo e fim do mundo e de si próprio, de seu aniquilamento pela morte, ou de sua continuação apesar dela, da liberdade da vontade etc. — Se imaginarmos agora abolidas essas formas e uma consciência das coisas como existente, então esses problemas não seriam simplesmente resolvidos, mas desapareceriam imediatamente e sua expressão perderia todo sentido. Pois eles surgem apenas e tão somente daquelas formas que não têm em vista de modo algum uma compreensão do mundo e da existência, mas apenas de nossos propósitos pessoais.

Toda essa consideração nos oferece uma explicação e uma fundamentação *objetiva* da teoria de Kant, fundamentada por seu autor apenas a partir do lado *subjetivo*, de que as formas do entendimento só são passíveis de um uso imanente, não transcendente. Ao invés disso, poder-se-ia mesmo dizer: o intelecto é físico, não metafísico, isto é, já que ele surgiu de uma vontade e pertence à sua objetivação, ele existe meramente para o serviço desta; esse serviço, porém, só concerne às coisas *na* natureza, e nada mais além desta. Todo animal tem (como eu mostrei e provei na obra "A vontade na natureza") manifestamente seu intelecto voltado apenas para a finalidade de encontrar e obter sua nutrição e, de acordo com isso, é determinada sua medida. Com o homem não se dá de modo diferente, a não ser pelo fato de que a maior dificuldade de sua conservação e a infinita variedade de suas carências torna necessária uma medida maior de intelecto. Somente quando esta é excedida, por meio de uma anormalidade, manifesta-se um *livre excedente* que, quando considerável, é chamado gênio. Com isso tal intelecto se torna, em primeiro lugar, realmente *objetivo*; mas pode acontecer de ele tornar-se, em um certo grau, metafísico, ou ao menos aspirar a isso. Pois como consequência de sua objetividade agora a natureza mesma, a totalidade das coisas, se torna seu objeto e seu problema. Nele, de fato, a natureza começa a perceber a si mesma nitidamente como algo que é mas que poderia *não* ser, ou poderia ser *diferente*, enquanto no intelecto normal a natureza ainda não se percebe claramente — assim como o moleiro não escuta seu moinho, ou o perfumista não sente o perfume de sua loja. Ela parece compreender-se por si mesma em um tal intelecto, e ele é cativo nela. Somente em certos momentos de lucidez ele a compreende e é como que petrificado por ela, mas isso passa logo. O que tais cabeças ordinárias conseguem realizar na filosofia, mesmo quando se aglutinam em massa, é fácil de ver. Por outro lado, se o intelecto fosse originalmente, e segundo sua constituição, metafísico, eles poderiam então fomentar a filosofia, sobretudo reunindo suas forças, assim como fomentam toda outra ciência.

ALGUMAS PALAVRAS SOBRE O PANTEÍSMO

§. 68.

A controvérsia contemporânea entre teísmo e panteísmo, sustentada por professores de filosofia, pode ser apresentada de modo alegórico e dramático por meio de um diálogo ocorrido na plateia de um teatro em Milão durante a representação. Um dos interlocutores, convencido de se encontrar no grande e célebre teatro de marionetes de Girolamo, se maravilha com a arte com que o diretor arranja as marionetes e conduz sua peça. O outro diz, entretanto: "de modo algum! Nós nos encontramos no *teatro della scala*, o diretor e sua trupe participam da peça e estão efetivamente nas personagens que vemos diante de nós; também o poeta participa".

Mas é divertido ver como os professores de filosofia flertam com o panteísmo, como se fosse um fruto proibido que eles não têm a coragem de agarrar. Seu comportamento nesse caso eu já descrevi no tratado sobre a filosofia universitária, quando recordamos o tecelão Bottom no sonho da noite de São João. — Ah, é um pão amargo o pão da docência de filosofia! Primeiro deve-se dançar conforme o apito dos ministros, e quando se fez isso com toda a graça possível, corre-se ainda o risco de ser atacado por selvagens antropófagos, os verdadeiros filósofos. Estes são capazes de prender e arrastar alguém para, como um polichinelo de bolso, eventualmente exibi-lo para diversão em suas apresentações.

§. 69.

Contra o panteísmo eu apenas sustento que ele não diz

ALGUMAS PALAVRAS SOBRE O PANTEÍSMO

nada. Chamar o mundo de Deus não significa explicá-lo, mas apenas enriquecer a língua com um sinônimo supérfluo da palavra mundo. Dá no mesmo se dizeis "o mundo é Deus" ou "o mundo é o mundo". Sem dúvida, quando se parte de Deus como se ele fosse o dado e aquilo que deve ser explicado e dizemos "Deus é o mundo", então temos uma certa explicação, na medida em que se reconduz do *ignotum* ao *notius*;[1] mas isso é apenas uma explicação de palavras. Porém, quando se parte do efetivamente dado, portanto do mundo, e se diz "o mundo é Deus", é evidente que não se diz nada com isso, ou ao menos que se explica *ignotum per ignotius*.[2]

Por isso mesmo, o panteísmo pressupõe o teísmo como seu antecedente. Pois somente quando partimos de um deus, e, portanto, já o temos e com ele estamos familiarizados, podemos por fim chegar a identificá-lo com o mundo para pô-lo de lado de uma maneira decorosa. Não se parte imparcialmente do mundo como aquilo que deve ser explicado, mas de Deus, como aquilo que é dado. Tão logo, porém, não se sabia mais o que fazer com ele, o mundo teve que assumir seu papel. Esta é a origem do panteísmo. A ninguém ocorrerá de modo imediato e imparcial tomar este mundo como um deus. Pois deveria se tratar de um Deus muito mal esclarecido, que não soube encontrar melhor divertimento que se transformar num mundo como este, tão faminto, e para aqui suportar, na figura de inumeráveis milhões de seres vivos, porém aterrorizados e maltratados, que em sua totalidade conseguem existir momentaneamente apenas se devorando uns aos outros, a lástima, a necessidade e a morte, sem medida e sem finalidade, na figura, por exemplo, de seis milhões de escravos negros que recebem diariamente em média sessenta milhões de chicotadas sobre o corpo nu, e na figura de três milhões de tecelões europeus que vegetam debilmente com fome e desgosto, em catres mofados ou salões de fábrica

---
[1] Do desconhecido ao mais conhecido. [N.T.]
[2] O desconhecido pelo mais desconhecido. [N.T.]

desolados etc. Que passatempo para um deus! Como tal, deveria estar habituado a coisas bem diferentes.[3]

Assim, o pretenso grande progresso do teísmo ao panteísmo, quando é levado a sério, e não apenas como negação mascarada, como indicado acima, é uma passagem do improvado e dificilmente pensável ao absurdo propriamente dito. Por mais indistinto, oscilante e difuso que possa ser o conceito associado à palavra deus, dois predicados lhe são inseparáveis: o mais alto poder e a mais alta sabedoria. Que um ser assim dotado se tenha posto a si mesmo na situação acima descrita é um pensamento absurdo, pois nossa situação no mundo é manifestamente tal que nenhum ser inteligente, ainda menos onisciente, a adotaria. — O panteísmo é necessariamente um otimismo e, por isso, falso. O teísmo, por outro lado, é simplesmente carente de prova e se é difícil pensar que o mundo infinito é obra de um ser pessoal e individual, como conhecemos unicamente a partir da natureza animal, então isto não é propriamente absurdo. Pois que um ser todo poderoso e por isso onisciente tenha criado um mundo atormentado, ainda pode-se pensar, mesmo que não conheçamos o porquê disso. Por isto, ainda que lhe atribuamos também a propriedade da maior bondade, a imperscrutabilidade de sua decisão se torna a saída pela qual uma tal doutrina escapa à acusação de absurdidade. Mas na hipótese do panteísmo é o próprio deus criador que sofre infinitamente, e apenas nessa pequena terra, morre a cada segundo e isto por atos livres, o que constitui um absurdo. Muito mais correto seria identificar o mundo com o diabo, como fez o venerável autor da *Teologia alemã*, ao afirmar na p. 93 de sua obra imortal (conforme o texto reconstruído, Stuttgart, 1851): "Por isto o espírito do mal e a natureza são unos e onde a natureza não foi superada também não o foi o malvado inimigo".

[3] Nem panteísmo nem mitologia judaica bastam; se intencionais explicar o mundo, há que encará-lo de frente. [N.A.]

Manifestamente, esses panteístas dão ao *sansara* o nome de *Deus*. Os místicos, por outro lado, dão o mesmo nome ao *nirvana*. Deste, porém, contam mais do que podem saber, o que os *budistas* não fazem. Por isso o nirvana deles é um nada relativo. — Em seu sentido correto e apropriado, a palavra deus é utilizada pela sinagoga, pela igreja e pelo islão. Se há entre os *deístas* aqueles que entendem pelo nome deus o *nirvana*, então não vamos discutir com eles sobre nomes. São os *místicos* que assim parecem entendê-lo. *Re intellecta, in verbis simus faciles.*[4]

A expressão hoje em dia muito repetida "o mundo é fim em si mesmo" não permite decidir se devemos explicá-la pelo panteísmo ou pelo mero fatalismo. Ela permite, em todo caso, apenas uma significação física, e não moral, na medida em que, sob esta última hipótese, o mundo sempre se apresentaria como *meio* para um fim mais elevado. E justamente essa ideia segundo a qual o mundo tem apenas um significado físico e não moral é o mais deplorável erro originado pela máxima perversidade do espírito.

---

[4] "Uma vez compreendida a coisa, sejamos simples nas palavras." [N.T.]

SOBRE FILOSOFIA E CIÊNCIA DA NATUREZA

§. 70.

A *natureza* é a *vontade* à medida que observa a si mesma fora de si; por isso seu ponto de partida deve ser um intelecto individual. Este é, de todo modo, seu produto.

§. 71.

Ao invés de demonstrar nas obras da natureza e do impulso industrioso a sabedoria de deus, como fazem os ingleses, deve-se aprender a entender que tudo o que é trazido por meio da *representação*, portanto do intelecto, e mesmo que seja elevado até a razão, é mero arremedo quando comparado com aquilo que vem diretamente da vontade como a coisa-em-si, e não é mediado por nenhuma representação, tal como são as obras da natureza. Este é o tema de minha dissertação "Sobre a vontade na natureza", que por isso eu não saberia recomendar o suficiente para meus leitores; nela encontra-se explicado mais claramente que em qualquer outra parte o foco propriamente central de minha doutrina.

§. 72.

Se se considera como a natureza, que se preocupa pouco com os indivíduos, vela com um cuidado excessivo pela conservação das espécies graças à onipotência do instinto sexual e à superabundância incalculável das sementes que, no caso das plantas, peixes e insetos, permite frequentemente substituir um indivíduo por centenas de milhares de outros, então se chega à suposição de que, enquanto a produção do indivíduo é fácil para ela, a produção original de uma espécie lhe é extremamente difícil. De acordo com isso, nunca vemos o surgimento de uma nova espécie; mesmo a *generatio aequivoca* [geração espontânea], quando ela ocorre (o que não podemos duvidar, pelo menos nos epizoários e parasitas em geral) só produz espécies conhecidas. E a natureza não consegue substituir as raras espécies desaparecidas da fauna que agora habita a terra, por exemplo, aquela do pássaro dodô (*Didus ineptus*), ainda que pertencentes a seu plano; nós nos espantamos então que nossa avidez tenha conseguido lhe pregar uma tal peça.

§. 73.

Na brilhante nebulosa primordial que, segundo a cosmogonia de Laplace, compunha o sol que se estendia até Netuno, os elementos químicos originais não poderiam existir em *actu*, mas só em *potentia*. Mas a primeira e primordial decomposição da matéria em hidrogênio e oxigênio, enxofre e carvão, em azote e cloro etc., assim como em diferentes metais tão similares uns aos outros e, entretanto, tão distintos, foi a primeira vibração do acorde fundamental do universo.

Ademais, eu suponho que todos os metais não são senão a combinação de duas matérias originárias e absolutas, ainda desconhecidas por nós e que só se diferenciam entre si meramente pela quantidade relativa dessas duas, pela qual também está baseada sua resistência elétrica de acordo com uma lei análoga àquela segundo a qual o oxigênio está na base de um sal, relativamente a seu radical, na razão inversa daquilo que eles têm no ácido do mesmo sal. Se pudéssemos separar os metais nestas partes elementares, então poderíamos provavelmente fazê-los; mas há um obstáculo neste caminho.

§. 74.

Entre pessoas filosoficamente ineptas, entre as quais se incluem todos que não estudaram a filosofia kantiana, portanto, a maioria dos estrangeiros, e na Alemanha, não poucos entre muitos médicos de hoje e similares, que filosofam convictamente na base de seu catecismo, existe ainda a velha e fundamentalmente falsa oposição entre espírito e matéria. Mas em particular os hegelianos, com sua ignorância extraordinária e sua rudeza filosófica, recolocaram-na em circulação, sob a denominação "espírito e natureza", emprestada à época pré-kantiana. Eles a servem de modo bastante ingênuo, como se não houvesse jamais existido um Kant e como se continuássemos a caminhar com princesas e damas de corte, como Leibniz no jardim de Herrenhausen (*Leibniz*, ed. Erdmann, p. 755), com perucas, entre sebes aparadas, filosofando sobre "espírito e natureza", entendendo pela última as sebes aparadas e pelo primeiro o conteúdo das perucas. — Em virtude da suposição dessa falsa oposição há espiritualistas e materialistas. Os últimos afirmam que a matéria produz, por sua forma e combinação, tudo, inclusive o pensamento e a vontade no homem; o que causa uma enorme gritaria entre os primeiros.

Na verdade, porém, não há nem espírito e nem matéria, mas muito contrassenso e quimera no mundo. A tendência da gravidade na pedra é tão inexplicável quanto o pensamento no cérebro humano de modo que poderíamos até concluir daí por um espírito na pedra. Eu diria, portanto, para aqueles disputantes: vocês acreditam conhecer uma matéria morta, totalmente passiva e desprovida de qualidade, porque tudo que imaginam entender realmente é aquilo que podem reduzir a um efeito *mecânico*. Mas da mesma forma que os efeitos físicos e químicos lhes são admitidamente incompreensíveis enquanto não sabeis reduzi-los a efeitos *mecânicos*, do mesmo modo são os próprios efeitos *mecânicos*, isto é, as manifestações que surgem do peso, da impenetrabilidade, da coesão, da dureza, da fixidez, da elasticidade, da fluidez etc., tão misteriosos como aqueles, até mesmo como o pensamento na mente humana. Se a matéria pode, sabe-se lá por quê, cair na terra, então ela também pode, não se sabe por quê, pensar. Aquilo que é realmente compreensível na mecânica, pura, completamente e até o fim, não vai além daquilo que é puramente matemático em toda explicação, e é portanto limitado às determinações do espaço e do tempo. Ambos são, com efeito, ao lado de toda sua legalidade, conhecidos *a priori* por nós, são portanto meras formas de nosso conhecimento, e pertencem inteira e tão somente às nossas representações. Suas determinações são, no fundo, subjetivas e não dizem respeito àquilo que é puramente objetivo, que é independente de nosso conhecimento, à coisa-em-si mesma. Mas tão logo vamos além daquilo que, mesmo na mecânica, vai além do puramente matemático, tão logo chegamos à impenetrabilidade, ao peso, à fixidez ou fluidez, ou ao estado gasoso, nós encontramos manifestações que nos são tão misteriosas como o pensamento e a vontade do homem, isto é, encontramo-nos em face do insondável: pois tal é toda força natural. E onde está aquela *matéria*, que vocês conhecem e entendem tão intimamente que explicam tudo por ela e tudo referem a ela? — Puramente compreensível e explicável é somente aquilo que é matemático, pois ele se enraíza no sujeito, no nosso aparelho representativo. Tão logo, porém, surge algo propriamente objetivo, algo não passível de determinação *a priori*, então isto é tão logo também insondável. Aquilo que os sentidos e o entendimento percebem é apenas um fenômeno bem superficial, que deixa intocada a essência verdadeira e íntima das coisas. Foi isso o que quis dizer Kant. Se assumis então na cabeça humana, como *Deum ex machina*, um *espírito*, então tendes que conceder também para cada pedra um *espírito*. Se, ao contrário, vossa *matéria* morta e puramente passiva pode exercer um esforço como peso, ou, como eletricidade, atrair, repelir e emitir faíscas, ela pode igualmente, como massa encefálica, pensar. Em suma, pode-se atribuir matéria para qualquer pretenso espírito, mas também um espírito para cada matéria; donde se segue a falsidade da oposição entre eles.

Portanto, não é aquela divisão cartesiana de todas as coisas em espírito e matéria que é filosoficamente correta, mas aquela entre vontade e representação; esta, porém, não anda em paralelo com aquela outra. Pois ela espiritualiza *tudo* à medida que, por um lado, transporta tudo para a *representação*, mesmo aquilo que é completamente real e objetivo, os corpos e a matéria e, por outro lado, reconduz a essência em si de todo fenômeno para a *vontade*.

A origem da representação da matéria em geral, como a portadora objetiva de todas as propriedades, embora destituída de toda propriedade, eu expus primeiramente em minha obra principal (v. 1, p. 9) e depois de modo mais claro e preciso na segunda edição de minha dissertação sobre o princípio de razão, §. 21, p. 77, e a menciono aqui para que não se perca de vista essa teoria nova e essencial à minha filosofia. Aquela matéria é, portanto, somente a função do entendimento da causalidade objetivada, isto é, projetada para fora, isto é, o *agir em geral* hipostasiado, sem maiores determinações de seu modo de ser. Consequentemente, com a apreensão objetiva do mundo corporal, o intelecto fornece com seus próprio meios todas as suas *formas*, a saber, tempo, espaço e causalidade, e com essas também o conceito da matéria, pensada abstratamente, sem propriedade e forma, que como tal nunca surge na experiência. Mas tão logo o intelecto nota, por meio dessas formas e nelas, um conteúdo real (que só pode provir da sensação dos sentidos), isto é, algo independente de suas próprias formas de conhecimento, que não se dá a conhecer no *agir em geral*, mas em um modo de agir determinado, então é isso o que ele supõe como corpo, isto é, como matéria formada e determinada especificamente, que surge então como algo independente de suas formas, em suma, algo totalmente objetivo. Mas deve-se lembrar que a matéria dada empiricamente só se manifesta pelas forças que nela se exteriorizam, da mesma maneira que toda força só é conhecida como inerente a uma matéria. Ambas juntas constituem o corpo empiricamente real. Tudo que é empiricamente real mantém porém uma idealidade transcendental.

SOBRE FILOSOFIA E CIÊNCIA DA NATUREZA

A coisa-em-si mesma, que se apresenta em tal corpo dado empiricamente, logo, em todo fenômeno, eu indiquei como a *vontade*. Se tomarmos esta última como ponto de partida, então, como já disse várias vezes, a matéria é a mera *visibilidade da vontade*, não porém ela mesma; por isso, ela pertence àquilo que é meramente formal em nossa representação, não à coisa-em-si. De acordo com isso, devemos pensá-la como desprovida de qualidade e de forma, absolutamente inerte e passiva. Mas isso só podemos pensar *in abstracto*, pois a mera matéria, sem forma e qualidade jamais é dada empiricamente. Como porém só há *uma* matéria que surge sob diversas formas e acidentes mas permanece a mesma, da mesma forma também a vontade é, por fim, uma e a mesma em todos os fenômenos. O que objetivamente é matéria, subjetivamente é vontade. Todas as *ciências naturais* padecem da inevitável desvantagem de apreender a natureza exclusivamente do lado *objetivo*, sem se preocupar com o *subjetivo*. Mas neste último reside necessariamente o principal: ele cabe à filosofia.

Como consequência disso, ao nosso intelecto, ligado a suas formas e destinado apenas para o serviço de uma vontade individual e não para o conhecimento objetivo da essência das coisas, aquilo de que tudo procede e provém deve aparecer precisamente como *matéria*, isto é, como o real em geral que preenche o espaço e o tempo, permanente em meio a toda mudança das qualidades e formas, que é o substrato comum de todas as intuições, embora não intuitivamente perceptível por si mesma, pelo que permanece primária e diretamente indecidido o que possa ser essa *matéria* em si mesma. Se se entende pela expressão tão usada *absolutum*, o que jamais surgiu nem pode perecer, no que, pelo contrário, tudo que existe consiste e veio a ser, então não devemos procurá-lo em espaços imaginários, mas é bem claro que é a matéria que atende todas essas exigências. — Depois de Kant ter mostrado que os corpos são meros *fenômenos*, sua essência em si permanecendo desconhecida, eu estou compenetrado a provar que essa essência é idêntica àquilo que nós conhecemos imediatamente em nossa consciência de si como vontade. Eu expliquei, pois, a matéria como a mera *visibilidade da vontade* (*O mundo como vontade e representação*, v. II, cap. 24). Como além disso, toda força natural é, para mim, fenômeno da vontade, então segue-se que nenhuma força pode surgir sem um substrato material, portanto tampouco pode ter lugar uma exteriorização da força sem uma mudança material qualquer. Isto concorda com a afirmação do zooquímico Liebig de que toda ação muscular, até mesmo todo pensamento, no cérebro é acompanhado de uma transformação material. Temos que assinalar sempre, porém, que não conhecemos a matéria senão por meio das forças que se manifestam empiricamente nela. Ela é apenas a manifestação dessas forças *em geral*, isto é, *in abstracto*, universalmente. Em si ela é a visibilidade da vontade.

§. 75.

Quando temos a oportunidade de ver em uma escala colossal efeitos bem simples que diariamente temos diante dos olhos em uma escala pequena, então a visão é nova, interessante e instrutiva, pois só então obtemos uma representação adequada das forças naturais que se manifestam neles. Exemplos deste tipo são os eclipses lunares, incêndios, grandes cataratas, a abertura dos canais no interior da montanha em Saint Ferréol, que supre o canal de Languedoc com água, o estrondo e os acessos dos pedaços de gelo no rebentar de um rio, um barco que é lançado ao mar, mesmo uma corda esticada a duzentos pés, que quase num piscar de olhos é retirada da água, como acontece no reboque de um navio etc. Como seria se víssemos a ação da gravitação, que só conhecemos intuitivamente a partir de um aspecto extremamente estreito tal como o peso terrestre, e pudéssemos abranger com a vista intuitiva e imediatamente sua atividade em grande escala, entre os corpos celestes e tivéssemos diante dos olhos

como eles brincam
Rumo aos fins que os atraem.[1]

§. 76.

Empírico, em sentido estrito, é o conhecimento que se detém aos efeitos, sem poder atingir as causas. Para propósitos práticos ele basta, por exemplo, na terapia.

As farsas dos filósofos da natureza da escola de Schelling por um lado, e os resultados do empirismo por outro, provocaram em muitos um tal temor de sistema e teoria que eles esperam progressos na física inteiramente à disposição das mãos, sem a participação do cérebro, e prefeririam simplesmente fazer experimentos sem ter que pensar qualquer coisa sobre a questão. Eles pensam que seu aparato físico ou químico deveria pensar no lugar deles e deveria ele mesmo, na linguagem de puros experimentos, pronunciar a verdade. Para esse propósito, os experimentos serão multiplicados ao infinito e também suas condições, de modo que se opera unicamente com experiências extremamente complicadas e no fim inteiramente absurdas, incapazes de fornecer um resultado puro e decisivo, mas que devem funcionar como algemas impostas à natureza, para obrigá-la falar por si mesma. Já o genuíno pesquisador, que pensa por si mesmo, organiza sua experiência do modo mais simples possível para apreender puramente as afirmações claras da natureza e assim julgar: a natureza aparece aí sempre como testemunha. Exemplos do que foi dito oferecem especialmente a parte cromatológica da óptica, inclusive a teoria das cores fisiológicas, tal como foram tratadas pelos franceses e alemães nos últimos vinte anos.

De modo geral, não é a observação de fenômenos raros e escondidos que só são apresentáveis por meio de experimentos que serve para a descoberta das *mais importantes*

---

[1] "[...] wie sie spielen/ nach den lockenden Zielen."Schiller. *Die Größe der Welt* [A grandeza do mundo]. [N.T.]

verdades, mas a observação daqueles fenômenos que são evidentes e acessíveis a todos. Por isso a tarefa não é ver o que ninguém viu ainda, mas pensar aquilo que ninguém pensou a respeito daquilo que todo mundo vê. Eis por que vale muito mais a pena ser filósofo do que um físico.

§. 77.

Para a audição, a diferença dos sons em relação à altura e profundidade é *qualitativa*: a física, entretanto, a reduz a uma mera diferença *quantitativa*, a saber, a uma vibração mais breve ou mais lenta; pelo que então tudo é explicado a partir do efeito *mecânico*. Assim, na música não apenas o elemento rítmico, o compasso, mas também o harmônico, a altura e profundidade dos sons, se reduzem ao movimento, e por conseguinte, à mera medida de tempo, portanto, a números.

Aqui a analogia fornece um forte apoio para a visão de *Locke* sobre a natureza, a saber, de que tudo o que nós percebemos nos corpos por meio dos sentidos como *qualidades* (as qualidades *secundárias* de Locke), não são nada mais em si do que a diversidade do *quantitativo*, isto é, simples resultado da impenetrabilidade, do tamanho, da forma, do repouso ou movimento e do número das menores partes. Essas propriedades foram admitidas por Locke como as únicas objetivamente reais e, por isso, são nomeadas qualidades *primárias*, isto é, originais. Isso poderia ser simplesmente demonstrado com os sons, pois aqui a experiência permite todo alargamento, ao pôr em movimento cordas longas e espessas, cujas lentas vibrações podem ser contadas; e assim deve ser com *todas* as qualidades. Isto foi primeiramente aplicado à luz cujo efeito e cor são derivados das vibrações de um éter inteiramente imaginário e são precisamente calculados. Essa colossal charlatanearia e fanfarronice é recitada com uma ousadia inaudita especialmente pelos mais ignorantes membros da república dos eruditos com uma confiança tão infantil e uma segurança tal que poder-se-ia mesmo pensar que eles teriam visto e tido nas mãos o éter e suas oscilações, átomos e todas as farsas que pode haver. — Desta visão poderíamos tirar conclusões favoráveis ao atomismo, que prevalece especialmente na França, mas que também ganha espaço na Alemanha, depois de ter sido favorecida pela estequiometria de Berzelius [Pouillet, *Éléments de physique expérimentale et de météorologie*, I, p. 23]. Deter-se aqui na refutação do atomismo seria supérfluo, pois ele pode no máximo valer como uma hipótese não demonstrada.

Por menor que possa ser um átomo, ele é sempre a continuidade de uma matéria não interrompida. Se podeis pensar um átomo tão pequeno, porque não tão grande? Para que os átomos então?

Os *átomos* químicos são meramente a expressão de relações constantes e fixas, nas quais os elementos se unem uns com os outros. Esta expressão, devendo ser traduzida em números, foi baseada numa unidade assumida arbitrariamente, o peso de um quantum de oxigênio com o qual todo elemento [*Stoff*] combina. Para essas relações de peso se escolheu, de modo extremamente infeliz, a velha expressão *átomo* e daí surgiu — entre as mãos dos químicos franceses, que *nada aprenderam além* de sua química — uma grosseira atomística, que levando à sério a coisa, hipostasia esses meros contadores a átomos reais e então, bem à maneira de Demócrito, falam de sua disposição (*arrangement*) em um corpo, ou em outro, para daí explicarem suas qualidades e diferenças, sem ter ideia do absurdo da coisa. Desnecessário dizer que na Alemanha não faltam farmacêuticos ignorantes que também "decoram a cátedra" e imitam aqueles químicos. Não nos deve surpreender quando eles, em seus compêndios, de modo estritamente dogmático e bem seriamente como se realmente soubessem algo a respeito expõem aos estudantes que "a forma cristalina dos corpos tem seu fundamento em uma ordenação dos átomos" (Wöhler, *Grundriß der Chemie*, Parte I, *Unorganische Chemie*, p. 3). Embora essa gente fale a mesma língua que Kant, e escutem desde a infância com reverência seu nome, nunca colocaram o nariz em sua obra. Por isso eles têm que trazer ao mercado tais farsas escandalosas! Mas aos franceses se poderia fazer uma boa ação (*une charité*), traduzindo de maneira correta e precisa os *Primeiros princípios metafísicos da ciência natural* de Kant, para curá-los, se possível, de uma recaída naquele democritismo. Poderia se acrescentar ainda até mesmo algumas passagens das *Ideias para uma filosofia da natureza* de Schelling, por exemplo, o terceiro e o quinto capítulo do segundo livro; pois sempre que Schelling se apoia nos ombros de Kant ele diz coisas boas e dignas de consideração.

A Idade Média nos mostrou para onde leva o pensamento sem experimentação. Mas esse século está determinado a nos deixar ver para onde leva a experimentação sem o pensamento, e o que resulta de uma educação para a juventude que se limita à física e à química. Somente a completa ignorância da filosofia kantiana pelos franceses e ingleses, e a negligência e o esquecimento da mesma pelos alemães desde o hegeliano processo de emburrecimento, podem explicar a inacreditável *crueza da física mecânica atual*. Seus adeptos tentam reduzir toda força natural de tipo superior, como a luz, o calor, a eletricidade, processo químico e assim por diante, às leis do movimento, do impacto e da pressão, e à configuração geométrica, a saber, seus átomos imaginários que eles timidamente intitulam frequentemente de "moléculas", e graças à mesma timidez não se aventuram a explicar o peso e também este eles deduzem, *à la Descartes*, de um choque, como se não houvesse nada no mundo senão choques e contrachoques, as únicas coisas que lhes são compreensíveis. Ainda mais divertidos são eles quando falam das moléculas de ar e de seu oxigênio. De acordo com eles, os três estados de agregação seriam apenas um pó fino e ainda mais fino e cada vez mais fino. É isso o que lhes é *compreensível*. Essas pessoas que fizeram muitas experiências mas pensaram pouco, e por isso são realistas do tipo mais grosseiro, consideram a matéria e as leis de impulsão como algo absolutamente dado e profundamente compreensível, de modo que uma remissão a essas leis parece fornecer uma explicação inteiramente satisfatória. No entanto, essas propriedades mecânicas da matéria são tão misteriosas quanto aquelas que se quer explicar a partir delas; por isso, não conseguimos entender melhor a *coesão*, por exemplo, do que a luz ou a eletricidade. As numerosas manipulações exigidas pela experimentação afastam realmente nossos físicos do pensamento e da leitura; eles se esquecem de que os experimentos só podem fornecer os dados para a descoberta da verdade, não ela mesma. A eles se assemelham os fisiologistas que negam a força vital e tentam substituí-la por forças químicas.

Um átomo seria então apenas uma porção de matéria sem poros, mas, já que deve ser indivisível, ele é ou sem extensão (nesse caso, porém, não seria matéria), ou dotado de coesão absoluta de suas partes, superior a qualquer poder. (Eu reenvio o leitor àquilo que disse no segundo volume de minha obra principal [*O mundo como vontade e representação*] capítulo 23, p. 305, 3ª. ed., p. 344). Ademais, se os átomos químicos são compreendidos no sentido próprio, isto é, de modo objetivo e como reais, então no fundo não há propriamente nenhuma combinação química, mas toda ligação se reduz a uma mistura bem fina de átomos diferentes que permanecem eternamente separados. De fato, o caráter próprio de uma combinação química consiste precisamente no fato de que seu produto é um corpo totalmente homogêneo no qual não se pode encontrar nenhuma partícula, mesmo infinitamente pequena, que não contenha ambas as substâncias. (Encontra-se uma demonstração dessa proposição kantiana em *Da alma do mundo*, de Schelling, p. 168 e 137). Por isso a água é tão incomensuravelmente diferente do gás fulminante [Knallgas], pois este é a união de dois elementos que nesse estado gasoso convivem simplesmente como a mais fina mistura.²

A mania ou ideia fixa dos franceses de reduzir tudo a eventos *mecânicos* encontra sua justificação na mencionada redução de combinações químicas a misturas atômicas muito finas, porém não sua verdade, para a qual eu preferiria lembrar da asserção de Oken, segundo a qual "nada, absolutamente nada no universo que seja um fenômeno do mundo é produzido por princípios mecânicos" (*Über Licht*

---

²O gás fulminante é uma mera mistura. Ao acendê-lo, uma terrível detonação acompanhada de um desprendimento bem forte de luz e calor nos anuncia uma modificação total e profunda das duas partes misturadas. De fato, nós encontramos logo como produto disso uma substância fundamentalmente e sob todos os aspectos diferente daqueles dois componentes, a água. Vemos então que a modificação aqui efetuada correspondia à revolta dos espíritos naturais que o anunciavam, que os dois componentes constitutivos do gás fulminante, abstraindo completamente de sua essência própria tão heterogênea, penetram um no outro de modo que passam a representar agora apenas um corpo absolutamente homogêneo, na menor parte possível do qual aqueles dois *componentia* permanecem inseparáveis e unidos de tal maneira que não se pode encontrar mais nenhum deles que esteja isolado e como tal. Foi portanto um processo *químico*, não mecânico. Somente nossos Demócritos modernos conseguem explicar esse processo afirmando que os átomos (!), antes espalhados sem ordem um ao lado do outro agora se arranjam em série e enfileirados, em pares, ou antes, por causa da grande diferença de seus números, de modo que ao lado de um átomo de hidrogênio se agruparam nove átomos de oxigênio, em virtude de uma tática inata e inexplicável e a detonação seria apenas o rufar dos tambores para este "juntem-se", ou seja, muito barulho por nada? Por isso eu digo: são fanfarronices, como o éter vibrante e toda a física mecânica e atomística de Leucipo, Demócrito e Descartes, com todas as suas explicações toscas. Não basta saber algemar a natureza, deve-se poder entendê-la também quando ela fala. É isso que falta. Em geral, porém, se houvesse átomos, eles teriam que ser desprovidos de diferenças e de qualidades, portanto, não haveria átomos de enxofre, de ferro etc., mas apenas átomos de matéria pois as diferenças suprimem a simplicidade. Assim, por exemplo, o átomo de ferro teria que conter algo que falta ao átomo de enxofre, que seria portanto composto e não simples, e em geral a mudança da qualidade não poderia ter lugar sem mudança de quantidade. *Ergo*: se os *átomos* são possíveis em geral, são apenas pensados como os elementos últimos da absoluta ou abstrata *matéria* [*Materie*], não das *matérias* [*Stoffe*] determinadas.

und Wärme, p. 9). No fundo há apenas um *modo de agir mecânico*, que consiste na vontade que possui um corpo de penetrar no espaço ocupado por outro; a isso diz respeito tanto a *pressão* quanto o *choque*, que se distinguem somente por seu caráter gradual ou súbito, ainda que no último caso a força se torne "viva". Nisso se baseia tudo que a mecânica pode realizar. A *tração* é apenas aparente; por exemplo, a corda com a qual nós puxamos um corpo o empurra, o pressiona por trás. Com isso, eles querem explicar agora toda a natureza: assim a ação da luz na retina deve consistir em choques mecânicos ora mais lentos, ora mais rápidos. Com essa finalidade, eles imaginaram um "éter" que deve *impelir*; embora vejam, porém, que como na mais forte tempestade que esmaga tudo ao redor, o raio de luz permanece tão imóvel quanto um fantasma. Os alemães fariam muito bem se deixassem de lado a tão propalada empiria e seu trabalho manual para dar lugar ao estudo dos *Princípios metafísicos da ciência natural* de Kant, para pôr ordem não apenas no laboratório, mas também em suas cabeças. Em virtude de seu objeto, a física tropeça, muito frequentemente e de modo inevitável, em problemas metafísicos, com o que nossos físicos, que nada conhecem além de seus joguetes elétricos, pilhas de volt e pernas de rã, revelam uma ignorância de sapateiro tão crassa e uma crueza nas coisas da filosofia (nas quais eles se chamam *Doctores*), ignorância acompanhada pela impudência pela qual eles filosofam à vontade sobre problemas que ocupam os filósofos desde séculos (como matéria, movimento, mudança) como camponeses incautos; por isso não merecem outra resposta que aquela de Xênia:

Pobre diabo empirista, tu não conheces
[nem a burrice
Em ti mesmo, ela é *a priori*, ah!
[lamentavelmente tão burra.

(Epigrama de Goethe e Schiller)[3]

---

[3] "Armer, empirischer Teufel! Du kennst nicht einmal das Dumme/ In Dir selber, est ist, ach! a priori so dumm." No que concerne à concepção kantiana das *forças de repulsão* e *atração*, noto que a última não é, como a primeira, absorvida e consumida em seu produto, a matéria. Pois a força de repulsão, cuja função consiste na impenetrabilidade, não pode agir senão *lá* onde um corpo estranho procura penetrar no espaço de um corpo dado, e portanto não além disso. Ao contrário, está na natureza da *força de atração* não ser abolida pelos limites *de um* corpo e consequentemente poder agir para além da esfera do corpo dado; caso contrário, seria subtraída a ação de cada uma das partes do corpo, tão logo ela fosse *separada*. Mas ela atrai *toda* matéria, mesmo a distância, já que considera tudo como pertencente a um só corpo, primeiramente como corpo terrestre e assim por diante. Desse ponto de vista, pode-se considerar também a gravidade como pertencente às qualidades conhecidas a priori da matéria. No entanto, no simples contato mais restrito de suas partes, que chamamos de *coesão*, o poder dessa atração é tão suficientemente concentrado para resistir amplamente à atração do corpo terrestre milhões de vezes maior, a tal ponto que as partes desse corpo separado não caem em linha reta nele. Se a coesão for muito fraca então ocorrerá o seguinte: o corpo se esmigalha e se desintegra, pelo simples peso de suas partes. Todavia, essa coesão é um estado misterioso que nós só podemos elucidar por meio da fusão e da coagulação, ou dissolução e evaporação, portanto, apenas pela transição do estado fluido ao estado sólido. Se, no espaço absoluto (isto é, abstraído de todo ambiente) dois corpos se aproximam um do outro em linha reta, então *foronomicamente* seria a mesma coisa dizer A se dirige a B, ou o inverso, mas *dinamicamente* permanece a diferença se a *causa* móvel age sobre A ou B ou foi submetida a essa ação; pois de acordo com isso, o movimento para se eu *freio* A ou B. Da mesma forma, o movimento circular: *foronomicamente* dá no mesmo se (no espaço absoluto) o sol se move ao redor da terra ou se ela gira em torno do seu próprio eixo; mas *dinamicamente*, persiste a diferença mencionada e ademais o fato de que no corpo *em rotação* a *força tangencial* entra em conflito com sua coesão; e, em virtude dessa mesma força, o corpo *em circulação* voaria se uma outra força não o retivesse no centro de seu movimento. [N.A.]

§. 78.

A decomposição química é a superação da coesão pela afinidade. Ambas são *qualitates occultae*.

§. 79.

Eu não considero a *luz* nem uma emanação e nem uma vibração: ambas são hipóteses mecânicas e aparentadas àquela que explica a transparência pelos poros. A luz é antes algo inteiramente *sui generis* e sem nenhum análogo.[4] Seu parente mais próximo, no fundo sua simples metamorfose, é o *calor* cuja natureza poderia bem servir para explicar a da luz.

O *calor* é de fato, como a própria luz, imponderável, mostra porém uma certa materialidade pois se comporta como uma substância permanente, na medida em que passa de *um* corpo e de um lugar para outro e deve abandonar aqueles para tomar posse desse último; de modo que, ao desaparecer um corpo, deve sempre ser possível assinalar para onde ele foi e onde deve ser encontrado, ainda que em estado latente. Nesse sentido, ele se comporta como uma substância permanente, como a matéria.[5] É verdade que não há nenhum corpo que seja impenetrável ao calor, por meio do qual ele poderia

---

[4] A *luz* pode tão pouco ser esclarecida mecanicamente quanto a força de gravidade. Tentou-se explicar esta última pelo choque de um éter e mesmo Newton avançou esta hipótese que ele prontamente abandonou. Mas Leibniz, que não aceitava a gravitação, era totalmente a favor disso. É o que confirma uma carta de Leibniz, em suas *Lettres et opuscules inédits*, editadas por Careil em 1854, p. 63. — O descobridor do éter é Descartes: *Aether ille Cartesianus, quem Eulerus ad luminis propagandi doctrinam adornavit* [aquele éter cartesiano que Euler utilizou para a teoria da propagação da luz], diz Platner em sua dissertação *De principio vitali*, p. 17. — A luz está incontestavelmente em uma certa relação com a gravitação, mas indiretamente e no sentido de um reflexo, como seu oposto absoluto. É uma força essencialmente propagadora enquanto a outra é adstringente. Mas as duas agem em linha reta. Talvez, num sentido figurado, podemos chamar a luz o reflexo da gravitação. Nenhum corpo pode agir pelo *choque* sem ser ao mesmo tempo *pesado*; a luz é um *imponderabile*. Por isso ela não pode agir mecanicamente, isto é, através do choque. [N.A.]

[5] O vento leva muito facilmente o calor, por exemplo, aquele que vem de

ser completamente isolado. Mas nós o vemos desaparecer mais lenta ou mais rapidamente de acordo com a retenção por meio de melhores ou piores não condutores, e nós não podemos duvidar que um não condutor absoluto possa isolá-lo ou conservá-lo para sempre. De modo especialmente claro ele mostra essa sua permanência e sua natureza substancial quando se torna *latente*, pois então entra num estado em que se deixa conservar por um tempo qualquer e em seguida se mostra intacto no estado de calor livre. Esse tornar-se latente e depois livre do calor comprova irrefutavelmente sua natureza material e, como ele é uma metamorfose da *luz*, também da *luz*. Por isso, o sistema da emanação tem sua razão, ou antes, se aproxima da verdade. Ele é *Materia imponderabilis*, como se nomeou corretamente. Em suma, nós de fato o vemos emigrar e mesmo se esconder, mas nunca o vemos desaparecer, e podemos sempre indicar aquilo no que ele se transformou. Apenas na incandescência ele se torna luz e assume sua natureza e suas leis. Essa metamorfose é particularmente visível na luz de Drummond que é utilizada, como sabemos, para o microscópio hidro-oxigênio [*Hydro-Oxygen-Mikroskop*]. Já que todos os sóis são uma fonte contínua de calor renovado, e o calor existente nunca cessa, mas apenas perambula e no máximo se torna latente, então podemos concluir que o mundo como um todo se tornará cada vez mais quente. É um ponto que eu deixo em suspenso. — O calor como tal se mostra, pois, continuamente como um quantum não ponderável, mas permanente.[6] É preciso fazer valer, entretanto, contra a opinião segundo a qual ele seria uma matéria que entra em ligação química com o corpo aquecido,

---

nosso próprio corpo. Mas a luz não pode ser afastada ou mesmo balançada de nenhum modo. [N.A.]

[6] Que o *calor* não é uma vibração rápida das partes resulta claramente do fato de que quanto mais frio um corpo é tanto mais rapidamente ele adquire o calor que lhe é oferecido; ao contrário, é tanto mais difícil colocar um corpo em movimento quanto mais completo for o estado de seu repouso. [N.A.]

que quanto maior é a afinidade dos dois elementos entre si mais difícil será sua separação; assim, os corpos que mais facilmente recebem o calor, como os metais, por exemplo, são também os que mais facilmente o deixam escapar. Ao contrário, quando o calor se torna latente, isso pode ser visto como uma combinação química real com os corpos. Assim, o gelo e o calor nos dá um novo corpo, a água. Já que o calor é realmente ligado a esse corpo em virtude de uma afinidade preponderante, ele não passa imediatamente deste para qualquer outro corpo que se aproxima dele, como acontece com aqueles aos quais ele meramente adere. Se quisermos usar aqui uma comparação como aquela de Goethe nas *Afinidades eletivas*, podemos dizer que uma mulher fiel está unida ao marido assim como o calor latente com a água; enquanto a coquete infiel, pelo contrário, se une a ele como o calor adere ao metal, vinda de fora e apenas enquanto não aparece um outro que a deseje mais.

Para meu espanto eu constato que os físicos consideram comumente (talvez sem exceção) a *capacidade calorífica* e o *calor específico* como a *mesma coisa* e sinônimos um do outro. Eu os considero, pelo contrário, opostos um ao outro. Quanto mais um corpo tem *calor específico* tanto menos ele pode absorver o calor que lhe é fornecido; pelo contrário, ele o cede imediatamente quanto menor é sua *capacidade calorífica* — e vice-versa. Se, para levar um corpo a um grau determinado de calor termométrico, esse corpo precisa mais de calor vindo de fora do que um outro, então ele tem grande *capacidade calorífica*. Por exemplo, o óleo de linhaça tem a metade da capacidade da água. Para levar meio litro de água a 60° R é necessário tanto calor quanto para derreter meio litro de gelo, grau em que esse calor se torna latente. O óleo de linhaça é levado à temperatura de 60° R[7] pela metade do

---

[7] A escala Rankine de temperatura foi proposta em 1859 pelo escocês William John Macquorn Rankine. A temperatura correspondente em graus Celsius é aproximadamente -240° C. [N.T.]

calor que lhe é fornecido; mas então só poderá derreter um quarto de gelo ao perder esse calor e cair a zero. Portanto, o óleo de linhaça tem tanto *calor específico* quanto a água e, por isso, a metade da capacidade, pois pode perder somente o calor que lhe é aportado, não o calor específico. Assim, quanto mais um corpo tem *calor específico,* isto é, que lhe é *próprio*, tanto menor sua *capacidade*, ou seja, tanto mais facilmente ele rejeita o calor que lhe é fornecido que age sobre o termômetro. Quanto mais calor fornecido é necessário para isso, tanto maior é sua capacidade e tanto menor seu calor *específico* próprio a ele e dele inalienável. Ele rejeita por isso o calor fornecido. Por isso, meio litro de água a 60 graus de calor termométrico derrete meio quilo de gelo e cai assim a zero grau, enquanto que meio litro de óleo de linhaça a 60 graus de calor termométrico pode apenas derreter um quarto de gelo. É ridículo dizer que a água tem mais calor específico que o óleo. Quanto mais um corpo tem *calor específico* menos se requer calor externo para aquecê-lo; mas da mesma forma, tanto menos ele pode perder calor; ele congela rapidamente assim como esquenta rapidamente. Todo o processo está corretamente exposto na *Física* de Tobias Maier, no § 35 e seguintes; mas também ele confunde, no § 365, a capacidade com o calor específico e os toma por idênticos. Um corpo líquido só perde seu calor específico quando muda seu estado de agregação, isto é, quando ele congela. Assim, este seria nos corpos líquidos o calor latente; mas os corpos sólidos também têm seu calor específico. Baumgärtner menciona limalhas de ferro.

Que o calor se torne latente representa uma decisiva e inevitável refutação da trivial física mecânica de hoje em dia que considera o calor como um simples *movimento*, uma *agitação* das menores partes do corpo. Pois como poderia um simples movimento ser completamente interrompido para depois emergir novamente depois de muitos anos de repouso e até mesmo com a mesma velocidade de antes?

A *luz* não se comporta tão materialmente quanto o calor, pois tem antes uma natureza fantasmática, já que aparece e desaparece sem dar pistas de seu paradeiro. Na realidade, ela só é propriamente tão logo ela surge; tão logo ela para de se desenvolver, para também de brilhar, desaparece e nós não podemos dizer para onde ela foi. Não faltam recipientes cuja matéria é impenetrável; contudo, nós não podemos prendê-la e depois soltá-la. Apenas a pedra de Bonon [*Bononische Stein*], assim como alguns diamantes, podem conservá-la por alguns minutos. No entanto, relatou-se recentemente sobre uma espata de flúor [*Flußspath*] violeta, a qual se deu o nome de clorofano [*Chlorophan*] ou esmeralda de fogo que quando exposta alguns minutos à luz solar, brilharia durante três ou quatro semanas. (Veja a *Química* de Neumann, 1842). Isso recorda fortemente o mito do carbúnculo, *carbunculus*, λψςονιτη", sobre o qual, seja dito de passagem, se encontram reunidas todas as informações em *Philostratorum opera*, ed. Olearius, 1709, p. 65, n. 14; menciono ainda que ele é citado em *Sakontala* (ato 2, p. 31 da tradução de W. Jones), e que se encontram novos e numerosos detalhes a seu respeito nos *Racconti* de Benvenuto Cellini (2ª ed., Veneza, 1829, conto 4), o qual é resumido no *Trattato del Oreficeria*, p. 30, Milão, 1811. Como toda espata de flúor se torna brilhante pelo calor, devemos concluir que esta pedra transforma facilmente o calor em luz e que, por essa razão, a esmeralda de fogo não transforma a luz em calor como outros corpos, mas a rejeita como que não digerida; isso se aplica também à pedra de Bonon e outros diamantes. — Assim pois, é somente quando a luz, ao reencontrar um corpo opaco, se transforma em calor de acordo com sua opacidade e assimila a natureza mais substancial deste último, é que podemos então notá-la. — Contudo, ela mostra uma certa materialidade na *reflexão*, quando segue a lei da resistência [*Abprallen*] dos corpos elásticos, e igualmente na *refração*. Nesta última ela revela também sua *vontade*, ao preferir e escolher entre os corpos que lhe estão disponíveis, isto é, entre os transparentes, os mais densos.[8] Pois ela abandona sua via retilínea para se inclinar na direção em que se encontra a maior quantidade de matéria transparente mais densa; assim, ao entrar e sair de um meio a outro, ela sempre se inclina para onde a massa está mais próxima ou então para lá onde ela está mais fortemente concentrada, ou seja, procura sempre se aproximar dela. No vidro convexo, a massa principal se encontra no meio, e então a luz emerge em forma cônica; no vidro côncavo, a massa está alojada na periferia e a luz que emerge escapa de forma afunilada. Se ela cai obliquamente sobre uma superfície plana, ao entrar e sair ela se desvia frequentemente de seu caminho para se dirigir à massa para a qual ela estende do mesmo modo um aceno de boas vindas ou adeus. Também pela flexão se mostra essa tendência pela matéria. Na reflexão ela é refratada de fato, mas uma parte passa ao largo; nisso reside a chamada polaridade da luz. — Manifestações da vontade análogas do calor poderiam ser demonstradas especialmente em sua relação diante de condutores bons ou ruins. — A única esperança de investigar a fundo a natureza da *luz* está na perquirição de suas qualidades aqui mencionadas, não através de hipóteses mecânicas de vibração ou emanação que não dizem respeito à sua natureza; muito menos nos contos absurdos de moléculas de luz, resultado monstruoso da ideia fixa dos franceses segundo a qual todo evento deve ser mecânico e tudo deve repousar em choque e contrachoque. Descartes é ainda parte de suas vidas. Surpreende-me eles ainda não terem dito que os ácidos são feitos de ganchinhos e álcalis de colchetes, e por isso se ligam tão estavelmente. "Um espírito insípido ronda esses tempos"; ele se manifesta na física mecânica, na ressuscitada atomística democritiana, no descrédito da força vital assim como da verdadeira moral e assim por diante.

---

[8] Em outra direção, cf. Pouillet, tomo II, p. 180. [N.A.]

A impossibilidade de toda explicação mecânica é esclarecida já pelo fato ordinário da imagem refletida perpendicularmente. Pois se permaneço em frente ao espelho os raios de meu rosto caem perpendicularmente em sua superfície e pelo mesmo caminho retornam a meu rosto. Ambos acontecem de modo ininterrupto, e por conseguinte, simultaneamente. A cada acontecimento mecânico da coisa, quer se trate de vibração ou de emanação, as oscilações ou correntes de luz se encontram em linha reta e em direção oposta (como duas bolas que se encontram em direção oposta e com a mesma velocidade) o que impediria e anularia uma e outra de modo que nenhuma imagem apareceria, ou então uma empurraria a outra e tudo ficaria confuso; mas minha imagem permanece lá firme e inabalável: logo, isso não acontece mecanicamente. (Cf. *O mundo como vontade e representação*, v. II, pp. 303–4). Ora, segundo a opinião geral (Pouillet, v. 2, p. 282), as vibrações não são longitudinais mas transversais, isto é, ocorrem perpendicularmente na direção do raio. Então a vibração não sai do lugar, mas dança onde está, e a vibração cavalga sobre seu raio como Sancho Pança sobre o burro de madeira que lhe colocaram entre as pernas e que ele não consegue tirar do lugar com nenhuma esporada. Por isso mesmo eles preferem dizer *ondas* ao invés de *vibração*, pois com aquelas eles se dão melhor; mas as ondas atingem apenas corpos inelásticos e absolutamente móveis, como a água, não um corpo absolutamente elástico como o ar, o éter. Se houvesse realmente algo como interferência, supressão mecânica da luz pela luz, isso deveria particularmente se mostrar pelo entrecruzamento de todos os raios provenientes de uma imagem no foco de uma lente, como se *em todos os ângulos* eles se encontrassem num único ponto; mas os vemos sair desse entrecruzamento totalmente inalterados e a imagem original apresenta-se sem perda, apenas invertida. De fato, já a imponderabilidade dos imponderáveis exclui por si só toda explicação mecânica de sua ação. O que não *pesa*, também não pode *impelir*; o que não impele também não pode agir por vibrações. A impudência com a qual, porém, uma hipótese totalmente indemonstrada e fundamentalmente falsa, tomada do ar (de fato baseada nas vibrações musicais de ar), segundo a qual as cores dependeriam da diversa rapidez das oscilações do (inteiramente hipotético) éter — tudo isso é prova da completa falta de juízo da maioria dos homens. Macacos imitam aquilo que eles veem; os homens repetem o que eles ouvem.

Seu *chaleur rayonnante* [*calor radiante*] é apenas uma etapa intermediária na metamorfose da luz em calor ou, se se quiser, sua crisálida. O calor radiante é a luz que perdeu a propriedade de agir sobre a retina mas que conservou as outras — comparável a uma corda de baixo muito profunda ou a um tubo de órgão que vibra ainda visivelmente mas não soa mais, isto é, não age mais sobre o ouvido — esse calor envia pois raios e atravessa alguns corpos mas aquece apenas os corpos opacos que encontra. O método dos franceses de complicar os experimentos por meio da agregação de condições pode até aumentar sua exatidão e favorecer a medição, mas dificulta e mesmo atrapalha o juízo. Ele é o responsável, como disse Goethe, pela discrepância entre o conhecimento empírico e o acúmulo de fatos, por um lado, e a compreensão da natureza e o juízo por outro.

Sobre a essência da *translucidez* [*Pellucidität*], a melhor informação nos é dada pelos corpos que somente são transparentes no estado líquido, mas opacos no estado sólido, como cera, espermacete, sebo, manteiga, óleo etc. Podemos interpretar provisoriamente esse fato dizendo que nesses como em todos os corpos sólidos, a aspiração particular rumo ao estado líquido mostra-se em uma forte afinidade, isto é, amor, pelo calor, como único meio de alcançá-lo. Eis por que no estado sólido eles transformam tão logo em calor toda luz que lhes atingem e permanecem opacos até se tornarem líquidos; então eles são saturados com calor e dão lugar à luz.[9]

Aquela tendência geral dos corpos sólidos pelo estado líquido tem sua razão última no fato de que este estado é a condição de toda vida, a vontade, porém, sempre tende para cima em sua escala de objetivação.

Uma prova irrefutável da metamorfose da luz em calor e vice-versa é dada pela reação do vidro ao aquecimento. Ele se torna incandescente em um certo grau de aquecimento, isto é, transforma em luz o calor recebido; a um grau superior de temperatura, porém, ele derrete e cessa de emitir luz. Pois agora o calor é suficiente para torná-lo líquido, pelo que a maior parte dele se torna latente em vista do estado líquido de agregação, e não resta mais calor para se transformar inutilmente em luz. Esta última se produz entretanto com um calor ainda mais forte, pelo qual o vidro líquido se torna brilhante, não restando mais necessidade de empregar em outro lugar o calor que ainda lhe é fornecido. (O fato é reportado ocasionalmente por Babinet na *Revue des Deux Mondes*, 1º de novembro de 1855, sem a menor compreensão do mesmo).

Diz-se que a temperatura do ar é de fato bem baixa em montanhas elevadas, mas o brilho do sol sobre o corpo é bem forte. Isso se explica pelo fato de que a luz solar atinge o corpo antes de ser enfraquecida pela atmosfera mais densa da camada inferior e sofre imediatamente a metamorfose em calor.

O conhecido fato de que à noite os sons e os barulhos ressoam mais forte que ao dia é habitualmente explicado pelo silêncio noturno geral. Não sei mais quem emitiu cerca

---

[9] Eu até avento a hipótese de que de um fato semelhante pode ser explicado o fenômeno ordinário em virtude do qual pedras de pavimento brancas e brilhantes aparecem marrom-escuras quando molhadas pela chuva, isto é, não projetam mais nenhuma luz. Pois a água, em sua avidez de evaporar-se, transforma em calor toda a luz que se encontra na pedra, e que ela projeta quando seca. Mas por que o mármore branco, polido, não parece escuro quando molhado? Nem a porcelana branca? [N.A.]

de trinta anos atrás, a hipótese segundo a qual isso se basearia antes em um efetivo antagonismo entre o barulho e a luz. Observando frequentemente este fenômeno nos sentimos inclinados de fato a aceitar essa explicação. Somente experimentos metódicos podem resolver a questão. Mas esse antagonismo pode ser explicado pelo fato de que a essência da luz, que tende absolutamente para linhas retas, diminui a elasticidade do ar ao penetrá-lo. Se isso fosse constatado, então teríamos mais um dado para o conhecimento da natureza da luz. Se o éter, como o sistema de vibração, fosse demonstrado, a explicação segundo a qual suas ondas cruzam e entravam as ondas do som teria tudo a seu favor. A causa final, ao contrário, se encontraria aqui facilmente: a ausência de luz, que priva os animais do uso da visão aumenta aquele da audição. Alexander von Humboldt (Cf. Birnbaum, *Reich der Wolken*, p. 61) esclarece a questão em um ensaio tardio e revisado de 1820, que se encontra em seus *Pequenos escritos*, v. 1, 1853. Também ele é da opinião que a explicação pela calma da noite não é suficiente e a ela opõe essa, a saber, que *durante o dia*, o solo, as rochas, a água e os objetos na terra estariam *desigualmente aquecidos*, pelo que se elevariam colunas de ar de densidades desiguais que penetrariam sucessivamente as ondas sonoras quebrando-se e tornando-se irregulares. Já *durante a noite*, eu digo, o *esfriamento* irregular deve provocar o mesmo: entretanto, essa explicação só é válida quando o barulho vem de longe e é forte o suficiente para ser ouvido: só então atravessa várias colunas de ar. Mas a fonte, o repuxo e o riacho diante de nossos pés correm à noite duas ou três vezes mais fortemente! A explicação de Humboldt não diz respeito senão à *propagação* do som, não sua imediata *intensificação* que tem lugar mesmo na maior proximidade. Nesse caso, uma chuva geral que iguala em toda parte a temperatura deveria ocasionar, como a noite, a mesma intensificação do som. Mas no mar tal intensificação não deveria ter lugar. Ele diz que ela se tornaria menor, algo difícil de provar. Por isso sua explicação não basta; o reforço noturno do som deve ser imputado ou à extinção do ruído diurno ou a um direto antagonismo entre o som e a luz.

§. 79a.

Toda *nuvem* tem uma contratilidade. Ela deve ser retida por uma força interior para não dissolver e se desintegrar na atmosfera, seja essa uma força elétrica ou a mera coesão ou gravitação ou algo do tipo. Mas quanto mais essa força é ativa e eficaz, mais firmemente ela prende consigo a nuvem por dentro que então recebe um contorno mais nítido e um aspecto mais massivo. Tal é o caso do *cumulus*, que dificilmente dará em chuva, enquanto a nuvem de chuva tem contornos apagados. Com relação ao *trovão* eu fui levado a uma hipótese muito ousada e que talvez possa ser chamada de extravagante e da qual eu mesmo não estou convencido, embora não consiga me decidir a suprimi-la, por isso a submeterei àqueles que têm como principal ocupação a física a fim de que eles possam provar ao menos a *possibilidade* da coisa e então sua *realidade* dificilmente será objeto de dúvida. Como não se tem clareza sobre a causa imediata do trovão, já que as explicações correntes não bastam, sobretudo quando se representa o barulho do trovão pelo estalo das faíscas fora do condutor, não poderíamos arriscar a hipótese ousada e mesmo temerária segundo a qual a tensão elétrica na nuvem eletrolisa a água, que o *gás fulminante* [Knallgas] assim surgido forma borbulhas na parte restante da nuvem e depois a faísca elétrica a inflama? Justamente a uma tal detonação corresponde o som do trovão e também isso explicaria o aguaceiro pesado que normalmente se segue de um violento estrondo. Os choques elétricos na nuvem sem prévia eletrólise da água seriam os coriscos e de maneira geral relâmpagos sem trovão.[10]

---

[10] A tendência é, porém, considerá-lo como uma trovoada bem distante! Poey conduziu uma longa disputa sobre relâmpago sem trovão e trovão sem

O Sr. Scoutetten apresentou à Academie des Sciences uma "Mémoire sur l'électricité atmosphèrique", cujo resumo aparece nos *Comptes Rendus* de 18 de agosto de 1856. Apoiando-se em experiências que conduziu, ele afirma que o vapor que sai da água e das plantas com o brilho do sol e que forma as nuvens se compõe de borbulhas microscópicas cujo conteúdo é o oxigênio eletrificado e cujo invólucro é a água. Ele não diz nada sobre o hidrogênio correspondente a esse oxigênio. Mas ao menos aqui teríamos que admitir um elemento do gás fulminante [*Knallgas*] mesmo sem a eletrólise da água na nuvem.[11]

Pela eletrólise da água atmosférica em dois gases necessariamente muito calor se torna latente. O frio que daí resulta poderia explicar o tão enigmático *granizo*, que acompanha frequentemente a tempestade como dito no *Reich der Wolken*, p. 138. Certamente ele aparece apenas em consequência de uma complicação especial de circunstâncias e, por isso,

---

relâmpago na Académie des Sciences, 1856–1857. Ele afirma (em abril de 1857) que mesmo os relâmpagos em zigue-zague ocorrem às vezes sem trovão ("Analyse des hypothèses sur les éclairs sans tonnerre par Poey" no *Journal des Mathématiques*). Nos *Comptes Rendus*, de 27 de outubro de 1856, um artigo destinado a corrigir um outro sobre relâmpago sem trovão e *vice-versa*, admite sem nenhuma prova como *certo certius* e como questão decidida que o trovão é apenas o barulho em grande escala produzido pela faísca que sai do condutor. Coriscos são para ele um relâmpago distante. Em sua *Física Cósmica*, de 1856, J. Müller diz simplesmente, à moda antiga, que o trovão é "a vibração do ar agitado pela passagem da eletricidade", isto é, o estalo de faíscas fora do condutor. Mas o trovão não tem nenhuma semelhança com o barulho da faísca elétrica, assim como a mosca e o elefante. A diferença entre os dois sons não é meramente quantitativa, mas qualitativa (Cf. Birnbaum, *Reich der Wolken*, pp. 167, 169); Ele tem, porém, a maior semelhança com uma série de detonações, que mesmo simultâneas chegam a nossos ouvidos de modo sucessivo por causa da grande distância. Uma bateria de garrafas de Leiden? [N.A.]

[11] Se, como se admite, as nuvens se compõem de borbulhas vazias (já que o vapor da água é de fato invisível), então, para *flutuar*, essas devem ser preenchidas com um tipo de ar *mais leve* que a atmosfera; portanto, ou com simples *vapor de água* ou com *hidrogênio*. [N.A.]

raramente. Aqui vemos apenas a fonte do frio necessário para congelar as gotas de chuva no verão quente.

§. 80.

Nenhuma ciência impressiona tanto a massa quanto a astronomia. De acordo com isso os astrônomos, que na sua maioria têm apenas uma mente calculadora e, via de regra, em outros aspectos têm capacidades limitadas, frequentemente assumem um ar de importância com sua "mais sublime de todas as ciências", e assim por diante. Já Platão ridicularizava essa pretensão da astronomia e observava que o sublime não é exatamente aquilo que se dirige para o alto (*República*, livro VII, pp. 156-57, ed. Bip.). A veneração quase idólatra que Newton desfrutou sobretudo na Inglaterra ultrapassa toda crença. Recentemente ele foi chamado no *Times*, *the greatest of human beings* (o maior de todos os seres humanos), e o mesmo jornal em outro artigo tenta nos consolar assegurando que ele apesar de tudo foi apenas um homem! Em 1815 (segundo relato do hebdomadário *Examiner*, reimpresso no *Galignany* de 11 de janeiro de 1853) um dente de Newton foi vendido por 730 libras esterlinas a um senhor que o colocou em um anel, o que faz lembrar o dente sagrado de Buda. Essa veneração ridícula do grande mestre do cálculo provém do fato de que as pessoas tomam por medida de seu mérito a grandeza das massas cujo movimento ele reduziu a suas leis, e essas à força natural que age nelas; (esta última descoberta aliás não é sua, mas de Robert Hooke, e ele se limitou a autenticá-la pelo cálculo). De outro modo não se pode ver por qual razão ele merece mais veneração que qualquer outro que reconduziu os efeitos dados à manifestação de uma determinada força natural, e por que Lavoisier, por exemplo, não é tão superestimado. Pelo contrário, a tarefa que consiste em explicar os fenômenos dados pelas diversas forças naturais que agem conjuntamente e mesmo de descobrir essas forças a partir desses fenômenos é muito mais difícil que tomar em consideração duas forças somente, especialmente simples e uniformemente operantes como a gravitação e a inércia no espaço sem resistência. E justamente nessa simplicidade incomparável ou pobreza de seu conteúdo repousa a certeza matemática, a correção e precisão da astronomia graças à qual ela espanta o mundo a ponto de poder anunciar a existência de planetas ainda não vistos. Este último ponto, por mais que cause admiração, visto de perto não consiste em nada mais que na operação do entendimento que se realiza sempre que se busca a determinação de uma causa ainda desconhecida pelo efeito que se manifesta. É a mesma operação que foi levada a cabo em um grau digno de admiração por aquele conhecedor de vinhos que, ao degustar um copo sabia com certeza que havia couro no barril. Isso lhe foi negado até que depois do esvaziamento completo do barril se achou uma chave com uma tirinha de couro. Essa operação do entendimento é a mesma que presidiu a descoberta de Netuno, e a diferença reside apenas na aplicação, no objeto, é apenas diferente na matéria, de modo algum na forma. A invenção de Daguerre, ao contrário, se não devida à sorte, como muitos afirmam, tendo Arago só depois esclarecido a teoria,[12] é cem vezes mais engenhosa que a muita admirada descoberta de Le Verrier. Mas, como eu disse, a reverência da multidão baseia-se na grandeza das massas em questão e nas imensas distâncias. A propósito disso seja dito também que as várias descobertas físicas e químicas podem ter valor e utilidade incalculáveis para o gênero humano, embora muito pouca perspicácia seja necessária para elas, tão pouca que até o acaso às vezes preenche sua função. Por isso há uma grande diferença entre o valor material e o valor espiritual de tais descobertas.

De um ponto de vista filosófico, podemos comparar os astrônomos àqueles que assistem à representação de uma grande ópera sem se deixar tomar pela música ou pelo

---

[12] As *invenções* são frequentemente o simples resultado do tato e do teste; em seguida a teoria é concebida, assim como a prova de uma *verdade* reconhecida. [N.A.]

conteúdo da peça e só prestam atenção à maquinaria das decorações e dão-se por satisfeitos quando conseguem captar completamente sua engrenagem e seu encadeamento.

§. 81.

Os signos do zodíaco são os brasões de família da humanidade; pois eles são encontrados com as mesmas imagens e na mesma ordem entre os hindus, chineses, persas, egípcios, gregos, romanos etc., e sua origem é muito controversa. Ideler, em seu livro de 1838 *Über den Ursprung des Thierkreises* [Sobre a origem do zodíaco] não ousa posicionar-se a respeito. Lepsius afirma que esses signos foram encontrados pela primeira vez em monumentos da época entre os ptolomaicos e os romanos. Mas Uhlemann afirma, nos *Grundzüge der Astronomie und Astrologie der Alten, besonders der Aegypter* [Elementos da astronomia e da astrologia dos antigos, especialmente dos egípcios], de 1857 que os signos do zodíaco já são encontrados nas tumbas reais do décimo sexto século antes de Cristo.

§. 82.

Com relação à harmonia pitagórica das esferas, deveríamos saber qual acordo surgiria se combinássemos uma sequência de sons em relação às diversas velocidades dos planetas, de modo que Netuno seria o baixo e Mercúrio o soprano. Sobre isso ver *Scholia in Aristotelem,* collegit Brandis, p. 496.

§. 83.

De acordo com o estado atual de nossos conhecimentos e com aquilo que já Leibniz e Buffon afirmavam, a terra estava antes num estado de intenso calor e fusão e ainda está, já que apenas sua superfície se resfriou e se petrificou, e assim ela era, como tudo o que é intensamente quente, também brilhante. E como também os grandes planetas eram luminosos, e por um período ainda maior, o sol representava, para os astrônomos dos longínquos e mais antigos planetas, uma estrela dupla, tripla ou mesmo quádrupla. Mas o resfriamento de sua superfície é tão lento que não se nota nos tempos históricos o menor sinal de avanço, a tal ponto que de acordo com os cálculos de Fourier tal esfriamento definitivamente não acontece em nenhum grau notável, pois a Terra recebe a cada ano tanto calor do sol quanto ela irradia. Sendo dado o volume 1.384.472 vezes maior do sol, do qual a terra era antes parte integrante, o resfriamento deve, na relação correspondente a essa diferença, efetuar-se mais lentamente, embora sem compensação de fora. Por aí se explica a radiação e o calor do sol, já que ele ainda está no estado em que a terra outrora estava, embora seu declínio seja bem mais lento para que se possa rastrear sua influência mesmo em milênios. Que sua atmosfera seja luminosa poderia se explicar pela sublimação das partes mais quentes. O mesmo poderia valer para as estrelas fixas, entre as quais as estrelas duplas seriam aquelas que giram em torno de planetas que ainda estariam no estado de luminosidade própria. Mas conforme essa suposição, porém, toda incandescência desapareceria progressivamente e todo o mundo mergulharia, depois de bilhões de anos, no frio, na rigidez e na noite — a menos que nesse intervalo novas estrelas fixas se coagulassem no seio da nebulosa luminosa e uma *Kalpa* [era] se ligasse a outra.

§. 84.

Poder-se-ia deduzir da astronomia física a seguinte observação *teleológica*.

O tempo necessário para o congelamento ou aquecimento de um corpo em um meio de temperatura heterogênea está em uma proporção rapidamente crescente em relação a sua grandeza. O que já Buffon tentou calcular, tendo em vista as diferentes massas dos planetas que são considerados quentes, embora em nossos dias Fourier tenha feito o mesmo com mais precisão e sucesso. Vemos isso em pequena escala nas geleiras que nenhum verão é capaz de derreter e mesmo no gelo em uma adega, na qual uma grande massa do mesmo se conserva. A máxima *divide et impera* encontra sua melhor ilustração, diga-se de passagem, na ação do calor do verão sobre o gelo.

Os quatro grandes planetas recebem bem pouco calor do sol; por exemplo, segundo Humboldt a iluminação de Urano corresponde apenas a 1/368 daquela que a Terra recebe do sol. Consequentemente, esses planetas utilizam-se inteiramente apenas de seu calor interior para manter a vida em sua superfície, enquanto a Terra depende quase inteiramente do calor externo, aquele que vem do sol, se nos basearmos nos cálculos de Fourier, segundo os quais a ação do calor tão intenso do íntimo da Terra em sua superfície é mínima. Pela grandeza dos quatro maiores planetas, que ultrapassa de 80 até 1300 vezes a grandeza da Terra, vê-se que o tempo necessário para seu esfriamento é incalculavelmente longo. Dentro do tempo *histórico* não temos, porém, a menor pista do esfriamento da Terra, tão pequena em comparação a eles. Como um francês bem perspicaz demonstrou, a lua, com relação à rotação da terra, não marcha mais lentamente que na época mais remota que temos notícia. Se a Terra tivesse de algum modo se tornado mais fria, ela deveria ter se contraído na mesma proporção pelo que teria surgido uma aceleração de sua rotação, enquanto o curso da lua teria permanecido inalterado. Por isso parece bem oportuno que os *grandes* planetas estejam bem afastados do sol, enquanto os pequenos estejam mais próximos, e os menores ainda mais próximos. Pois esses perderão pouco a pouco seu calor interior, ou ao menos se deixarão incrustar tanto que esse calor não mais subirá à superfície,[13] e então precisarão das fontes de calor externas. Os asteróides são, como meros fragmentos de planetas que explodiram, uma anomalia inteiramente casual e

---

[13] Os vulcões são as válvulas de segurança (*safety valves*) da grande caldeira. [N.A.]

não entrarão aqui em consideração. Mas esse acidente é em si e para si algo gravemente antiteleológico. Esperamos que a catástrofe tenha acontecido antes que o planeta fosse habitado. Não obstante, conhecemos a falta de consideração da natureza; eu me abstenho. Que essa hipótese muito verossímil apresentada por Olbers agora seja novamente contestada tem razões talvez tão teológicas quanto astronômicas.

Todavia, para que essa teleologia apresentada fosse completa, os quatro *grandes* planetas teriam que estar dispostos de modo que o maior entre eles fosse o mais afastado, o menor o mais próximo, mas na verdade se dá antes o contrário. Também poder-se-ia objetar que sua massa é mais leve e por isso menos densa que a dos pequenos planetas. Mesmo assim isso está longe de compensar a enorme diferença de tamanho entre eles. Talvez isso só seja assim em consequência de seu calor interno.

Um objeto de especial admiração teleológica é a obliquidade da eclíptica. Pois com efeito, sem ela nenhuma mudança sazonal seria possível e haveria uma perpétua primavera na Terra que não permitiria que os frutos amadurecessem e o planeta não poderia ser habitado por toda parte até os polos. Por isso os físicos-teólogos veem na obliquidade da eclíptica a mais sabia de todas as disposições, e os materialistas a mais feliz de todas as contingências. Essa admiração que entusiasmou, especialmente Herder (*Ideias para a filosofia da história*, v. I, cap. 4), é, entretanto, vista de mais perto, ingênua. Pois se reinasse uma eterna primavera como sugerido, então o mundo vegetal não teria deixado de se adaptar segundo sua natureza, de modo que um calor menos intenso, ainda que sempre constante e uniforme, lhe fosse conforme, assim como a agora fossilizada flora de um mundo antigo estava adaptada a um estado inteiramente diferente do planeta e floresceu maravilhosamente seja lá de que modo.

Que não se manifeste na lua nenhuma atmosfera por refração é uma consequência necessária de sua pequena massa que não chega a 1/88 do nosso planeta e que exerce portanto tão pouca atração que uma vez colocado nela nosso ar terrestre reteria apenas 1/88 de sua densidade. Nenhuma refração perceptível poderia se produzir e a mesma impotência se revelaria em outros aspectos.

Aqui se pode colocar ainda uma hipótese sobre a superfície da lua, uma vez que eu não posso me decidir a descartá-la, embora veja com clareza as dificuldades às quais ela está exposta, a considero e a compartilho somente como uma ousada conjectura. Segundo essa hipótese, a água não seria ausente na lua, mas congelada, uma vez que a falta de uma atmosfera produz um frio quase absoluto a ponto de não permitir a evaporação do gelo, evaporação que poderia ser favorecida por ela. No que concerne à pequenez da lua — sendo seu volume 1/49 e sua massa 1/88 da Terra — devemos considerar seu calor *interno* como esgotado ou ao menos inoperante na superfície. Do sol ela não recebe mais calor que a Terra. Ainda que uma vez por mês ela se aproxime tanto mais dele quanto mais se afasta de nós, quando expõe a ele apenas o lado oposto a nós, lado que recebe, segundo Mädler, apenas uma claridade (e consequentemente também um aquecimento) que está na proporção de 101 a 100 em relação ao outro lado virado para nós que não cai jamais nesse caso e mesmo no contrário, quando de fato, ao cabo de quatorze dias, a lua se afastou do sol na mesma distância que se afastou de nós. Temos, portanto, que admitir que a influência do sol na lua não é maior que aquela sobre a Terra. Talvez tal influência seja ainda mais fraca pois dura quatorze dias para cada lado, mas é interrompida por uma noite tão longa que impede o efeito cumulativo de sua ação. — Mas todo aquecimento pela luz do sol depende de uma atmosfera. Pois ele só acontece com a metamorfose da luz em calor, que só se dá quando a luz encontra um corpo opaco, impenetrável à luz; em sua impetuosa marcha, ela não pode atravessar esse corpo em linha reta, como o corpo transparente pelo qual ela chega a outro; então ela se transforma em calor que se expande e se intensifica por todas as partes. Ora, como é absolutamente leve (imponderável), ela deve ser restringida e retida pela pressão de uma atmosfera, senão se volatiza ao nascer. Pois por mais rapidamente que a luz atravesse, com sua natureza originalmente radiante, o ar, seu percurso é lento quando, transformada em calor, tem que superar o peso e a resistência desse mesmo ar que, como se sabe, é o pior dos condutores de calor. Se, pelo contrário, o ar é rarefeito, o calor escapa de modo mais fácil, e quando o ar não está presente, o calor é instantâneo. Por isso as montanhas elevadas, onde a pressão da atmosfera é reduzida à metade, são eternamente cobertas pela neve, enquanto os vales profundos, quando amplos, são os mais quentes: como deve ser lá onde não há nenhuma atmosfera! Temos que admitir portanto que toda água na lua está congelada. Mas aqui surge uma dificuldade, pois do mesmo modo que a rarefação da atmosfera favorece a cocção e reduz o ponto de ebulição, a ausência total de atmosfera deve acelerar e muito a ação da evaporação, pelo que a água gelada da lua deveria ter se evaporado desde muito tempo. Mas a essa dificuldade se opõe a consideração de que, mesmo no espaço vazio de ar, toda evaporação só se efetua por meio de uma bem considerável quantidade de calor, tornada latente justamente por causa dela. Ora, esse calor não está presente na lua, onde o frio deve ser quase absoluto, pois o calor desenvolvido pela ação imediata dos raios solares desaparece instantaneamente e a fraca evaporação que pode ser produzida é logo anulada pelo frio, como na geada.[14] Vemos pela neve dos Alpes que desaparece tão pouco por evaporação quanto por derretimento, que a *rarefação* do ar, em qualquer grau que ela possa favo-

---

[14] A essa hipótese é inteiramente favorável a experiência de Leslie, exposta por Pouillet (v. I, p. 368). Vemos de fato a água gelar nos vazios de ar, pois a evaporação lhe retirou o calor que era necessário para mantê-la líquida. [N.A.]

recer a evaporação, a impede ainda mais ao deixar escapar o calor que lhe é necessário. Na *ausência* completa do ar, a desaparição instantânea do calor que se desenvolve será, na mesma proporção, mais desfavorável à evaporação que a falta de pressão atmosférica lhe é favorável. — Como resultado dessa hipótese, deveríamos considerar toda água na lua como transformada em gelo e especialmente toda a parte mais cinzenta, tão misteriosa, de sua superfície, que sempre foi chamada de *maria* (mares), como água congelada.[15] Com isso, suas várias disparidades não causam mais nenhuma dificuldade e os sulcos tão acentuados, profundos e em sua maioria retilíneos que a cruzam, podem ser explicados como fendas bem largas no gelo rachado; explicação que se adapta muito bem a sua forma.[16]

Concluir pela ausência de vida a partir da falta de atmosfera e de água não é, de resto, muito seguro. Podemos mesmo qualificar essa conclusão de provinciana, pois se baseia na suposição *partout comme chez nous* [em toda parte como em nossa casa]. O fenômeno da vida animal poderia dar-se por outros meios que aqueles da respiração e da circulação sanguínea; pois o essencial em toda vida é somente a constante mudança da matéria com a permanência da forma. Evidentemente, nós só podemos pensar isso por meio do líquido e do vaporoso. Mas a matéria é em geral apenas a visibilidade da vontade. Esta última busca em toda a parte

---

[15] Em *Kosmos*, v. III, p. 460, Humboldt diz que J. Herschel presume que a temperatura da superfície da lua talvez ultrapasse consideravelmente aquela da água fervente; é o que ele discute em seus *Outlines of Astronomy* (1849) § 432. [N.A.]

[16] O padre Secchi escreveu de Roma em 6 de abril de 1858, ao enviar uma fotografia da lua: "*très remarquable dans la* pleine lune *est le fond noir des parties lisses, et le grand éclat des parties raboteuses: doit-on croire celles-ci couvertes de* glaces *ou de* neige?" [muito notável na *lua cheia* é o fundo negro das partes lisas, e o grande brilho das partes rugosas; será que elas estão cobertas de *gelo* ou de *neve*?] — Em um drama bem recente lemos: "*That I could clamber to the* frozen moon, *And draw the ladder after me!*" — é o instinto do poeta. [N.A.]

a elevação gradual de sua aparição. Diversas podem ser as formas, meios e caminhos para isso. Por outro lado, deve-se considerar que muito provavelmente os elementos químicos não apenas na lua, mas em todos os planetas, são os mesmos que na terra; pois todo o sistema se despregou da mesma nebulosa brilhante primordial na qual o nosso atual sol se expandia. Isso permite supor uma similaridade também com os fenômenos mais elevados da vontade.

§. 85.

A extremamente engenhosa *cosmogonia*, isto é, a teoria da origem do sistema dos planetas que primeiramente Kant ofereceu em sua *História natural do céu* de 1755 e de modo mais completo no capítulo 7 de seu *Único fundamento possível de prova*[17], foi desenvolvida com maior conhecimento astronômico e estabelecida de modo mais firme por Laplace (*Exposition du système du monde*, vol. V, p. 2). Sua verdade não repousa, entretanto, apenas na base da relação *espacial*, particularmente ressaltada por Laplace, segundo a qual 45 corpos celestes circulam conjuntamente na mesma direção e simultaneamente completam um movimento de rotação na mesma direção; ela possui um apoio mais firme na relação *temporal*, que é expressa através da segunda e da terceira leis de Kepler, pois essas leis fornecem a regra fixa e a fórmula exata pelas quais todos os planetas, em uma relação estritamente conforme a leis, circulam tanto mais rapidamente quanto mais elas estão próximas do sol. No caso do sol, porém, a mera rotação apareceu no lugar da circulação e representa agora o máximo da rapidez dessa relação progressiva. Quando o sol ainda se estendia até Urano, sua rotação se efetuava em 84 anos, mas agora, após sofrer uma aceleração por meio de cada uma de suas contrações, e como consequência delas, a mesma leva 25 dias e meio.

---

[17] O título completo da obra é: *O único fundamento possível de prova para uma demonstração da existência de Deus* [*Der einzig mögliche Beweisgrund zu einer Demonstration des Daseyns Gottes*]. [N.T.]

Se os planetas de fato não fossem partes remanescentes de um corpo central outrora tão grande, mas tivessem se originado por outro meio e cada uma, por si, então não se compreenderia como cada planeta poderia chegar precisamente àquela posição que precisaria ocupar de acordo com as duas últimas leis de Kepler para não cair no sol ou se afastar dele conforme as leis da gravitação e da força centrífuga de Newton. Nisso principalmente baseia-se a verdade da cosmogonia de Kant e Laplace. Se nós considerarmos, com Newton, a circulação dos planetas como o produto da gravitação e de uma força centrífuga reagindo contra ela, então, admitindo para cada planeta sua força centrífuga como dada e fixa, há apenas um só lugar em que sua gravitação está em exato equilíbrio com essa força e pela qual o planeta permanece em sua órbita. Por isso, deve haver apenas uma e a mesma causa que confere a cada planeta seu lugar e ao mesmo tempo sua velocidade. Se se aproxima um planeta do sol então ele deve, para não cair nele, mover-se tanto mais rapidamente e por isso receber mais força centrífuga; se ele se afasta do sol então sua força centrífuga deve ser diminuída na mesma proporção de sua gravitação, senão ele se afasta do sol. Um planeta poderia pois ter em toda parte seu lugar se existisse uma causa que lhe proporcionasse a força centrífuga exatamente adaptada a cada lugar, notadamente aquela que fizesse contrapeso à gravitação. Vemos assim que cada planeta possui a velocidade exigida pelo lugar que ele ocupa; isso só se explica pelo fato de que a mesma causa que confere seu lugar também determinou sua velocidade. Mas isso só é concebível a partir da cosmogonia de que falamos, pois segundo ela o corpo central se contrai intermitentemente e assim desprende um anel que se condensa em seguida em planeta, pelo que, de acordo com a segunda e a terceira leis de Kepler, a rotação do corpo central depois de cada contração deve ser fortemente acelerada e abandona a velocidade que lhe é determinada ao planeta que se desprende no lugar em que a próxima contração ocorre. Agora ele pode depor o planeta em qualquer lugar de sua esfera, o planeta recebe sempre exatamente a força de impulsão que convém a esse lugar e a nenhum outro; essa força é, por sua vez, tanto maior quanto mais se aproxima do corpo central e tanto mais forte é a gravitação que o conduz a ele e contra a qual deve lutar sua força de impulsão. Pois na proporção exigida a esse efeito cresce a velocidade da rotação do corpo que sucessivamente se desprende do planeta. — Aquele que quiser visualizar materialmente essa aceleração necessária da rotação como consequência da contração, obterá um bom exemplo ao imaginar uma grande girândola em espiral queimando que no início roda lentamente, mas roda cada vez mais rapidamente à medida que se torna menor.

Em sua segunda e terceira leis, Kepler exprimiu unicamente a relação de fato entre a distância de um planeta do sol e a rapidez de seu curso. Isso pode concernir a um e mesmo planeta em diferentes épocas ou dois planetas diferentes. Newton, ao aceitar a ideia fundamental de Robert Hooke que inicialmente ele havia rejeitado, deduziu essa relação da gravitação e de sua força centrífuga oposta e demonstrou ainda como e por que assim *teria* que ser. Pois justamente com *tal* afastamento do corpo central o planeta deveria ter *tal* velocidade para não cair e nem se afastar. Com efeito, na série causal descendente esta é a *causa efficiens*, mas na série causal ascendente é antes a *causa finalis*. Ora, como o planeta chegou a receber precisamente nesse lugar a rapidez exigida ou, sendo dada essa rapidez, a ocupar justamente esse lugar unicamente no qual a gravitação lhe faz contrapeso — essa causa, essa *causa efficiens* que ainda se encontra mais acima, só nos é revelada pela *cosmogonia* de Kant e Laplace.

É ela também que nos fará compreender a *posição* quase regular dos planetas, que nós não mais compreenderemos meramente como regulares, mas como conforme a leis, isto é, como proveniente de uma lei natural. É o que mostra o seguinte esquema, conhecido já cem anos antes da descoberta de Urano, que consiste em dobrar sempre na escala superior o número e acrescentar 4 na escala inferior; com isso temos a distância média aproximativa dos planetas em razoável conformidade com os dados em vigência hoje em dia:

0.	3.	6.	12.		24.	48.	96.	192.	384.
4.	7.	10.	16.		28.	52.	100.	196.	388.
☿	♀	♁	♂	Asteróides		♃	♄	♅	♆

A regularidade dessa posição é incontestável, ainda que só aproximativa. Talvez haja, contudo, para cada planeta um lugar de sua órbita, entre seu periélio e seu afélio, em que a regra se aplica exatamente: esse seria então visto como seu lugar próprio e original. Em todo caso, essa regularidade mais ou menos exata deve ter sido uma consequência das forças que entraram em atividade pela contração sucessiva do corpo central e da natureza da matéria primitiva que está em sua base. Cada nova contração da massa nebulosa primitiva foi uma consequência da aceleração da rotação levada a cabo previamente por ela, e a zona exterior, ao não poder mais segui-la, se desprende e permanece onde estava, donde se segue uma nova contração que desencadeia uma aceleração nova etc. Como o corpo central perde intermitentemente seu tamanho, a amplitude da contração diminui a cada vez na mesma medida, cerca de menos da metade da precedente à medida que se retrai a cada vez cerca da metade de sua extensão ainda existente (-2). — É notável que uma catástrofe tenha atingido precisamente o mais central dos planetas, o que faz com que só seus fragmentos ainda existam. Era ele a baliza entre os quatro grandes planetas e os quatro pequenos.

Também aqui se encontra uma confirmação da teoria segundo a qual os planetas em geral quanto mais afastados do sol, maiores são, pois de fato a zona na qual eles se aglomeraram era ainda maior, embora tenham surgido aqui algumas irregularidades como consequência da diversidade casual da largura dessas zonas.

Uma outra confirmação da cosmogonia de Kant e Laplace é o fato de que a densidade dos planetas decresce aproximadamente na mesma proporção em que se afastam do sol. O que se explica pela circunstância de que o planeta mais afastado é um resto do sol, do tempo em que ele estava no máximo de sua extensão e consequentemente no mínimo de sua densidade; depois ele se condensou tornando-se mais denso e assim por diante. O mesmo é comprovado pelo fato de que a lua, que nasceu mais tarde da mesma maneira pela contração da Terra que ainda era vaporosa mas se estendia até onde hoje está a lua, tem apenas 5/9 da densidade da Terra. Que o sol não é o mais denso de todos os corpos do sistema se esclarece pelo fato de que cada planeta nasce da formação posterior de um anel dentro de um globo, enquanto o sol é apenas o resíduo desse corpo central que não foi comprimido após sua última contração. Ainda uma especial confirmação da cosmogonia em questão é dada pela seguinte circunstância: enquanto a inclinação de todas as órbitas planetárias rumo à eclíptica (órbita da Terra) varia entre ¾ e 3½ graus, a de Mercúrio atinge 7°0'6". Mas isso é quase igual à inclinação do equador do sol em relação à eclíptica, que chega a 7°30', e se explica pelo fato de que o último anel que se desprende do sol permanece quase paralelo a seu equador do qual ele se separou, enquanto que os anéis anteriores resultaram antes do equilíbrio, a menos que o sol tenha deslocado seu eixo de rotação depois de sua separação. Já Vênus, o antepenúltimo planeta, tem uma inclinação de 3½°, enquanto os outros todos ficam abaixo dos 2 graus, com exceção de Saturno que tem 2½°. (As informações estão no *Cosmos* de Humboldt, v. 3, p. 449). A marcha tão estranha de nossa lua, em que a rotação e a revolução são a mesma coisa de modo que ela acaba por nos mostrar sempre o mesmo lado, só se explica porque é este precisamente o movimento de um anel que circula a Terra. É de um tal anel e pela contração dele que surge a lua, mas sua rotação não foi acelerada por uma impulsão acidental, como a dos planetas.

Essas considerações cosmogônicas nos levam a duas observações metafísicas. A primeira é que na essência de todas as coisas se funda uma concordância pela qual as forças naturais as mais primitivas, cegas, grosseiras e mais baixas, dirigidas pela mais firme conformidade a leis, através do conflito na matéria que está à mercê de todas elas e pelas consequências acidentais que lhes acompanham, tais forças produzem nada menos que a estrutura fundamental de um mundo construído admiravelmente para ser o lugar de nascimento e a estadia de seres vivos, de uma perfeição que somente a reflexão mais esclarecida, sob a condução do entendimento mais penetrante e do cálculo mais sutil poderia imaginar. E assim vemos como, de modo espantoso, a *causa efficiens* e a *causa finalis*, a αἰτία ἐξ ἀνάγκης e a χάριν τοῦ βελτίονος de Aristóteles, cada uma seguindo um rumo independente da outra, se encontram no resultado. A discussão dessa consideração e o esclarecimento do fenômeno que está em sua base a partir dos princípios de minha metafísica encontram-se no segundo volume de minha obra principal [*O mundo como vontade e representação*] (cap. 25, pp. 324 e ss.). Eu menciono isso aqui apenas para indicar que ela nos põe à mão um esquema pelo qual nós podemos compreender analogicamente, ou ao menos de forma geral, como os acontecimentos acidentais que se dão e se cruzam no curso da vida de um indivíduo, no entanto concordam entre si numa harmonia secreta e pré-estabelecida a fim de que surja um conjunto tão harmônico em referência a seu caráter e a seu verdadeiro e último bem, como se tudo existisse apenas por sua causa, como uma mera fantasmagoria só para ele. Explicar isso mais detidamente é a tarefa do ensaio do primeiro volume sobre a aparente intencionalidade na vida do indivíduo.

A segunda consideração metafísica ocasionada por essa cosmogonia é que mesmo uma explicação *física* da origem do mundo, por mais exaustiva que possa ser jamais suprime a exigência por uma explicação *metafísica*, ou toma o lugar da mesma. Pelo contrário, quanto mais examinamos o *fenômeno* mais claramente notamos que lidamos apenas com ele e não com a essência das coisas em si mesmas. Com isso se faz valer então a necessidade por uma *metafísica* como contrapeso àquela física levada tão longe. Pois todos os materiais com os quais o mundo é construído diante de nosso entendimento são no fundo tantas grandezas desconhecidas e aparecem justamente como os enigmas e os problemas da metafísica: a saber, a essência íntima daquelas forças naturais cujo cego agir constrói a estrutura de um mundo tão conforme a fins. Também a essência íntima dos elementos quimicamente diferentes que agem uns sobre os outros, de cuja luta, descrita do modo o mais perfeito por Ampère, surgiu a natureza individual dos planetas particulares, como a geologia está ocupada em mostrar. Por fim, também a essência íntima da força que se mostra definitivamente como organizadora e que produz na superfície extrema dos planetas, como um sopro ou um bolor, vegetação e vida animal, e com esta última a consciência e, portanto, o conhecimento aparece, ele que é, por sua vez, a condição de todo curso de eventos que se desenvolveu. Como tudo o que existe, existe apenas para ele e nele, e somente em relação a ele tem realidade, os processos e alterações só podem se apresentar graças às suas próprias formas (tempo, espaço, causalidade), são apenas relativos e existem portanto apenas para o intelecto.

Se tivermos que admitir, por um lado, que todos aqueles processos físicos, cosmogônicos, químicos e geológicos necessariamente devem ter precedido por muito tempo, a título de condições, a aparição de uma consciência, então existiam *antes* dessa aparição, portanto fora de uma consciência. Por outro lado, não podemos negar que mesmo os mencionados processos não podem existir fora de uma consciência e nem mesmo se deixam pensar sem ela já que só podem se apresentar através de suas formas. Em todo caso, pode-se dizer: a consciência condiciona os processos físicos mencionados por meio de suas formas, mas é por eles mesmos condicionada por meio de sua matéria. No fundo, porém, todos aqueles processos que a cosmogonia e a geologia nos obriga a pressupor como tendo ocorrido bem antes da existência de um ser cognoscente são apenas a tradução para a linguagem de nosso intelecto intuitivo daquela essência em si das coisas que ele não pode compreender. Pois esses processos jamais tiveram uma existência em si mesma, não mais que os fatos atuais. Mas com a ajuda de princípios *a priori* de toda experiência possível e seguindo alguns *datis* empíricos, o regresso nos conduz a eles; mas essa regressão é, contudo, apenas o encadeamento de uma série de meros fenômenos que não têm nenhuma existência incondicional.[18]. Por isso esses eventos

[18] Os *eventos geológicos* que precederam toda vida na Terra jamais existiram em qualquer consciência, nem a consciência deles mesmos, pois eles não tinham nem uma nem outra. Portanto, eles não tinham nenhuma existência objetiva já que não havia nenhum sujeito, isto é, eles simplesmente não existiam; ou antes, o que significa terem eles existido? No fundo trata-se de uma existência meramente *hipotética*: de fato, *se* uma consciência tivesse existido nesses tempos primitivos, então tais eventos teriam se apresentado a ela; a isso nos conduz o regresso dos fenômenos. Então estava na essência da coisa-em-si apresentar-se em tais processos.

Quando dizemos que no início havia uma *nebulosa brilhante primitiva* que se concentrou em forma de globo e começou a circular, o que lhe deu a forma de uma lente, e sua circunferência mais periférica se desprendeu em forma de anel e se concentrou em forma de planeta e o mesmo se repetiu e assim por diante — toda a cosmogonia de Laplace — e se adicionarmos também os mais primitivos fenômenos geológicos até o surgimento da natureza orgânica; tudo isso que dizemos não é propriamente verdade, mas é apenas um tipo de linguagem figurativa. Pois é a descrição de fenômenos que, *como tais*, nunca existiram, pois são fenômenos espaciais, temporais e causais que, *como tais*, absolutamente só podem existir na representação de um cérebro que tem como forma de seu conhecer o espaço, o tempo e a causalidade e que, por consequência, sem um tal cérebro são impossíveis e nunca existiram. Essa descrição enuncia somente que *se* naquele tempo

conservam sempre, mesmo em sua existência empírica e apesar de toda acuidade mecânica e precisão matemática das determinações de sua aparição, um núcleo obscuro, como um segredo pesado e no fundo inescrutável. Vemos isso nas forças naturais que neles se manifestam, na matéria prima que portam essas forças, e na existência necessariamente sem começo, portanto, incompreensível de tais forças — núcleo obscuro impossível de esclarecer pela via empírica. Por isso tem que aparecer aqui a metafísica que reconhece em nosso próprio ser o núcleo de todas as coisas na *vontade*. Nesse sentido, também Kant disse: "é óbvio que as fontes primeiras dos efeitos da natureza devem ser assunto da metafísica" (*Da verdadeira avaliação das forças vivas*, §. 51.)

Portanto, do ponto de vista aqui considerado, que é o da metafísica, essa explicação física do mundo obtida com tanto dispêndio de esforço e perspicácia se revela insuficiente e até mesmo superficial e se torna de certo modo uma mera pseudoexplicação, pois se baseia em uma remissão a grandezas desconhecidas, a *qualitates occultae*. Ela pode se comparar a uma simples força superficial que não atinge o interior, como a eletricidade, por exemplo, e mesmo como o dinheiro em papel que só tem valor relativo, sob a pressuposição de um outro. Eu remeto aqui à explicação mais detalhada dessa relação que ofereci em minha obra principal [*O mundo como Vontade e representação*], v. 2, cap. 17, pp. 173 e ss. Há na Alemanha toscos empiristas que querem convencer seu público que não há nada além da natureza e suas leis. Mas não conse-

---

existisse um cérebro, tais processos assim se apresentariam. Em si mesmos, tais eventos nada são senão o ímpeto surdo e desprovido de conhecimento da vontade de viver por sua primeira objetivação. Vontade que agora, depois do surgimento do cérebro, no curso do pensamento e por meio do regresso que as formas de seu representar necessariamente produz, deve apresentar-se como aqueles fenômenos primários, cosmogônicos e geológicos, que então recebem pela primeira vez existência *objetiva* que, por sua vez, não corresponde menos à existência *subjetiva* do que se fosse simultânea a ela e não tivesse ocorrido apenas milhões de anos depois. [N.A.]

guem: a natureza não é nenhuma coisa-em-si e suas leis não são absolutas.

Se juntarmos, pelo pensamento, a cosmogonia de Kant e Laplace, a geologia de Delüc até Elie de Beaumont, e por fim a geração original dos reinos vegetais e animais com o comentário de suas consequências, a saber, botânica, zoologia e fisiologia, então teremos diante de nós uma completa história da natureza, pois percebemos aí o todo do fenômeno do mundo empiricamente dado; o que constitui o *problema* da metafísica. Se a simples física fosse capaz de resolver esse problema ela já estaria próxima de fazê-lo. Mas isso é eternamente impossível. Os dois pontos mencionados acima, a saber, a essência em si das forças naturais e o ser condicionado do mundo objetivo pelo intelecto, ao que se liga ainda a falta de começo certa, *a priori* tanto da série causal quanto da matéria, despoja a física de toda independência ou são o caule pelo qual o lótus da física se enraíza no solo da metafísica.

De resto, a relação entre os últimos resultados da geologia e a minha metafísica poderia ser concisamente expressa da seguinte maneira. No primeiro período do globo terrestre, aquele que antecedeu o período do granito, a objetivação da vontade de viver se limitou a seus graus mais inferiores, às forças da natureza inorgânica, mas se manifestou aí, entretanto, no mais grandioso estilo e com impetuosidade cega, pois os elementos já diferenciados quimicamente entraram num conflito cujo palco não é apenas a superfície mas toda a massa do planeta e cujos fenômenos devem ter sido tão colossais que nenhuma força de imaginação seria capaz de descrevê-los. Os desenvolvimentos luminosos que acompanharam aqueles processos químicos originários grandiosos devem ter sido visíveis de qualquer planeta de nosso sistema, enquanto as detonações que se produziram, que teriam estourado qualquer ouvido, não poderia passar além da atmosfera. Depois que essa luta titânica finalmente cessou e que o granito, como se fosse uma pedra sepulcral cobriu os combatentes, a vontade de viver, depois de uma pausa salutar e o interlúdio dos sedimentos netunianos, finalmente manifestou-se no grau seguinte mais elevado e no mais forte contraste, na forma de uma vida muda e tranquila de um simples mundo vegetal. E essa vida vegetal apresenta-se em uma escala colossal nas florestas intermináveis e altíssimas, cujos fragmentos, após miríades de anos, nos provém com uma quantidade inesgotável de carvão-de-pedra. Esse mundo vegetal gradualmente removeu o carbono do ar, que então se torna acessível para a vida animal. Até então durou a longa e profunda paz desse período sem animal que terminou finalmente através de uma revolução natural que destruiu o paraíso vegetal ao devastar as florestas. Agora que o ar se tornou puro aparece o terceiro grande grau de objetivação da vontade de viver, o mundo animal: no mar, peixes e cetáceos, mas na terra apenas répteis, ainda que colossais. Novamente desceu a cortina no palco do mundo e logo seguiu-se a objetivação superior da vontade, na vida de animais terrestres de sangue quente; embora os *genera* desses animais nem sequer existissem, a maioria era paquiderme. Após uma nova destruição da superfície da terra, com tudo aquilo que ela tinha de vivo, a vida se renovou definitivamente à medida que a vontade de viver se objetivou em um mundo animal que ofereceu um número e uma variedade ainda maior de formas, cujos *genera* ainda existem, embora naturalmente não as *species*. Essa objetivação da vontade de viver tornada mais perfeita através da multiplicidade e variedade das formas eleva-se até o macaco. Mas também este último mundo prévio ao nosso teve que perecer para dar lugar, em um solo restaurado, à nova povoação, na qual a objetivação atinge o estágio da humanidade. A terra pode ser comparada, portanto, com um palimpsesto escrito quatro vezes. — Uma interessante consideração acessória consiste em ter presente à mente como cada um dos planetas que giram em torno de milhares de planetas no espaço, ainda que em seu estado químico, no qual se oferece o espetáculo da terrível luta das potências mais grosseiras ou passando por um intervalo de paz, já guarda, entretanto, em seu interior as forças mais misteriosas donde surgirá um dia, na multiplicidade inesgotável de suas formas, o mundo das plantas e dos animais, para os quais aquela luta é apenas o prelúdio que prepara o cenário e dispõe as condições de seu surgimento. De fato, não podemos deixar de pensar que aquilo que brama nesses mares de fogo e torrentes de água e que animará essa flora e essa fauna é uma e a mesma coisa. O último estágio, porém, é aquele da humanidade. Em minha opinião, ele deve ser o último, pois nele já surge a possibilidade da negação da vontade, isto é, da reversão de toda atividade, pelo que essa *divina commedia* chega a um fim. Se pois nenhuma base física garante a não ocorrência de uma nova catástrofe cósmica, há contra tal possibilidade uma razão moral, a saber, o fato de que ela seria despropositada, pois a essência íntima do mundo não necessita de nenhuma objetivação superior para a possibilidade de sua redenção. Aquilo que é moral é, entretanto, o núcleo ou o baixo fundamental da coisa, por mais que os puros físicos estejam pouco inclinados a compreender isso.

§. 86.

Para apreciar em sua grandeza o *sistema da gravitação* que Newton elevou, em todo caso, à perfeição e à certeza, devemos nos lembrar do embaraço em que se encontravam desde há séculos os pensadores em vista da questão da origem do movimento dos corpos celestes. Aristóteles representou o universo como composto de esferas transparentes encaixadas umas nas outras, a primeira das quais portando as estrelas fixas, as seguintes cada uma um planeta, a última a Terra; o núcleo da máquina era a Terra. Mas qual força move incessantemente essa lira era a pergunta à qual ele não sabia responder outra coisa senão que deveria haver em alguma parte um $\pi\rho\hat{\omega}\tau o\nu\ \kappa\iota\nu o\hat{\upsilon}\nu$ [primeiro motor]. — Uma resposta que foi mais tarde indulgentemente interpretada como uma aproximação ao teísmo, embora ele não ensine nada sobre um Deus criador, mas apenas sobre a eternidade do mundo e uma mera força movente que aciona a lira do mundo. Mas mesmo depois de Copérnico ter substituído essa construção fabulosa por uma construção exata da máquina do mundo e de Kepler ter descoberto as leis de seu movimento, persiste ainda aquele velho embaraço a respeito da força movente. Aristóteles já havia atribuído a cada uma das esferas tantos deuses dirigentes. Os escolásticos transferiram essa direção para certas *inteligências*,[19] uma palavra mais distinta para designar os anjos, cada um conduzindo seu planeta. Mais tarde, livres-pensadores como Giordano Bruno e Vanini não souberam imaginar nada melhor que tornar os planetas espécies de seres vivos, divinos.[20] Depois veio Descartes, que sempre queria explicar tudo mecanicamente, mas não conhecia outra força movente que não o choque. De acordo com isso ele supôs uma matéria invisível e intangível que gradualmente envolvia o sol e que empurrava para frente os planetas: o turbilhão cartesiano. — Como tudo isso é infantil e grosseiro e qual não é o valor do sistema da gravitação que demonstrou irrefutavelmente as causas motoras e suas forças agentes, e isso com tal precisão e acuidade que mesmo o menor desvio e irregularidade, aceleração e retardamento no curso de um planeta ou de um satélite pode ser completamente explicado e corretamente calculado a partir de sua causa mais próxima!

De acordo com isso, a ideia fundamental de fazer da gravitação, que nos é conhecida imediatamente apenas como peso, aquilo que dá consistência ao sistema planetário, é muito significativa, pela importância de suas consequências, de modo que uma pesquisa sobre sua origem não deve ser

---

[19] Sobre isso ver *Amphitheatrum* de Vanini, p. 211; no diálogo *De admirandis naturae reginae deque mortalium, arcanis* ele indica que Aristóteles, no livro VIII da *Física* fala de inteligências. [N.A.]

[20] Cf. Vanini, *Dialogi*, p. 20. [N.A.]

descartada como irrelevante. Em particular, devemos nos esforçar, ao menos para fazer justiça à posteridade, já que raramente o conseguimos em relação a nossos contemporâneos.

Sabe-se que quando Newton publicou em 1686 seus *Principia*, Robert Hooke reivindicou em alto tom a prioridade da ideia fundamental. Sabe-se também que as amargas reclamações dele e de outros obrigaram Newton à promessa de mencioná-lo na primeira edição completa dos *Principia* de 1687, o que ele fez com um mínimo de palavras em um escólio (1, proposição 4, corolário 6), quando diz entre parênteses: "*ut seorsum collegerunt etiam nostrates Wrennus, Hookius et Hallaeus*".[21]

Desde o ano de 1666 Hooke formulou, ainda que como hipótese, o essencial do sistema gravitacional em uma *Communication to the Royal Society*: é o que vemos na principal passagem dessa comunicação, reproduzida segundo as próprias palavras de Hooke na obra de Dugald Stewarts, *Philosophy of the human mind*, v. 2, p. 434. No *Quarterly Review* de agosto de 1828, que contém uma história precisa e concisa da astronomia, a prioridade de Hooke é tratada como coisa certa.

Na *Biographie universelle* de Michaud, que se compõe de quase cem volumes, o artigo sobre Newton parece ser uma tradução da *Biographia Brittannica*, à qual ela se refere. Ele contém a apresentação do sistema do mundo a partir da lei da gravitação, seguindo pormenorizadamente e palavra por palavra a obra de Robert Hooke, *An Attempt to Prove the Motion of the Earth from Observations*, Londres, 1674, 4. — Além disso, o artigo afirma que o pensamento fundamental de que o peso se estende a todos os corpos celestes se encontra já formulado na *Theoria motus planetarum e causis physicis deducta*, de Borelli (Florença, 1666). Ele traz também a longa resposta de Newton à reivindicação de prioridade

---

[21] "Como concluíram igualmente nossos conterrâneos Wren, Hooke e Halley". [N.T.]

da descoberta de Hooke acima mencionada. Por outro lado, a história da maçã, repetida à exaustão, é desprovida de autoridade. Ela foi mencionada como um fato conhecido na *History of Grantham*, de Turnor. Pemberton, que conheceu Newton pessoalmente, ainda que em idade avançada, conta, em sua obra *View of Newton's Philosophy*, que a ideia lhe ocorreu num jardim, mas não fala nada sobre maçã: esta se tornou posteriormente um adendo plausível. Voltaire pretende ter ouvido isso da boca da sobrinha de Newton, o que foi provavelmente a fonte da história. Veja os *Élements de philosophie*, de Newton (segunda parte, cap. 3).[22]

A todas essas autoridades que contradizem a suposição de que o grande pensamento da gravitação universal seria irmanado à teoria radicalmente falsa da homogeneidade da luz, eu acrescentaria um argumento puramente psicológico mas que terá um grande peso para aqueles que conhecem a natureza humana também em seu lado intelectual.

É um fato conhecido e indiscutível que Newton já concebera bem cedo o sistema da gravitação, presumivelmente em 1666, seja por seus próprios meios ou por outros, depois procurou verificá-lo aplicando o mesmo ao curso da lua, mas como o resultado não concordou exatamente com a hipótese ele a abandonou e não mais se ocupou dela por muitos anos. Também conhecida é a origem da discrepância que dela o afastara: ela proveio do fato de que Newton avaliou a distância

---

[22] Cf., em *Byron's Works*, p. 804, a seguinte nota (in *Don Juan* x, 1): "*the celebrated apple tree, the fall of one of the apples of which is said to have turned the attention of Newton to the subject of gravity, was destroyed by wind about four years ago. The anecdote of the falling apple is mentioned neither by Dr. Stukeley nor by Mr. Conduit, so, as I have not been able to find any authority for it whatever, I did not feel myself at liberty to use it*". [a célebre macieira, a queda de uma das maçãs que teria chamado a atenção de Newton ao problema da gravidade, foi destruída pelo vento há quatro anos. A anedota da queda da maçã não é mencionada nem pelo Dr. Stukeley nem pelo Sr. Conduit, de modo que se não fui capaz de encontrar nenhuma autoridade em quem me apoiar também não me sinto livre para mencioná-la]. — *Brewster's Life of Newton*, p. 344. [N.A.]

da lua em relação a nós cerca de um sétimo menor do que de fato é, e isso porque essa distância não pode ser calculada senão em raios terrestres (*Erdhalbmesser*) e o raio terrestre é calculado, por sua vez de acordo com a extensão dos graus da circunferência da terra, e só esses graus podem ser imediatamente calculados. Ora Newton assumiu, meramente a partir da definição geográfica corrente, que o grau era, em números redondos, 60 milhas inglesas, enquanto na verdade era de 69 milhas e meia. Resultou disso que o curso da lua não concordava exatamente com a hipótese da gravitação, de acordo com a qual ela seria uma força que diminui de acordo com o quadrado da distância. Por isso Newton desistiu da hipótese e a abandonou. Só cerca de 16 anos mais tarde, em 1682, ele casualmente chegou a saber do resultado da medição feita já há alguns anos pelo francês Picard, segundo a qual o grau era aproximadamente um sétimo maior do que ele antes supunha. Sem dar muita importância para isso, ele simplesmente a anotou numa seção da academia onde isso lhe foi comunicado por carta, e a escutou atentamente sem se deixar distrair. Só depois a velha hipótese lhe ocorreu à mente: ele retomou seus cálculos e viu que de fato os dados concordavam exatamente com eles, o que, como se sabe, o deixou em êxtase.

Agora eu pergunto, alguém que é pai, que cria hipóteses, nutre e cuida delas, poderia comportar-se assim com seus filhos? Expulsá-lo-ia tão logo de casa se as coisas não funcionassem, lhe fecharia a porta e durante dezesseis anos não mais se perguntaria por ele? Em um tal caso, antes de pronunciar o juízo amargo "não tem jeito", não suporia ele antes um defeito em qualquer parte, seja na criação do Deus pai, antes de identificá-lo em seu caro filho, gerado e cuidado por ele? — E aqui precisamente, onde a suspeita estava no lugar certo, a saber no único dado empírico (ao lado de *um* ângulo visado) que formava a base do cálculo e cuja incerteza já era tão conhecida que os franceses já estavam engajados desde 1669 em sua medição! Ora, este dado difícil, Newton aceitou simplesmente a partir da medição comum em milhas inglesas. É assim que nos comportamos com uma hipótese verdadeira e que explica o mundo? Nunca, *se ela nos pertence*! Pelo contrário, *com quem* se age assim, eu posso dizer: com crianças estranhas, que não são bem-vindas em casa, vistas de modo atravessado e desfavorável (nos braços de uma esposa estéril que deu a luz uma só vez, mas a um monstro), e às quais se submete à prova, só por obrigação, esperando que elas não resistam, e quando isso acontece as expulsamos de casa com risos de escárnio.

Esse argumento é, pelo menos para mim, tão forte que eu reconheço nele uma completa confirmação da afirmação que atribui a Hooke a ideia fundamental da gravitação e atribui a Newton apenas sua verificação pelos cálculos. O pobre Hooke teve a mesma sorte de Colombo: num caso a "América", no outro o "sistema newtoniano da gravitação".

Quanto àquilo que diz respeito ao monstro de sete cores acima mencionado, o fato de que quarenta anos depois do aparecimento da doutrina das cores de Goethe, ele ainda goze de pleno prestígio e ainda hoje, contra toda evidência, se escuta a litania do *foramen exiguum* [fenda estreita] e das sete cores, tudo isso me deixaria perplexo se eu já não tivesse há muito tempo me acostumado a contar o juízo dos contemporâneos entre as coisas imponderáveis. Por isso eu vejo nisso apenas uma prova, por um lado, do caráter lamentável e deplorável dos físicos de profissão e, por outro, do assim chamado público cultivado, que ao invés de examinar o que um grande homem disse, apenas repetem as palavras daqueles delinquentes que dizem que a teoria das cores de Goethe é uma tentativa fracassada e impertinente, uma fraqueza digna de esquecimento.

§. 87.

O fato palpável das conchas fósseis, que já era conhecido pelo eleata Xenófanes, e explicado por ele de um modo geral corretamente, foi discutido, negado e mesmo considerado uma quimera por Voltaire. (Cf. Brandis, *Comment. Eleaticae*, p. 50, e Voltaire, *Dictionnaire philosophique*, artigo "coquille"). É porque ele sentia uma grande repugnância em admitir tudo que pudesse servir de confirmação do relato de Moisés sobre o dilúvio. Um exemplo que nos adverte de como o fervor nos leva a errar quando somos parciais.

§. 88*a*.

Uma completa fossilização é uma mudança química total sem nenhuma alteração mecânica.

§. 88*b*.

Quando considero, para contemplar os incunábulos do globo terrestre, um fragmento recente de granito, não posso absolutamente imaginar que essa pedra primitiva [*Urgestein*] possa ter se originado por fusão e cristalização pela via seca, nem por sublimação, e nem mesmo por sedimentação, mas, me parece, surgiu de um processo químico de espécie bem diferente, que não mais se efetua. Melhor corresponde ao meu conceito da coisa a noção de uma rápida e simultânea combustão de uma mistura de metalóides, combinada com a afinidade eletiva imediatamente ativa dos produtos desta combustão. Já se procurou misturar silício, alumínio etc., na proporção em que constituem os radicais da Terra dos três elementos do granito e depois fazê-los queimar na água ou no ar?

Entre os exemplos da *generatio aequivoca* [geração espontânea] visíveis a olho nu, o mais comum é a germinação de *fungos* em todo lugar em que um corpo vegetal morto, seja um tronco, um ramo ou uma raiz, apodrece. E de fato, em nenhum outro lugar que não este, mas em regra geral, não isoladamente mas igualmente aos montes. De modo que aparentemente não foi uma semente (esporo) jogada ao cego acaso que determinou o lugar, mas o corpo degenerescente que ofereceu à onipresente vontade de viver uma matéria adequada, que é imediatamente aproveitada. Que esses mesmos fungos se propaguem depois por meio de esporos não contraria o que foi dito, pois isso se aplica a todos os seres animados que possuem semente e entretanto devem ter nascido um dia sem semente.

§. 89.

A comparação de *peixes de água doce* de países bem distantes um do outro oferece a mais clara evidência da força criadora original da natureza, que se exerce de uma maneira análoga em qualquer parte em que a localidade e as circunstâncias são análogas. Onde temos aproximadamente a mesma latitude geográfica e a mesma altitude geográfica, assim como correntes de água de uma extensão e de uma profundidade similares, encontraremos, mesmo nas localidades mais separadas umas das outras, ou as mesmas espécies de peixe ou espécies bem semelhantes. Basta pensar nas trutas presentes nos riachos de quase todas as montanhas. Supor que elas tenham sido colocadas deliberadamente nesses lugares é algo que não se sustenta. A difusão por meio de pássaros que comeriam a desova sem digeri-la não seria possível a longas distâncias, pois sua digestão leva menos tempo que sua viagem. Eu gostaria também de saber se a não digestão, isto é, uma alimentação não apropriada tem sua razão de ser; pois nós digerimos muito facilmente, e o estomago e o bócio das aves são mesmo adaptados para a digestão de grãos duros. Se se pretende remeter a origem dos peixes de água doce à ultima grande inundação, então se esquece que esta última consistia em água de mar e não de rio.

§. 90.

Nós não compreendemos melhor a formação dos cristais cúbicos na água salgada do que a formação de um frango a partir da substância fluida do ovo; e entre isto e a *generatio aequivoca* Delamark não reconhecia nenhuma diferença essencial. E no entanto, tal diferença existe, pois *uma* só espécie determinada surge de cada ovo, o que constitui uma *generatio univoca* (εξ όμωνυμον: Aristóteles, *Metafísica*, livro Z, 25.). Poder-se-ia objetar, por outro lado, que cada infusão precisamente determinada, usualmente produz apenas uma espécie determinada de animais microscópicos.

§. 91.

Em face dos problemas mais difíceis, cuja solução quase leva ao desespero, devemos usar os poucos e diminutos dados que temos da maneira mais vantajosa possível para elucidar algo através de sua combinação.

Na *Chronik der Seuchen* [Crônica das epidemias], publicada por Schnurrer em 1825, lemos que depois que a peste negra despovoou toda a Europa, uma grande parte da Ásia e também da África no século XIV, seguiu-se imediatamente uma extraordinária fecundidade da raça humana e o nascimento de gêmeos se tornou bem frequente. Em conformidade com isso, Casper nos conta (em seu livro de 1835, *Über die wahrscheinliche Lebensdauer des Menschen* [Sobre a provável longevidade do homem]), apoiado em experiências repetidas várias vezes, que a mortalidade e a longevidade da população dada de um distrito estão sempre em proporção com o número de nascimentos, de modo que as mortes e os nascimentos sempre aumentam e diminuem em toda parte na mesma medida, o que o autor coloca fora de dúvida com a ajuda de numerosas provas obtidas em numerosos países e suas diversas províncias. Mas ele se engana ao confundir causa e efeito, pois toma o aumento de nascimentos como causa do aumento da mortalidade. Segundo minha convicção, pelo contrário, e em concordância com o fenômeno explicado por Schnurrer, que lhe parece desconhecido, é o aumento de casos de morte que aumenta os casos de nascimento, não segundo uma influência física, mas segundo um nexo metafísico, como já expliquei no segundo livro de minha obra principal [*O mundo como vontade e representação*] (Cf. capítulo 41, p. 507, 3ª. ed., p. 575). Assim então, em geral o número de nascimentos depende do número de mortes.

Por conseguinte, deve haver uma lei natural pela qual a força prolífica do gênero humano, que é apenas um aspecto particular da força de procriação da natureza, é reforçada por uma causa que lhe é antagonista, isto é, aumenta com a oposição. Por isso, *mutatis mutandis*, poder-se-ia subsumir essa lei à lei de Mariotte, segundo a qual a compressão aumenta ao infinito a resistência. Se admitirmos agora que esta causa hostil à força prolífica atinja um dia, por devastações, epidemias, revoluções da natureza etc., uma dimensão e atividade sem precedentes, então a força prolífica também deveria elevar-se subsequentemente a uma altura inaudita. Se finalmente imaginarmos uma intensificação daquela causa antagonista até o ponto mais extremo da completa extirpação da raça humana, a força prolífica assim comprimida atingirá também um vigor proporcional à pressão, o que conduziria a uma tensão aparentemente impossível, a saber, que a *generatio univoca*, isto é, o nascimento do igual pelo igual sendo impossibilitado, conduziria a uma *generatio aequivoca*. Todavia, nós não podemos representar isso nos graus superiores do reino animal como se apresenta nos graus inferiores. Assim, a forma do leão, do lobo, do elefante, do macaco e mesmo do homem não pode ter uma origem similar à dos infusórios, entozoários e epizoários, e se desenvolver do lodo do mar fecundado pelo sol até se coagular a partir de um muco ou de uma massa orgânica em decomposição. Sua geração só pode ser pensada como *generatio in utero heterogeneo*, ou seja, quando o útero ou o ovo de um casal animal especialmente favorecido, depois que a força vital de sua espécie, entravada por alguma razão, nele se acumulou e se elevou anormalmente e produziu então, uma vez só e excepcionalmente, numa hora favorável em que os planetas estavam no lugar exato e numa combinação de todas as favoráveis influências atmosféricas, telúricas e astrais, não mais uma forma igual a ele, mas a mais aparentada com ele embora em um grau superior, de modo que esse par dessa vez procriou não um mero indivíduo, mas uma espécie. Naturalmente, processos desse tipo só puderam aparecer depois que os animais mais ínfimos viram a luz do dia através da habitual *generatio aequivoca*, seja da putrefação orgânica, ou do tecido celular das plantas vivas, como primeiros mensageiros e precursores das gerações animais vindouras. Um tal fato deve ter acontecido depois de cada uma daquelas grandes revoluções do globo que extinguiram completamente ao menos três vezes toda vida no planeta, de modo que ela teve que se renovar, mas a cada vez de uma forma mais perfeita, isto é, mais próxima da atual fauna. Mas somente na série animal posterior à ultima grande catástrofe da superfície da terra aquele processo conduziu até o surgimento da raça humana, depois de ter dado origem, na penúltima delas, ao macaco. Os batráquios vivem diante de nossos olhos como os peixes antes de revestir uma forma mais perfeita, e segundo uma constatação hoje em dia universalmente aceita, cada feto percorre da mesma forma sucessivamente as formas das classes abaixo de sua espécie até chegar à sua própria. Por que não poderia cada nova e superior espécie surgir através dessa elevação em um grau da forma do feto sobre a forma da mãe que o carregava? — É a única forma de surgimento racional, isto é, pensável racionalmente que se pode vislumbrar.

Temos que representar essa ascensão, porém, não como uma única linha, mas como várias que se elevam umas ao lado das outras. Assim, por exemplo, de um ovo de peixe surgiu um ofídio, uma outra vez um sáurio, ao mesmo tempo, de um outro peixe surgiu um batráquio, deste proveio o quelônio, de um terceiro ainda um cetáceo e eventualmente um golfinho; depois um cetáceo engendra uma foca e por fim a foca gera uma morsa. E possivelmente do ovo de um pato surge o ornitorrinco e do ovo de um avestruz algum grande mamífero. Em geral, o processo teve lugar simultaneamente em muitas regiões da Terra e numa independência recíproca, mas em toda parte ocorreu em graus cada vez mais distintos e determinados, cada um dos quais forneceu uma *species* fixa. Tal processo não se deu portanto por meio de transições sucessivas obliteradas, e também não por analogia com um som que vai gradualmente da oitava inferior até a mais alta, mas de acordo com uma escala que se eleva em intervalos determinados. Não podemos dissimular o fato de que de acordo com isso devemos pensar que os primeiros homens nasceram na Ásia do pongo (que quando menor se chama orangotango), e na África do chimpanzé, embora não como macacos, mas já como homens. Curiosamente, mesmo um mito budista professa essa origem, como encontramos em *Forschungen über die Mongolen und Tibeter* [Pesquisas sobre os mongóis e os tibetanos] de I. J. Schmidt (pp. 210-14), assim como nos *Fragments Bouddhiques* [Fragmentos búdicos] de Klaproth, publicado no *Nouveau Journal asiatique*, de março de 1831, e na *Hierarquia Lamaica*, de Köppen.

A ideia aqui formulada de uma *generatio aequivoca in utero heterogeneo* foi primeiramente proposta pelo autor anônimo dos *Vestiges of the Natural History of Creation* (6ª ed., 1847), mesmo que sem nenhuma clareza e sem algo bem definido, pois a associou estreitamente com suposições insustentáveis e com grandes erros que provêm em último caso do fato de que para ele, como inglês, toda suposição que vai além da mera física, portanto *metafísica*, imediatamente coincide com o teísmo hebreu, o que os leva, ao querer evitar esse terreno, a estender indevidamente o âmbito da *física*. Por isso, um inglês, em seu desprezo e sua completa grosseria nos assuntos de toda filosofia especulativa ou metafísica, é incapaz de qualquer compreensão *espiritual* da natureza. Ele não conhece pois nenhum meio-termo entre uma compreensão de seu agir que decorre ou em conformidade com uma lei estrita e até mesmo mecânica ou como a fabricação previamente planejada do deus hebreu que eles nomeiam seu *maker*. —

Os padres, os padres na Inglaterra são os responsáveis: os mais manhosos de todos os obscurantistas. Eles moldaram as cabeças de tal modo que mesmo nos mais inteligentes e esclarecidos entre eles o sistema de pensamento fundamental é uma mistura do mais crasso materialismo com a mais pesada superstição judaica, que sacudidos entre si como vinagre e óleo pode-se ver como se aturam um ao outro e que como consequência da educação de Oxford *Mylords and gentlemen* pertencem no fundo à plebe. Mas isso não vai melhorar enquanto os burros ortodoxos [*orthodoxen Ochsen*] em Oxford conduzem a educação das classes cultivadas. Mas ainda no ano de 1859 encontramos o franco-americano Agassiz seguindo o mesmo ponto de vista em seu *Essay on Classification*. Ele também está diante da mesma alternativa: ou o *mundo orgânico* é obra do mais puro acaso misturado como um jogo natural entre forças físicas e químicas, ou um artifício bem construído a partir da luz do conhecimento (essa *functio animalis*) depois de prévia reflexão e cálculo. Tanto uma quanto a outra são falsas, e ambas repousam sobre aquele realismo ingênuo que, oitenta anos depois da aparição de Kant, é simplesmente *vergonhoso*. Assim, Agassiz filosofa sobre o surgimento dos seres orgânicos como um sapateiro americano. Se esses senhores não aprenderam mais nada e nada mais querem ensinar que sua ciência natural, então eles não devem dar nenhum passo além dela em seus escritos, mas manter-se *strictissime* em seu empirismo. Com isso eles não se prostituiriam e não seriam objetos de escárnio, como o senhor Agassiz, ao falar da origem da natureza como o fazem mulheres velhas.

    Uma consequência em outra direção daquela lei estabelecida por Schnurrer e Casper, seria a seguinte. É manifesto que na medida em que se chega, por meio da utilização a mais correta e mais cuidadosa de todas as forças naturais e de todas as regiões, a diminuir a miséria das classes inferiores, o número dos proletários, tão apropriadamente assim chamados, aumentaria, e a miséria se estabeleceria sempre de novo. Pois o instinto sexual promove sempre a fome, assim como esta, quando satisfeita, promove o instinto sexual. Mas a lei acima mencionada nos garantiria que a coisa não poderia ser levada até uma verdadeira superpopulação da Terra, um mal tão terrível que a fantasia mais viva mal poderia pintar. De fato, conforme a lei em questão, depois que a Terra tivesse recebido tantos seres humanos quantos ela é capaz de alimentar, a fertilidade da espécie cairia até o grau estritamente suficiente para repor os casos de morte, pelo que cada aumento ocasional desses reconduziria a população a um nível abaixo do máximo.

§. 92.

Em diversas partes da Terra surgiram, sob condições climáticas, topográficas e atmosféricas iguais ou análogas, espécies animais e vegetais iguais ou análogas. Por isso algumas espécies são tão parecidas uma em relação a outra, sem serem idênticas (e este é propriamente o conceito de *gênero*), e muitas se dividem em raças e variedades que não podem ter surgido umas das outras, embora a espécie permaneça a mesma. Pois a unidade da espécie não implica de modo algum unidade da origem e descendência de um único par. Esta é, em geral, uma suposição absurda. Pois quem acreditaria que todos os carvalhos descendem de um único primeiro carvalho, todos os ratos de um primeiro casal de ratos, todos os lobos de um primeiro lobo? Pelo contrário, a natureza repete, sob as mesmas condições, mas em lugares diferentes, o mesmo processo, e é muito cuidadosa para permitir que a existência de uma espécie seja tão precária, sobretudo a de espécies superiores, jogando seu destino em uma única cartada e submetendo sua obra tão arduamente realizada a milhões de circunstâncias casuais. Antes, ela sabe o que quer, o sabe decididamente, e então põe mãos à obra. A oportunidade, porém, nunca é inteiramente única e isolada.

O elefante africano que nunca foi adestrado, cujas orelhas muito largas e longas escondem o pescoço e cuja fêmea possui defesas, não pode descender do tão dócil e inteligente elefante asiático, cuja fêmea não possui nenhuma defesa e cujas orelhas são, em comparação, tão menores. — Da mesma forma, o aligátor americano também não pode descender do crocodilo do Nilo, pois ambos se diferenciam pelos dentes e pelo número de couraças no pescoço; tampouco o negro pode descender da raça caucasiana.

Não obstante, a espécie humana muito provavelmente surgiu apenas em três regiões, já que temos apenas três tipos claramente diferenciados que apontam para raças originais: o caucasiano, o mongólico, e o etíope. E essa origem só pode ter ocorrido no velho mundo. Pois na Austrália a natureza foi incapaz de produzir sequer um macaco, na América ela produziu apenas o macaco de caudas longas, não o de caudas curtas, sem falar na espécie superior de macacos sem cauda, que constitui o último degrau antes do homem. *Natura non facit saltus*.[23] Depois, o surgimento do homem não pôde dar-se senão entre os trópicos, pois em outras zonas o homem recém-nascido não teria sobrevivido ao primeiro inverno. Pois ainda que não desprovido do cuidado maternal, ele cresceu sem nenhuma instrução e não herdou conhecimentos de nenhum ancestral. O bebê da natureza tem que repousar em seu seio quente antes que ela resolva lançá-lo no rude mundo. Nas zonas quentes, porém, o homem é negro ou no mínimo moreno. Esta é, sem diferença de raça, a cor verdadeira, natural e própria da espécie humana, e nunca houve uma raça naturalmente branca; de fato, falar de uma tal raça e dividir infantilmente os homens em raça branca, amarela e negra, como acontece ainda em todos os livros, revela uma grande estreiteza de espírito e falta de reflexão. Eu já expliquei isso sucintamente em minha obra principal ([*O mundo como vontade e representação*] v. 2, cap. 44, p. 550), e afirmei que nunca

---

[23] "A natureza não dá saltos." Frase atribuída a Aristóteles. [N.T.]

um homem branco saiu originalmente do regaço da natureza. Apenas nos trópicos o homem está em casa, e lá ele é sempre negro ou moreno escuro. Somente na América temos uma exceção, pois essa parte do mundo foi povoada por povos já embranquecidos, sobretudo chineses. Entretanto, os selvagens nas florestas brasileiras são morenos escuros.[24] Apenas depois que o homem se propagou por muito tempo fora do seu único habitat natural, entre os trópicos, e como consequência dessa extensão, sua espécie se expandiu até as zonas frias e ele se tornou claro, e finalmente branco. Portanto, somente em consequência das influências climáticas das zonas frias e temperadas, a linhagem humana europeia se tornou gradualmente branca. Como isso se dá lentamente, vemos pelos ciganos, tribo hindu que desde o início do século XV leva uma vida nômade na Europa e cuja cor fica bem no meio entre aquela dos hindus e a nossa. O mesmo se passa entre as famílias de escravos negros que se estabeleceram há trezentos anos na América do Norte e se tornaram apenas um pouco mais claras, embora isso tenha se dado porque entrementes se misturaram com imigrantes recém-chegados com peles de um negro ébano, uma renovação que não é partilhada pelos ciganos. A causa física imediata desse embranquecimento do homem banido de seu habitat natural imputo ao fato de que, no clima quente, a luz e o calor produzem sobre o "rete Malpighi" uma lenta, mas constante, desoxidação do ácido carbônico que em nós escorre pelos poros sem se decompor; o que deixa atrás de si carbono suficiente para a coloração da pele: o odor específico dos negros provém daí. Se nas populações brancas as classes inferiores sujeitas a um trabalho penoso têm em geral uma pele mais es-

---

[24] Os *selvagens* não são homens primitivos, como os cães selvagens da América do Sul não são cães primitivos; eles são antes cães embrutecidos, assim como aqueles selvagens são homens embrutecidos, descendentes de homens que se perderam ou foram expulsos de uma tribo cultivada, cuja cultura eles foram incapazes de preservar. [N.A.]

cura que as pessoas das classes superiores isso se explica pelo fato de que elas suam mais, o que produz um efeito análogo, ainda que em grau bem menor, ao do clima quente. Por isso o Adão de nossa raça deve ser concebido como negro, e é ridículo ver os pintores representarem esse primeiro homem como branco, uma cor produzida pela descoloração. Além disso, como Jeová o criou segundo sua imagem e semelhança, então ele teria que ser também representado nas obras de arte como negro; sua barba branca, porém, pode ser preservada já que a barba rala não é própria da cor negra, mas da raça etíope. Mesmo nos retratos mais antigos da Madona, como se encontram no Oriente e também em algumas velhas igrejas italianas, seu rosto é negro, assim como o do menino Jesus. De fato, o povo escolhido por Deus em seu todo era negro, ou pelo menos moreno escuro, e agora deve ser ainda mais escuro que nós, que descendemos de tribos pagãs que imigraram antes. A atual Síria, porém, foi povoada por mestiços que em parte vieram do norte da Ásia (como os turcomanos, por exemplo). Da mesma forma Buda foi representado como negro, e mesmo Confúcio (*Davis, the Chinese*, v. 2, p. 66). Que a cor branca da pele é uma degeneração não natural, é o que prova o desgosto e a repugnância que experimentaram os povos do interior da África, ao lançar um primeiro olhar a ela: a esse povo ela aparecia como um definhamento doentio. Jovens negras na África que acolhiam muito amigavelmente um viajante e lhe ofereciam leite, cantavam: "pobre estrangeiro, como lamentamos que você seja tão branco!" Uma nota ao Canto XII, verso 70, de *Don Juan*, relata o seguinte: "*Major Denham says, that when he first saw European women after his travels in Africa, they appeared to him to have unnaturel sickly countenances*". (Major Denham diz que ao ver mulheres europeias pela primeira vez depois de suas viagens à África elas pareciam possuir rostos anormais e doentios). Enquanto isso, os etnógrafos, seguindo o exemplo de Buffon (Flourens, *Buffon: Histoire de ses travaux et de ses idées*, Paris: 1844, p. 160 e ss.), continuam a falar tranquilamente da raça branca, da amarela, da vermelha e da negra, tomando por base de sua classificação a cor, enquanto na verdade essa não é nada essencial e sua diferença não tem outra origem que a distância maior ou menor, mais ou menos recente, de um povo da zona quente, a única na qual a raça humana é indígena, enquanto que fora dessa zona ela só poderia subsistir por meios artificiais, passando o inverno em estufas, como plantas exóticas, e com isso foi se degenerando aos poucos e primeiramente na cor. Se, depois desse clareamento da cor, a raça mongol parece algo mais amarela do que a raça caucasiana, isso se deve certamente a uma diferença de raça. — Que a civilização e a cultura mais elevada — com exceção dos antigos hindus e egípcios — encontra-se exclusivamente entre as nações brancas e mesmo nos povos negros a casta ou tribo regente é de uma cor mais clara que todo o resto, e por isso são evidentemente imigrantes, por exemplo, os brâmanes, os incas, os chefes das ilhas do pacífico, tudo isso se deve ao fato de que a necessidade é a mãe das artes, pois essas tribos que imigraram cedo para o norte, e se tornaram gradualmente brancas em sua luta contra as necessidades criadas pelo clima, tiveram que desenvolver toda sua força intelectual e inventar e aperfeiçoar todas as artes para compensar a parcimônia da natureza. Disso surgiu sua elevada civilização.

Assim como a cor escura da pele, a alimentação vegetal é natural ao homem. Mas somente em um clima tropical ele permanece fiel a ambas. Ao se expandir para as zonas mais frias, ele teve que contrabalançar o clima não natural com uma alimentação não natural. No norte propriamente dito, não se pode sobreviver sem carne animal. Me disseram que em Copenhague uma condenação à prisão por seis semanas a pão e água é considerada perigosa à vida quando aplicada de maneira estrita e sem exceção. O homem se tornou então ao mesmo tempo branco e carnívoro. Justamente por isso, e também pela vestimenta pesada, ele adquiriu uma característica impura e repugnante que os outros animais não possuem, ao menos em seu estado natural, e que ele deve combater através de constante e especial asseio para não se tornar repulsivo; mas isso é o apanágio apenas da classe privilegiada que vive mais confortavelmente e que por essa razão é designada pelos italianos com a expressão muito oportuna *gente pulita*. Uma outra consequência da roupa pesada é que, enquanto os outros animais passeiam com sua forma, cobertura e cor naturais e com isso oferecem um aspecto agradável e estético, o homem, em sua variada vestimenta, muitas vezes espantosa e excêntrica, quando não mísera e em farrapos, caminha entre eles como uma caricatura, uma figura que não combina com o todo, não pertence a ele já que não é, como todo o resto, uma obra da natureza, mas de um alfaiate, e é portanto uma impertinente interrupção no conjunto harmônico do mundo. A nobre maneira de ver e o nobre gosto dos antigos procuravam atenuar esse mal tornando as roupas as mais leves possíveis, evitando confundir-se com o corpo e aparecendo como um acessório estranho e separado dele, para permitir que a figura humana se reconheça em todas as partes do modo mais claro possível. A concepção oposta tornou bárbara, sem gosto e repugnante a vestimenta da Idade Média e dos tempos modernos. Mas ainda mais repulsiva é a vestimenta das mulheres, chamadas damas, que, ao imitar a falta de gosto de suas tataravós, oferecem a maior desfiguração possível da figura humana, e ainda mais sob a anágua de crinolina, que torna sua largura igual a sua altura, e que faz suspeitar uma acumulação de evaporações insalubres que as tornam não apenas feias e repulsivas, mas também repugnantes.[25]

[25] Uma diferença física ainda não observada entre o homem e os animais é que o branco da *Sclerotica* permanece constantemente visível. O capitão Mathew diz que entre os bosquímanos, agora mostrados em Londres, este não seria o caso já que seus olhos seriam redondos e não deixariam ver o

§. 93.

A *vida* pode ser definida como o estado de um corpo que sempre mantém sua forma essencial (substancial) através da troca constante da matéria. — Se alguém me objetar que um turbilhão ou queda de água mantém sua forma através da contínua troca da matéria, eu respondo dizendo que a forma não é essencial para a água, pelo contrário, seguindo leis naturais universais, é inteiramente contingente, já que depende de circunstâncias externas, cuja modificação pode também afetar a forma, sem ter que tocar por isso no essencial.

§. 94.

A polêmica hoje em dia tornada moda contra a admissão de uma *força vital* merece, apesar de seu ar imponente, ser chamada não apenas de falsa, como de estúpida. Pois quem nega a força vital nega também no fundo sua própria existência, pode portanto gabar-se de ter alcançado o último degrau da absurdidade. Vindo da parte de médicos e farmacêuticos, este presunçoso contrassenso inclui ainda a mais vil ingratidão: pois é justamente a força vital que combate as doenças e leva à cura com a qual esses senhores recebem e embolsam seu dinheiro. — Se uma força natural particular, para a qual é tão essencial agir *conforme a fins*, como é essencial à gravidade aproximar um corpo do outro, não movimenta, não guia e não ordena toda a complicada engrenagem do organismo, e nele não se apresenta como a força da gravidade nos fenômenos da queda e da gravitação, como a força elétrica em todos os fenômenos produzidos pela máquina de fricção ou ralador [*Reibmaschine*] ou pela pilha voltaica etc., então a vida é uma falsa aparência, uma ilusão, e na verdade todo ser um mero autômato, isto é, um jogo de forças mecânicas, físicas e químicas, que é composta nesses fenômenos ou através do acaso ou graças à intenção de um

---

branco. Em Goethe, pelo contrário, o branco era sempre visível, mesmo sobre a íris. [N.A.]

artífice que assim o quis. — Forças físicas e químicas atuam certamente no organismo animal, mas o que as mantém coesas e as dirige, de modo que um organismo apropriado é produzido, está é a força vital: ela domina então aquelas forças e modifica sua atuação que é, portanto, a ela subordinada. Crer, ao contrário, que essas forças poderiam produzir por si mesmas um organismo, não é apenas, como dito, falso, mas tolo. — Em si aquela força vital é a vontade.

Pretendeu-se encontrar uma diferença fundamental entre a *força vital* e todas as outras forças naturais pelo fato de que ela não toma mais possessão do corpo do qual ela se retirou. As forças da natureza inorgânica se retiram, na verdade, apenas por exceção, do corpo que antes elas controlavam. Assim, por exemplo, o magnetismo pode ser subtraído ao aço pela incandescência e ser novamente restaurado por meio de nova magnetização. Pode-se afirmar de modo ainda mais decidido o recebimento e a perda de eletricidade, embora deva-se assumir que o corpo não a recebe de fora, mas apenas o estímulo em virtude do qual a força elétrica nele já existente se divide agora em + E e — E. Pelo contrário, o peso jamais se retira de um corpo e tampouco sua qualidade química. Esta se torna, pela combinação com outros corpos, meramente latente, e reaparece intacta depois de sua decomposição. Por exemplo, o súlfur se torna ácido sulfúrico, e este se torna gesso: mas por meio da sucessiva decomposição de ambos, o súlfur é novamente produzido. Mas depois que uma força vital abandonou um corpo ela não pode mais tomar posse dele. A razão para isso é que ela não adere como as forças da natureza inorgânica à mera matéria, mas primeiramente à sua forma. Sua atividade consiste mesmo na produção e conservação (isto é, constante produção) dessa forma. Por isso, tão logo ela se afasta de um corpo, também sua forma, ao menos em suas mais finas partes, é destruída. Mas a produção da forma tem seu processo regular e mesmo planificado na sucessão determinada daquilo que está sendo produzido, isto é, começo, meio e progresso. Por isso a força vital deve, onde quer que ela apareça de novo, começar do início também sua tecelagem, isto é, começar propriamente *ab ovo*. Essa é a razão de ela não poder retomar aquilo que uma vez foi abandonado, retomar uma obra já em decadência, ou seja, não pode ir e vir como o magnetismo. Nisso, portanto, repousa a diferença em questão entre a força vital e as outras forças naturais.

A força vital é completamente idêntica à vontade, de modo que aquilo que na consciência de si aparece como vontade, na vida orgânica sem consciência é aquele seu *primum mobile*, que de maneira muito apropriada é chamado de força vital. Meramente pela analogia com isso, concluímos também que as forças naturais restantes são no fundo idênticas à vontade, aqui apenas num grau menor de sua objetivação. Por isso, querer explicar a partir da *natureza inorgânica* a natureza orgânica e portanto a vida, o conhecimento e, por fim, o *querer*, significa querer deduzir a coisa-em-si a partir da *aparência*, este mero fenômeno cerebral; é como se quiséssemos explicar o corpo a partir de sua sombra.

A força vital é apenas uma e aquela que — enquanto força original, enquanto coisa-em-si, como algo metafísico, enquanto vontade —, infatigável, e não precisa por isso de nenhum repouso. No entanto, suas formas fenomênicas, irritabilidade, sensibilidade e reprodutibilidade, certamente se cansam e necessitam de repouso. Isso ocorre de fato apenas porque elas produzem, mantêm e controlam o organismo antes de tudo pela superação dos fenômenos da vontade de grau inferior, que têm um direito anterior à mesma matéria. Isto é mais imediatamente visível na *irritabilidade*, que tem que lutar constantemente com a gravidade, e por isso ela se cansa mais rapidamente; mas para seu repouso basta qualquer apoio, acento, encosto, leito. Precisamente por essa razão, essas posições de repouso são favoráveis à tensão mais forte da *sensibilidade*, ao pensamento, pois assim a força vital pode se dedicar exclusivamente a *essa* função, especialmente quando não está ocupada com a terceira, a reprodução, como é o caso na digestão. Mas todo aquele que é capaz de pensar por si próprio já notou que o caminhar ao ar livre é extraordinariamente favorável à eclosão dos próprios pensamentos. Eu atribuo, porém, isso ao processo da respiração que é acelerado pelo movimento que, de uma parte fortifica e ativa a circulação do sangue e, de outra parte, o oxida melhor. Com isso, em primeiro lugar, o movimento duplo do cérebro, aquele que segue cada expiração e aquele que segue cada batimento do pulso, torna-se mais rápido e mais enérgico, assim como seu *turgor vitalis* (*volume vital*); em segundo lugar, um sangue completamente oxigenado, livre do dióxido de carbono, por isso mais vital e arterial, permeando toda substância do cérebro, das ramificações desde as carótidas, e aumentando sua vitalidade. Mas o estímulo à atividade do pensamento provocado por tudo isso dura apenas até não nos cansarmos com ela. Pois com o surgimento do menor cansaço, a tensão forçada da irritabilidade exige força vital e com isso cai a atividade da sensibilidade e na grande fadiga ela desce até o embotamento.

A *sensibilidade* repousa apenas no sono, resiste portanto a uma atividade mais longa. Enquanto a irritabilidade repousa ao mesmo tempo que ela, à noite, a força vital, que só pode agir de forma completa e coesa, por consequência com todo seu poder, sob uma de suas três formas, assume a forma da *força de reprodução*. Eis por que a formação e alimentação das partes, a saber, a nutrição do cérebro, mas também todo crescimento, toda compensação, toda cura, enfim a ação da *vis naturae medicatrix* [*o poder curativo da natureza*] em todas as suas formas, especialmente nas crises mórbidas benignas, tudo isso acontece *no sono*. Por isso uma condição fundamental para manter a saúde e portanto levar uma longa vida é que se usufrua constantemente de um sono profundo e ininterrupto. Entretanto, não é bom prolongá-lo tanto quanto possível, pois o que ele ganha em extensão, perde em intensidade, isto é, em profundidade; e justamente o sono profundo é aquele no qual o mencionado processo vital orgânico se efetua do modo mais perfeito. Isso pode ser deduzido do fato de que se numa noite nosso sono é perturbado e encurtado, e na noite seguinte, como sempre acontece, o sono é mais profundo, sentimo-nos ao acordar notavelmente mais fortificados e revigorados. Essa *profundeza* tão benéfica do sono não pode de forma alguma ser compensada por seu prolongamento, pois justamente pela limitação de sua duração é que ela é obtida. Daí vem a observação de que todas as pessoas que atingiram a velhice acordavam cedo na juventude; como o dito de Homero, "Dormir muito é um fardo."[26] Por isso, quando acordamos de manhã cedo, não devemos nos esforçar para voltar a dormir, mas acordar dizendo com Goethe, "põe do sono o manto fora"![27] Essa ação benfazeja do sono profundo atinge seu ponto culminante no sono magnético, o mais profundo de todos, que aparece então como a panaceia para muitas doenças. Assim como todas as funções da vida orgânica, também a digestão se efetua mais facilmente e mais rapidamente no sono, graças à pausa da atividade cerebral; por isso, um curto sono de dez a quinze minutos ou de meia hora depois da refeição tem um efeito benfazejo; também é estimulada pelo café, que acelera a digestão. Um sono mais longo, porém, é prejudicial e pode até ser perigoso, o que para mim se esclarece por um lado porque no sono a *respiração* é significativamente mais lenta e mais fraca; por outro, porém, tão logo a digestão, acelerada justamente pela mesma, chega até a assimilação [*Chylifikation*], o quilo flui no sangue e o carboniza, de modo que ele tem agora mais necessidade do que antes de rejeitar o carbono por meio do processo respiratório.

[26] Em grego, no original: "ἀνίη καὶ πολὺς ὕπνος." *Odisseia*, XV, 394.
[27] "Schlaf ist Schaale, wirf sie weg". Goethe, *Fausto* II, verso 4661, trad. Jenny Klabin Segall. São Paulo: Editora 34, 2007, p. 41. [N.T.]

Esse processo é diminuído pelo sono e com ele também a oxidação e a circulação. Podemos constatar a consequência disso com os próprios olhos ao observar sujeitos loiros de cabelos brancos e pele delgada que ficam com seus rostos um tanto castanhos, assim como sua esclerótica, depois de ter dormido por muito tempo depois da refeição, como sintoma do excesso de carbono. (Vê-se pelo livro *Philosophy of Living*, p. 168, de Mayo, que a teoria das desvantagens do cochilo após o almoço é desconhecida, ao menos na Inglaterra). Pela mesma razão, pessoas de temperamento sanguíneo e atarracadas correm o risco de apoplexia ao dormir muito à tarde. Pode-se até mesmo notar como consequência da mesma, assim como de jantares copiosos, a tísica, que pode ser explicada facilmente pelo mesmo princípio. Exatamente por isso se esclarece por que pode se tornar prejudicial fazer apenas uma refeição pesada diariamente, pois com isso se impõe não apenas ao estômago, mas também aos pulmões, depois de um tal aumento da assimilação, muito trabalho de uma vez só. — Ademais, que a respiração diminua durante o sono se esclarece pelo fato de que ela é uma função combinada, isto é, que em parte ela se origina do nervo espinhal e então é movimento reflexo que, como tal, persiste durante o sono; em parte, porém, tem origem nos nervos do cérebro e então é dependente do arbítrio, cuja pausa no sono desacelera a respiração e também causa o ronco; o que pode ser visto mais detalhadamente em *Diseases of the Nervous System* §§. 290–311, de Marshal Hall, o qual pode ser comparado com o livro de Flourens, *Du système nerveux,* 2a. ed., cap. 11. Por essa participação dos nervos cerebrais na respiração, deve se explicar também por que a respiração se torna mais leve e mais lenta quando há concentração da atividade cerebral em vista da reflexão atenta ou leitura, como Nasse observou. Tensões da irritabilidade, por outro lado, assim como afetos vigorosos como alegria, ódio etc., aceleram a circulação de sangue e a respiração. Por isso a cólera não é incondicionalmente prejudicial, e mesmo quando lhe é dado livre curso ela exerce uma ação benéfica em muitas naturezas, que por isso mesmo tendem instintivamente a ela e tanto mais porque ela favorece a segregação da bílis.

Uma outra prova do equilíbrio recíproco entre as três forças fisiológicas fundamentais consideradas aqui, é dada pelo fato indubitável de que os negros têm mais força corporal que os homens das outras raças, e que, consequentemente, o que lhes falta em sensibilidade sobra de irritabilidade. Por isso eles estão mais próximos dos animais, pois todos eles, em proporção com seu tamanho, têm mais força muscular que o homem.

Sobre a diferente relação das três forças fundamentais nos *indivíduos* eu remeto à obra "Sobre a vontade da natureza", na conclusão do capítulo "Fisiologia".

§. 95.

Poderíamos ver o organismo vivo animal como uma máquina sem *primum mobile*, uma série de movimentos sem começo, uma sequência de causas e efeitos na qual nenhuma é a primeira; isso se a vida seguisse sua marcha sem se ligar ao mundo exterior. Mas este ponto de contato é o processo respiratório; ele é o mais próximo e o mais essencial membro de ligação com o mundo exterior e dá o primeiro impulso. Por isso o movimento da vida deve ser visto como proveniente dele e ele deve ser pensado como o primeiro membro da série causal. Dessa forma, um pouco de ar aparece como primeiro impulso, portanto, como primeira causa *externa* da vida que, penetrando e oxidando, introduz outros processos, que tem como resultado a vida. Mas o que se encontra internamente com essa causa externa se manifesta como um forte desejo e mesmo um impulso irresistível à respiração, e por isso imediatamente como vontade. A segunda *causa* externa da vida é o alimento. Também ele age inicialmente de fora como motivo, embora não de modo tão penetrante e incisivo como o ar; é no estômago que se inicia sua atividade fisiológica causal. Liebig estabeleceu o *budget* da natureza orgânica e fez o balanço de suas despesas e receitas.

§. 96.

Foi um bom caminho aquele que percorreram nos últimos duzentos anos a filosofia e a fisiologia, da *glandula pinealis* de Descartes e dos *spiritibus animalibus* que a movem ou são movidas, por ela, até os nervos *motores* e *sensíveis* da medula espinhal de Charles Bell e os *movimentos reflexos* de Marshal Hall. A bela descoberta dos movimentos reflexos de Marshal Hall, explicada em seu excelente livro *On the Diseases of the Nervous System*, é uma teoria das ações involuntárias, isto é, aquelas que não precisam do concurso do intelecto, embora elas devam proceder da vontade. No capítulo 20 do segundo volume de minha obra principal, eu expliquei como essa teoria lança luz à minha metafísica, pois ajuda a elucidar a diferença entre a vontade e o arbítrio. Aqui ainda algumas observações sugeridas pela teoria de Hall.

Quando entramos em um banho *frio*, a respiração é momentaneamente bem acelerada, efeito que perdura ainda alguns instantes quando o banho é muito frio, o que é explicado por Marshal Hall, em seu mencionado livro (§. 302), como um movimento reflexo que é causado subitamente pelo frio agindo na medula espinhal. Além dessa *causa efficiens*, eu ainda acrescentaria a seguinte causa final, que a natureza quer reparar o mais rápido possível essa perda tão importante e tão súbita de calor, o que acontece pelo crescimento da respiração que é fonte interna de calor. O resultado secundário disso, o aumento do sangue arterial e a diminuição do venoso, pode ter, além da ação direta nos nervos, grande participação na disposição incomparavelmente clara, serena e puramente contemplativa, que é consequência imediata de um banho frio, e tanto mais eficaz quanto mais frio é o banho.

O *bocejo* pertence aos movimentos reflexos. Eu suponho que sua causa remota é uma depressão momentânea do poder do cérebro ocasionada pelo tédio, a indolência mental ou a sonolência. Com isso, a medula espinhal tem ascendência sobre o cérebro e por seus próprios meios produz esse curioso espasmo. Pelo contrário, o estiramento dos membros que acompanha frequentemente o bocejo e que, ainda que ocorra sem propósito, está submetido ao arbítrio, não pode ser contado entre os movimentos reflexos. Acredito que, como o bocejo surge em última instância de um déficit da sensibilidade, o estiramento provém de um excesso momentâneo de irritabilidade, do qual tentamos nos livrar. Por isso ele aparece em períodos de força e não de fraqueza. Um dado digno de consideração para a pesquisa da *natureza da atividade nervosa* é o adormecimento de membros comprimidos, com essa circunstância notável que no sono (do cérebro) isso jamais acontece.

Que o desejo de *urinar*, quando se resiste a ele, desaparece inteiramente e volta mais tarde, e o mesmo se repete, esclareço do seguinte modo. O ato de manter fechado o *sphincter vesicae* [esfíncter da bexiga] é um movimento reflexo que como tal depende dos nervos espinhais e se efetua, portanto, sem consciência e arbítrio. Quando esses nervos chegam à fadiga pelo aumento da pressão da bexiga cheia eles relaxam, mas imediatamente outros nervos pertencentes ao sistema cerebral assumem sua função, o que ocorre de modo intencional e consciente e com uma sensação incômoda que dura até que os primeiros nervos estejam descansados e retomem sua função. Isso pode se repetir várias vezes. — Que durante essa substituição dos nervos cerebrais pelos nervos espinhais, e consequentemente, de funções conscientes por funções inconscientes, procuramos obter algum alívio por meio de rápidos movimentos das pernas e dos braços, eu explico pelo fato de que enquanto a força dos nervos é assim dirigida aos nervos ativos que excitam a irritabilidade, os nervos sensíveis, que como mensageiros do cérebro causam aquela sensação incômoda, perdem um pouco da sensibilidade.

Me espanta que Marshal Hall não conte entre os movimentos reflexos também o *riso* e o *choro*. Pois sem dúvida eles fazem parte deles como movimentos decididamente involuntários. Nós tampouco podemos causá-los propositadamente como o bocejo e o espirro, mas oferecer apenas, num caso como no outro, uma imitação ruim e facilmente reconhecível, e da mesma forma é difícil resistir a qualquer dos quatro. O riso e o choro se produzem por simples *stimulus mentalis*, como a ereção, que é contada entre os movimentos reflexos. Além disso, o riso pode ser provocado também de modo puramente físico, pelas cócegas. Sua excitação ordinária, isto é, mental, deve se explicar pelo fato de que a função cerebral, por meio da qual nós reconhecemos a incongruência de uma representação intuitiva e uma representação abstrata que em outra ocasião seria apropriada, tem um efeito particular na *Medulla oblongata* [bulbo raquidiano] ou numa parte pertencente ao sistema excitante-motor, donde se segue o estranho movimento reflexo que convulsiona muitas partes do corpo. O *par quintum*[28] e o *nervus vagus*[29] parecem ter aí a maior participação.

Em minha obra principal (*O mundo como vontade e representação*, v. I, §. 60), é dito o seguinte:

Os genitais, mais do que qualquer outro membro externo do corpo, estão submetidos meramente à vontade e de modo algum ao conhecimento. Sim, a vontade mostra-se aqui quase tão independente do conhecimento quanto nas outras partes que, por ocasião de simples excitação, servem à vida vegetativa".[30]

De fato, as *representações* não afetam os órgãos genitais do mesmo modo que a vontade em geral, como *motivos*, mas já

---

[28] Quinto par dos nervos cranianos. [N.T.]
[29] Nervo vago. Décimo par dos nervos cranianos. [N.T.]
[30] *O mundo como vontade e como representação*, trad. Jair Barboza. São Paulo: Unesp, 2005, p. 424. [N.T.]

que a ereção é um movimento reflexo, apenas como *excitação*, portanto imediatamente e apenas enquanto são *presentes*, justamente por isso é necessária uma certa duração de sua presença para sua eficácia, enquanto que uma representação que serve como motivo pode atuar mesmo com a mais curta presença e em geral sua eficácia não tem nenhuma relação com a duração de sua presença. (Essa e todas as demais distinções entre a excitação e o motivo encontram-se expostas em minha *Ética*, p. 34, e também na *Dissertação sobre o princípio de razão*, 2ª. ed., p. 46). Ademais, o efeito que uma representação tem sobre os órgãos genitais não pode ser *suprimido*, como o efeito de um motivo, por uma outra representação, a não ser que a primeira seja *reprimida* da consciência por outra e assim não esteja mais *presente*; mas então isso acontece infalivelmente, mesmo que a segunda não contenha absolutamente nada contrária à primeira, como se exige de um contramotivo. Por conseguinte, não é suficiente para a consumação do *coitus* que a presença de uma mulher atue como motivo a um homem (seja para a procriação de um filho, ou para cumprir um dever conjugal etc.), por mais forte que seja esse motivo; mas aquela presença tem que atuar imediatamente como excitação.

§. 97.

Para ser audível, um som tem que produzir dezesseis vibrações num segundo, o que me parece dever-se ao fato de que suas vibrações devem ser comunicadas mecanicamente aos nervos auditivos, pois a sensação do ouvido não é, como a da visão, um estímulo provocado por uma simples impressão sobre os nervos, mas exige que o nervo mesmo seja excitado pra lá e pra cá. Isso deve ocorrer com uma rapidez e lentidão determinadas que levem o nervo a girar em intenso ziguezague, não numa curva arredondada. Além disso, isso deve ocorrer no interior do labirinto e do caracol; pois os ossos constituem em toda parte a caixa de ressonância dos nervos:

mas a linfa que envolve os nervos auditivos modera, pois é inelástica, a contra-ação do osso.

§. 98.

Se se considera, de acordo com as mais recentes pesquisas, que o crânio dos idiotas, como o dos negros, é geralmente menor em largura, isto é, de uma fonte a outra em relação aos outros crânios, e que os grandes pensadores, pelo contrário, têm cabeças excepcionalmente largas, donde a origem mesma do nome Platão, e se admite-se além disso que a brancura dos cabelos, mais imputável ao esforço mental e ao rancor do que à idade, parte das têmporas, o que justifica um provérbio espanhol, "*canas son, que no lunares, cuando comienzan por los aladares*" (cabelos brancos não são nenhuma mácula, *quando* começam nas têmporas), então somos levados a supor que a parte do cérebro próxima às têmporas é a mais ativa no pensamento. — Talvez um dia possamos estabelecer uma verdadeira craniologia, inteiramente diferente daquela de Gall, com sua base psicológica, tão grosseira quanto absurda, e sua admissão de órgãos cerebrais como qualidades *morais*. — De resto, os cabelos brancos ou grisalhos são para os homens o que as folhas amarelas e vermelhas são para as árvores em outubro, e ambos fazem um bom efeito; só não é necessário que caiam.

Uma vez que o cérebro se compõe de muitas dobras e feixes separados por incontáveis interstícios e também contém em suas cavidades uma umidade aquosa, então, por causa da gravidade, essas tão delicadas partes devem, por um lado, curvar-se, e por outro pressionar umas às outras, e, de fato, de acordo com a diferente posição da cabeça de modo muito diferente, o que o *turgor vitalis* não pode suprimir totalmente. Sem dúvida, a *dura mater* evita a pressão das grandes massas uma sobre a outra (de acordo com Magendie, *Physiologie*, v. I, p. 179, e Hempel, pp. 768, 775), pois está interposta entre eles, formando o *falx cerebri* e o *tentorium cerebelli*, mas deixando de fora as pequenas partes. Se nós representarmos agora as operações do pensamento como associadas a movimentos reais, ainda que pequenos, da massa cerebral, então a influência da posição teria que ser muito grande e imediata, pela pressão das pequenas partes umas sobre as outras. Mas o fato de que isso não ocorre comprova que tudo não se passa assim tão mecanicamente. Não obstante, a posição da cabeça pode não ser tão indiferente assim, pois dela depende não apenas a pressão das partes do cérebro, mas também o maior ou menor afluxo de sangue, em todo caso eficaz. Eu realmente verifiquei que depois de ter me esforçado em vão para me lembrar de algo, eu só o consegui depois de ter efetuado uma vigorosa mudança de posição. Para o pensar em geral, a posição mais favorável parece ser aquela em que a *basis encephali* fica bem horizontal. É por isso que quando se pensa profundamente, a cabeça se inclina para frente, e grandes pensadores como Kant, por exemplo, se habituaram a essa posição, e também Cardano menciona isso a propósito de si mesmo (Vanini, *Amphitheatrum*, p. 269). Todavia, isso talvez se deva em parte ao peso anormalmente grande de seus cérebros em geral e em particular ao forte sobrepeso da parte dianteira (situada diante do *foramen occipitale*) sobre a parte posterior, dada a excessiva tenuidade da medula espinhal e portanto também das vértebras. Isso não ocorre no caso das pessoas de cabeça grande que também são imbecis; por isso carregam bem alto seus narizes. Além disso, cabeças desse tipo traem a si mesmas pelos ossos duros e massivos do crânio pelos quais, apesar da grandeza da cabeça, pouco espaço sobra para o cérebro. Há de fato uma certa maneira de portar a cabeça com a coluna vertebral bem reta, que sentimos imediatamente, mesmo sem reflexão e conhecimento prévio, como uma marca fisionômica de imbecilidade, o que provavelmente se deve ao fato de que a parte posterior do cérebro mantém o equilíbrio com a parte dianteira, quando não a ultrapassa. Do mesmo modo que a posição inclinada para a frente da cabeça favorece a reflexão, parece que a posição contrária, isto é, levantar e virar para trás, o olhar para cima, parece favorável ao esforço momentâneo da memória, pois as pessoas que buscam lembrar-se de algo tomam com sucesso essa posição. — Disso é consequência que os cachorros bem inteligentes, que como se sabe reconhecem uma parte do que o homem fala, viram a cabeça para um lado e para o outro quando se esforçam para interpretar o sentido das palavras de seu senhor, o que lhes dá uma aparência muito inteligente e divertida.

§. 99.

É muito clara para mim a ideia de que, à parte algumas exceções, as doenças agudas não são senão processos de cura que a própria natureza introduz para a remoção de alguma desordem no organismo. Para esse propósito, a *vis naturae medicatrix*, investida de poderes ditatoriais, toma medidas extremas e isso constitui as doenças sensíveis. O tipo mais simples desse processo universal é oferecido pela constipação. Pelo resfriamento, a atividade da pele externa é paralisada, e a tão poderosa excreção por meio da exalação é com isso suprimida, o que pode levar à morte do indivíduo. Mas logo a pele interna, a mucosa, vem substituir a pele externa; nisso consiste a constipação, uma enfermidade. Esta é, porém, manifestamente apenas o remédio do verdadeiro, embora não sensível mal, a suspensão da função da pele. Esta doença, a constipação, percorre todas as etapas que todas as outras, a aparição, o agravamento, o ápice e o declínio. No início aguda, ela se torna progressivamente crônica e se mantém assim até que o mal fundamental, embora não sensível, a paralisia da função da pele, tenha desaparecido. Por isso é perigoso fazer recuar a constipação. O mesmo processo constitui a essência de todas as demais doenças e essas não são senão o medicamento da *vis naturae medicatrix*.[31] A

---

[31] *Morbus ipse est medela naturae, qua opitulatur perturbationibus organismi: ergo remedium medici medetur medelae.* [*A doença é ela mesma uma tentativa de cura da natureza, pela qual ela procura ajudar a combater as*

alopatia ou a enantiopatia combatem com todas as forças um tal processo. A homeopatia, por sua vez, esforça-se por acelerá-lo ou fortificá-lo, quando não tenta sobrecarregá-lo fazendo uma caricatura do mesmo ao acelerar a reação como resultado do exagero e de toda visão unilateral das coisas. Ambas querem entender melhor que a própria natureza, que certamente conhece tanto a medida quanto a direção de seu método de cura. Por isso deve-se recomendar em todos os casos a fisiatria, que não pertence às exceções mencionadas. Somente as curas que a própria natureza conduz e com seus próprios meios são sólidas; também aqui vale o preceito *tout ce qui n'est pas naturel est imparfait*.³² Os remédios dos médicos são dirigidos em geral apenas contra os sintomas, que eles tomam pelo próprio mal; por isso, depois de uma tal cura nos sentimos pouco à vontade. Pelo contrário, se damos tempo à natureza, ela completa por si mesma a cura, depois da qual nos sentimos melhor do que antes da doença, ou, quando uma única parte é afetada, ela se fortalece. Podemos observar isso facilmente e sem risco em pequenos males que nos afetam periodicamente. Concedo que há exceções, isto é, casos em que somente o médico pode ajudar; a sífilis, por exemplo, é o triunfo da medicina. Mas a maior parte das curas é simplesmente obra da natureza, pela qual o médico embolsa sua quota, mesmo quando, apesar dos esforços dele, ela atinge seus fins. Isso seria péssimo para a reputação e para o ganho dos médicos se a dedução *cum hoc, ergo propter hoc*³³ não fosse tão corrente. Os bons clientes dos médicos veem seus corpos como um relógio, ou outro tipo qualquer de máquina que, quando em desordem, só pode ser restaurada

perturbações do organismo; por isso o remédio dos médicos ajudam a atingir a cura (frase em latim de Schopenhauer)]. Há apenas uma força curativa, e esta é a natureza; não há nenhuma nos unguentos e nas pílulas. No máximo eles podem apressar a força de cura da natureza, se há algo a fazer por ela. [N.A.]

³² "Tudo aquilo que não é natural, não é perfeito." [N.T.]
³³ "Já que é isso, logo por causa disso." [N.T.]

quando o mecânico a reparar. Mas não se passa assim: o corpo é uma máquina que se repara a si própria. A maior parte das desordens, grandes ou pequenas, desaparecem por si próprias depois de um tempo longo ou curto, pela *vis naturae medicatrix*. Deixemos isso assim: e *peu de médecins, peu de médecine. — Sed est medicus consolatio animi*.[34]

§. 100.

Eu explico da seguinte forma a *metamorfose dos insetos*: a força metafísica que jaz no fundo do fenômeno de um tal animalzinho é tão pequena que ela não pode realizar ao mesmo tempo as diversas funções da vida animal. Ela deve, portanto, dividi-los para executar sucessivamente aquilo que os animais superiores efetuam simultaneamente. Consequentemente, ela divide a vida dos insetos em duas metades. Na primeira, o estado larvar, ela se apresenta exclusivamente como força de reprodução, nutrição e plasticidade. Esta vida de larva tem como finalidade imediata apenas a produção da crisálida. Esta então, como é interiormente bem líquida, pode ser vista como um segundo ovo, donde surgirá futuramente a *imago*. Assim, a preparação dos humores dos quais surgirá a *imago* é a única finalidade da vida da larva. Na segunda metade da vida do inseto, que se distancia daquela condição de ovo da primeira, a força metafísica vital apresenta-se em uma irritabilidade aumentada em centenas de vezes, em voo infatigável, em uma sensibilidade altamente desenvolvida, com sentidos mais perfeitos, sempre bem novos, e em instintos e impulsos artísticos maravilhosos, mas principalmente como função genital, que agora aparece como a finalidade última da vida. A nutrição é, pelo contrário, bem diminuída, até quase ser suprimida, com o que a vida assume um caráter inteiramente etéreo. Essa mudança completa e essa separação total das funções vitais apresentam-se então

---

[34] "Poucos médicos, pouca medicina. Mas o médico é um consolo para a alma". [N.T.]

de certo modo como dois animais que vivem sucessivamente e cuja forma extremamente variada corresponde à diferença de suas funções. O que os une é o estado embrionário da crisálida, cuja preparação do conteúdo e da matéria era a finalidade da vida do primeiro animal. Doravante suas forças predominantemente plásticas, nesse estado de ninfa, produz a segunda forma, sua última. — Portanto, a natureza, ou o metafísico que está em sua base, realiza em duas etapas nesses animais aquilo que seria demais para ela realizar de uma vez: ela divide seu trabalho. De acordo com isso, vemos que a metamorfose é mais perfeita lá onde a separação das funções se mostra mais definida, por exemplo, nos lepidópteros. Muitos lagartos comem num dia o dobro de seu peso; muitas borboletas, pelo contrário, assim como muitos outros insetos em estado desenvolvido, não comem nada, por exemplo, o bicho-da-seda, entre outros. Por outro lado, a metamorfose é incompleta nos insetos que mesmo em estado desenvolvido têm uma forte nutrição, como, por exemplo, nos grilhos, lagostas, percevejos etc.

§. 101.

A luz fosforescente no mar, que é peculiar a quase todos os radiários gelatinosos (*radiaires mollasses*), provém talvez, assim como a iluminação do próprio fósforo, de um longo processo de combustão, do mesmo modo que a respiração dos animais vertebrados, cujo lugar ela toma, uma respiração de toda a superfície e, portanto, uma lenta combustão exterior, sendo a outra interna. Ou talvez tenha lugar aqui uma combustão interior, cujo desenvolvimento luminoso apenas por causa da perfeita transparência, torna exteriormente visíveis todos esses animais gelatinosos. A isso podemos acrescentar a audaciosa suposição de que toda respiração com pulmões e brânquias é acompanhada de uma fosforescência e consequentemente o interior de um tórax vivo seria iluminado.

SOBRE FILOSOFIA E CIÊNCIA DA NATUREZA

§. 102.

Se não houvesse objetivamente nenhuma diferença bem determinada entre a planta e o animal, não haveria nenhum sentido na pergunta por aquilo que constitui essa diferença. Pois ela apenas quer ver reduzida a conceitos claros essa diferença que é compreendida por todos com certeza, mas sem clareza. Eu a indiquei em minha *Ética* (p. 33 e ss.) e na dissertação "Sobre o princípio de razão" (p. 46).

As diferentes formas animais nas quais a vontade de viver se apresenta estão umas para as outras assim como o mesmo pensamento expresso em diversas línguas de acordo com o espírito de cada uma delas, e as diversas espécies de um gênero podem ser vistas como um punhado de variações sobre o mesmo tema. Considerada mais detidamente, entretanto, essa diversidade de formas animais deve ser deduzida do modo de vida diferente de cada espécie e da diferença de finalidades que daí surge — como eu expus especialmente no ensaio "Sobre a vontade na natureza", no capítulo "Anatomia comparada". Sobre a diversidade das formas vegetais, porém, estamos longe de poder indicar distintamente suas razões. O quanto podemos aproximadamente dizer a respeito disso eu indiquei de modo geral em minha obra principal [*O mundo como vontade e representação*] v. 1, §. 28, pp. 177 e 178. A isso se acrescenta o fato de que podemos explicar algo sobre as plantas teleologicamente, como por exemplo, as flores da *Fúcsia* [brinco-de-princesa] que pendem viradas para baixo: o que ocorre porque seu pistilo é muito mais longo que o estame, posição que favorece a queda e a captação do pólen, e assim por diante. Em geral pode-se dizer, todavia, que no mundo objetivo, isto é, no mundo da representação intuitiva, absolutamente nada pode apresentar-se que não tenha na essência das coisas-em-si, ou seja, na vontade que está na base dos fenômenos, uma tendência precisamente modificada para lhe corresponder. Pois o mundo como representação não pode fornecer nada por seus próprios meios, e justamente por isso também não pode servir contos de fada fúteis e inutilmente inventados. A variedade infinita de formas e até de cores das plantas e suas flores deve pois ser em toda a parte a expressão de uma essência subjetiva modificada da mesma maneira; ou seja, a vontade como coisa-em-si, que aí se apresenta, tem que ser exatamente refletida por elas.

Pela mesma razão metafísica e por que também o corpo do indivíduo humano é apenas a visibilidade de sua vontade individual, e assim o apresenta objetivamente, e a ela também pertence até mesmo seu intelecto, ou cérebro, como fenômeno de sua vontade de conhecer, deve ser possível compreender e deduzir não apenas a natureza de seu intelecto a partir da natureza de seu cérebro e da circulação de sangue que o excita, mas também todo seu caráter moral, com todos os seus traços e propriedades, deve se compreender a partir da natureza mais específica de todo o resto de sua corporização, portanto, da textura, grandeza, qualidade e relação recíproca do coração, do fígado, dos pulmões, do baço, dos rins, etc., mesmo que não possamos jamais realizar efetivamente isso. Mas a possibilidade disso deve existir objetivamente.[35] A seguinte consideração pode servir como aproximação a isso. Não somente as paixões afetam as diversas partes do corpo (ver *O mundo como vontade e representação*, v. II, p. 297), mas também o inverso, o estado individual dos órgãos isolados provoca as paixões e até mesmo as representações a elas associadas. Quando as *vesiculae seminales* [vesículas seminais] estão periodicamente cheias de esperma, surgem a todo momento, sem nenhuma causa particular, pensamentos lascivos e obscenos; costumamos achar que a razão para isso é inteiramente psíquica, uma direção perversa de nossos pensamentos, mas ela é inteiramente física e cessa tão logo passa o mencionado excesso com a reabsorção do esperma no sangue. Às vezes ocorre

---

[35] Compare com o §. 63. [N.A.]

de estarmos inclinados ao desprezo, à rixa, à cólera e buscamos seriamente as causas para isso. Se não encontramos nenhuma razão externa, evocamos algum dissabor há muito esquecido em nosso pensamento para nos irritar e nos enraivecer. Muito provavelmente esse estado é consequência de um excesso na bile. — Às vezes nos encontramos interiormente angustiados e ansiosos, sem nenhuma razão, e esse estado perdura; buscamos então em nosso pensamento por algum objeto de preocupação e imaginamos facilmente tê-lo encontrado. — É isso o que a língua inglesa chama *to catch blue devils*, mas sua origem provém do estado dos intestinos, e assim por diante.

SOBRE A TEORIA DAS CORES

§. 103.

Como a indiferença dos contemporâneos jamais abalou minha convicção da verdade e da importância de minha teoria das cores, eu a revi e a publiquei duas vezes: em alemão no ano de 1816 e em latim no ano de 1830, no terceiro volume dos *Scriptores ophthalmologici minores* de J. Radius. Todavia, como essa completa falta de interesse me deixa pouca esperança, em minha idade já avançada, de ver aparecer uma nova edição desses ensaios,[1] gostaria de expor aqui o pouco que há ainda a acrescentar sobre esse assunto.

Quem procura descobrir a causa de um efeito dado começará, quando procede refletidamente, por pesquisar completamente o próprio efeito; pois os dados para a descoberta das causas só podem ser coletados a partir dele e somente eles dão a direção e o fio condutor para a descoberta delas. Contudo, ninguém entre aqueles que apresentaram teorias das cores antes de mim fizeram isso. Não apenas Newton procurou descobrir a causa sem ter conhecido o efeito a ser explicado, mas também seus precursores assim o fizeram, e mesmo Goethe, que de fato pesquisou e demonstrou muito mais que os outros o efeito, o fenômeno dado, isto é, a sensação no olho, não foi com isso muito além; pois do

---

[1] Esse era o pensamento de Schopenhauer em 1851, mas com a publicação destes *Parerga e paralipomena* e o reconhecimento público de sua filosofia, Schopenhauer resolve publicar, em 1854, uma segunda edição de seu escrito *Sobre a visão e as cores*. Nessa edição de 1854, Schopenhauer incorporou muitas passagens deste presente capítulo. Essa obra foi recentemente traduzida para o português por Erlon José Paschoal (São Paulo: Nova Alexandria, 2003). Para maiores detalhes ver a introdução ao presente volume. [N.T.]

contrário ele teria ido ao encontro de minhas verdades que são a raiz de toda teoria das cores e contém as razões da sua própria teoria. Por isso eu não posso excetuá-lo quando digo que todos antes de mim, da mais remota à mais recente época, se limitaram a pesquisar qual modificação deve sofrer ou a superfície de um corpo ou a luz, seja pela decomposição em seus elementos, seja através da perturbação ou qualquer outro obscurecimento, para exibir a cor, isto é, para estimular em nosso olho aquela sensação específica e bem particular que não se deixa definir, mas apenas se verificar sensivelmente. Ao invés disso, o caminho correto e metódico é efetivamente dirigir-se a essa sensação para ver se sua característica mais próxima e a regularidade de seus fenômenos não revelam aquilo que se passa fisiologicamente. Somente assim se tem um conhecimento profundo e preciso do *efeito*, como aquilo que é dado, que em todo caso também deve fornecer elementos para a investigação da causa, como aquilo que se busca, isto é, o estímulo externo que ao agir sobre nosso olho provoca aquele processo fisiológico. Para cada modificação possível de um efeito dado deve ser possível demonstrar o caráter modificável de sua causa exatamente correspondente a esse efeito. Depois, quando as modificações do efeito não são delimitadas de maneira nítida, também não se pode encontrar o mesmo na causa, mas as mesmas gradações das transições devem aparecer. Por fim, quando o efeito mostra contrastes, isto é, permite uma completa inversão de seu modo de ser, as condições para isso também devem residir na natureza da causa admitida, e assim por diante. A aplicação desses princípios fundamentais na teoria das cores é fácil. Todos aqueles que estão familiarizados com os fatos verão logo que minha teoria, que considera a cor apenas em si mesma, isto é, como uma sensação específica no olho, já possui dados *a priori* para emitir um juízo sobre as teorias de Newton e Goethe a respeito do caráter objetivo da cor, ou seja, sobre as causas externas que provocam tal impressão no olho; mas ao pesquisar mais a fundo ele verá que, do ponto de vista de minha teoria, tudo fala a favor da teoria de Goethe contra a de Newton.

Para oferecer aqui apenas uma prova do que foi dito para aqueles que estão familiarizados com a coisa, exporei em poucas palavras como a exatidão do fenômeno primário físico de Goethe já se segue *a priori* de minha teoria fisiológica. Se a cor em si, isto é, no olho, consiste na atividade nervosa da retina qualitativamente dividida em duas, e assim somente parcialmente estimulada, então sua causa externa deve ser uma luz *diminuída*, mas diminuída de um modo bem especial que deve ter a particularidade de distribuir para cada cor tanto de luz quanto de obscuridade (σκιερόν, [skieron]) a seu oposto fisiológico e seu complemento. Isto só pode acontecer de um modo certo e que satisfaça todos os casos se a causa da *claridade* em uma cor dada for precisamente a causa do sombreado ou da *escuridão* em seu complemento. Essa exigência é plenamente satisfeita pela partição da opacidade que é inserida entre a luz e a escuridão que, sob iluminação oposta, produz constantemente duas cores que são fisiologicamente complementares e que segundo o grau de densidade e espessura dessa opacidade aparecerão diferentes, mas que juntas sempre se completarão até o branco, isto é, até a completa atividade da retina. De acordo com isso, quando a opacidade é a mais tênue, essas cores serão o amarelo e o violeta; com a maior densidade elas passarão ao laranja e ao azul e finalmente, quando a densidade for ainda maior, chegarão ao vermelho e ao verde. Esta última cor, porém, não pode ser demonstrada dessa maneira simples, embora o céu, no pôr do sol, a deixe aparecer assim fracamente. Por fim, se a opacidade é completa, até a impenetrabilidade, então aparecerá, na queda da luz, o branco, e quando a luz se coloca no fundo, a escuridão, ou o preto. Esse método de considerar a questão se encontra no § 11 da reedição em latim de minha teoria das cores.

Por isso fica claro que se Goethe tivesse descoberto por si mesmo minha teoria das cores, que é fundamental e essencial, ele teria encontrado nela um forte apoio para sua concepção física fundamental e não teria caído no erro de negar absolutamente a possibilidade de obter o branco através de cores, o que a experiência comprova, ainda que apenas no sentido de *minha* teoria e não no da teoria de Newton. Apesar de ter reunido de maneira completa os materiais da teoria fisiológica da cor, não ocorreu a ele descobrir a mesma, a qual entretanto constituía a questão principal, fundamental. — Isso pode se esclarecer, porém, pela própria natureza de seu espírito: ele era muito objetivo para isso. *Chacun a les défauts de ses vertus*,[2] disse em algum lugar madame George Sand. Justamente a espantosa *objetividade* de seu espírito, que imprime a seus poemas em geral a estampa do gênio, o impediu de remontar, quando seria necessário, até o *sujeito*, isto é, ao olho mesmo que vê, e por aí compreender os últimos fios dos quais depende toda a manifestação do mundo das cores; eu, ao contrário, por partir da escola de Kant, estava mais preparado para cumprir essa tarefa e por isso pude, um ano depois de me emancipar da influência pessoal de Goethe, elaborar a verdadeira, fundamental e incontestável teoria das cores. A propensão de Goethe era compreender e transmitir tudo de maneira puramente *objetiva*; mas com isso ele estava consciente de ter feito sua parte e de que não poderia ir além. Por isso encontramos em sua teoria das cores uma mera descrição onde esperaríamos encontrar um esclarecimento. Assim, uma exposição exata e completa do fato objetivo lhe pareceu ser a última coisa realizável. De acordo com isso, a verdade mais geral e mais elevada de toda sua teoria das cores é um fato expresso, objetivo, que ele justamente chama de *fenômeno originário*. Com isso ele se dá por satisfeito: um

---

[2] "Cada um tem o defeito de suas virtudes." [N.T.]

exato "é assim" era para ele a finalidade última, sem exigir ainda um "assim tem que ser". Ele pôde até mesmo caçoar:

> Entra o filósofo, a provar, a respeito
> Que tem de ser daquele jeito.[3]

Para isso ele era na verdade um poeta e não um filósofo, isto é, não era tomado ou obcecado pelo anseio de alcançar as razões últimas e o nexo íntimo das coisas, tal como gostaríamos. Justamente por isso ele teve que deixar para mim a melhor colheita, como vindima, já que somente em minha teoria se encontram as informações mais importantes sobre a essência das cores, a satisfação definitiva e a solução para tudo aquilo que Goethe ensinou. Consequentemente, depois que minha teoria deduziu seu fenômeno originário, este último não merece mais esse nome, como indicado sucintamente acima. Pois ele não é, como Goethe pensava, algo simplesmente dado e que foge à toda explicação, e sim antes, segundo minha teoria, a causa exigida para a produção do efeito, a partição da atividade da retina. Fenômeno originário propriamente dito é unicamente essa capacidade orgânica da retina de fazer aparecer sucessivamente sua atividade nervosa em duas metades qualitativamente opostas, às vezes iguais, às vezes desiguais. Mas devemos naturalmente encerrar por aqui, já que daqui em diante só podemos ver no máximo causas finais, como acontece frequentemente na fisiologia. Assim, com as cores temos mais um meio de distinguir e reconhecer as coisas.

Além disso, minha teoria das cores tem em relação a todas as outras a grande vantagem de dar conta da particularidade da impressão de cada cor ao reconhecer nela uma fração determinada da plena atividade da retina, que é classificada então como pertencente ao lado + ou -; pelo que se apreende

---

[3] "Der Philosoph, der tritt herein/ Und beweist euch, es müßt' so seyn". Goethe, *Fausto* I, versos 1928-1929, trad. Jenny Klabin Segall. São Paulo: Editora 34, 2004, p. 187. [N.T.]

então a variedade específica das cores e a essência particular de cada uma delas. Já a teoria newtoniana, pelo contrário, não permite de modo algum esclarecer essa específica variedade e o efeito particular de cada cor, pois de acordo com ela a cor é apenas uma *qualitas occulta* (*colorifica*) das sete luzes homogêneas. A partir disso ela dá um nome para cada uma dessas sete cores e as deixa como tais. Já Goethe, por sua vez, procura dividir as cores em quentes e frias, deixando o restante para suas considerações estéticas. Somente em minha teoria, portanto, temos uma explicação da conexão até aqui frequentemente ignorada da essência de cada cor com sua sensação.

Eu gostaria de reivindicar ainda uma outra vantagem peculiar ainda que superficial de minha teoria das cores. Com efeito, a propósito de todas as verdades recentemente descobertas, talvez sem exceção, logo se descobre que algo bem similar já foi dito e que era preciso apenas um passo para se chegar a elas; às vezes até ocorre que elas foram efetivamente enunciadas mas passaram despercebidas pois foram expressas sem ênfase, uma vez que mesmo seu autor não reconheceu seu valor e não apreendeu seu alcance, o que o impediu de desenvolvê-las de maneira apropriada. Em tais casos, se não temos a planta, temos ao menos as sementes. Mas minha teoria das cores é uma feliz exceção. Jamais e em qualquer parte ocorreu a alguém considerar as cores, esse fenômeno tão objetivo, como a atividade cindida da retina, e consequentemente indicar para cada cor particular sua *fração numérica determinada*, que constitui a unidade com a fração de uma outra, que apresenta o branco. E essas frações são decididamente tão claras que o senhor professor Rosas, ao querer apropriar-se delas, as introduz como diretamente auto-evidentes, em seu *Handbuch der Augenheilkunde* (*Manual de oftamologia*), v. 1, §. 535, e também p. 308.

Mas a correção evidente das frações estabelecidas por minha teoria é muito útil, tendo em vista que prová-las seria muito difícil, apesar de toda sua certeza. Em todo caso, isso poderia ser feito da seguinte forma. Confecciona-se uma areia perfeitamente preta e perfeitamente branca e se as mistura em seis proporções nas quais cada uma iguala em tonalidade escura precisamente uma das seis cores principais. Então deve resultar que a relação da areia preta com o sal branco em cada cor corresponde à mesma fração numérica que eu lhe atribuí; assim, por exemplo, se tomarmos três partes de areia branca e uma de areia preta para formar o cinza correspondente a um amarelo, para formar um cinza correspondente ao violeta seria preciso uma mistura de duas areias em proporções inversas; verde e vermelho, por outro lado, necessitariam de duas areias em proporções iguais. E no entanto, surge a dificuldade de determinar qual tonalidade de cinza corresponde a cada cor. Isso poderia ser decidido ao observar-se a cor próxima ao cinza através de um prisma para ver qual relação de brilho e sombreamento se estabelece entre ambas na refração; se são equivalentes, então a refração não deve oferecer nenhuma manifestação de cor.

Nosso exame da pureza de uma dada cor, por exemplo, se esta cor é realmente amarela ou antes verde ou laranja, tudo depende da exata correção da fração expressa por ela. Que nós possamos julgar essa relação, puramente aritmética, segundo o mero sentimento, se prova pela música, cuja harmonia repousa nas relações numéricas bem maiores e mais complicadas das vibrações simultâneas, cujos sons nós reconhecemos, porém, de modo extremamente preciso e ainda aritmeticamente, pela simples audição. Da mesma forma que é somente pela racionalidade do número de suas vibrações que as sete notas da escala se diferenciam das inúmeras outras que podem ser encontradas entre elas, do mesmo modo as seis cores que recebem nomes próprios se distinguem das inumeráveis outras que estão entre elas meramente pela racionalidade e simplicidade da fração que nelas se manifesta da atividade da retina. — Do mesmo modo que eu testo a afinação de um som ao tocar sua quinta ou sua oitava, da mesma maneira eu provo a pureza de uma cor qualquer ao causar seu espectro fisiológico cuja cor é geralmente mais fácil de julgar que ela mesma. Assim, por exemplo, eu inferi que o verde da grama tem um traço marcante de amarelo meramente do fato de que o vermelho de seu espectro porta um traço marcantemente violeta.

§. 104.

Depois que Buffon descobriu o fenômeno das cores fisiológicas, sobre o qual repousa toda minha teoria, o mesmo foi descrito pelo padre Scherffer em conformidade com a teoria newtoniana na obra *Dissertação sobre as cores acidentais* (Viena, 1765). Como essa explicação do fato é encontrada em muitos livros e mesmo na *Anatomia comparada*, de Cuvier (lição 12, artigo 1), gostaria de refutá-la expressamente e mesmo proceder *ad absurdum*. Ela parte do fato de que o olho, fatigado por ver durante muito tempo uma cor, perderia sua suscetibilidade a esse tipo de raios homogêneos de luz; depois disso, ele veria imediatamente um branco subitamente intuído com exceção apenas daquele raio colorido homogêneo e, com isso, ele não veria mais a mesma coisa como branco, mas em seu lugar um produto de seis raios restantes que com essa primeira cor constitui o branco; e esse produto é justamente a cor que aparece enquanto espectro fisiológico. Mas essa explicação pode ser reconhecida como absurda *ex suppositis*.[4] Pois, depois de intuir o violeta, o olho vê em uma superfície branca (melhor ainda uma cinza) um espectro amarelo. Esse amarelo deve ser então o produto das seis luzes ainda restantes depois da exclusão do violeta, e então deve ser composto por vermelho, laranja, amarelo, verde, azul e azul anil; uma bela mistura para obter o *amarelo*! Isso dará uma cor enlameada (*Straßenkothfarbe*) e nada mais! Além disso, o amarelo mesmo é uma cor homogênea,

---

[4] Por suas premissas. [N.T.]

como poderia então ser antes o resultado de uma mistura? O mero fato de que *uma* luz homogênea, por si só, é a cor completamente exigida e consecutiva fisiologicamente como espectro da outra, como o amarelo é do violeta, o azul do laranja, o vermelho do verde e *vice-versa*, derruba a explicação de Scherffer ao mostrar que aquilo que o olho vê sobre uma superfície branca, após ter visto uma cor durante um certo tempo, não é a reunião das seis luzes homogêneas restantes, mas antes somente *uma* entre elas, como, por exemplo, o amarelo após a visão do violeta.

Além disso, há ainda diversos outros fatos que estão em contradição com a explicação de Scherffer. Por exemplo, não é verdade, desde o início, que depois de ter visto por algum tempo a primeira cor, o olho se torne insensível a ela, e certamente não a ponto de não poder mais percebê-la mesmo no branco; pois ele vê bem claramente essa primeira cor até o momento em que se dirige dela para o branco. — Ademais, é uma experiência bem conhecida que nós vemos as cores fisiológicas de modo mais distinto e fácil cedo pela manhã, logo após acordar. Pois é justo nesta hora, em consequência do longo descanso, que os olhos estão no máximo de sua força, e portanto, menos sujeitos à fatiga pela visão de uma cor mantida por alguns segundos e ao embotamento, ao ponto de chegar à insensibilidade diante dela. Mas é certamente uma circunstância muito ruim que nós não precisemos olhar para uma superfície branca para ver as cores fisiológicas; para isso, qualquer superfície incolor é apropriada, de preferência uma cinza, e mesmo uma preta serve, pois mesmo com olhos fechados vemos as cores fisiológicas! Isso já foi indicado por Buffon, e Scherffer mesmo o afirma no §. 17 de sua obra acima mencionada. Aqui temos um caso em que tão logo uma falsa teoria chega a um determinado ponto, a natureza cruza seu caminho e lhe mostra a mentira em seu rosto. Com isso Scherffer fica perplexo e admite que aqui está a maior dificuldade da coisa. Mas ao invés de desconfiar de sua teoria, que com isso jamais pode subsistir, ele assume uma série de hipóteses miseráveis e absurdas, enrosca-se lamentavelmente e termina por fim mantendo tudo como está.

Eu ainda gostaria de mencionar apenas um fato raramente notado, em parte porque ele fornece um argumento contra a teoria de Scherffer, de acordo com o qual ela é completamente ininteligível, em parte também porque ele merece ser julgado, através de uma curta explicação especial, como compatível com minha teoria. Se há em uma grande superfície colorida alguns pequenos pontos não coloridos, esses pontos não permanecerão descoloridos depois da aparição do espectro fisiológico que é requerido pela superfície colorida, mas, pelo contrário, se apresentam nas cores que eram antes aquelas de toda a superfície, embora de modo algum tenham sido afetadas por seus complementos. Por exemplo, à visão de um muro verde de uma casa com pequenas janelas cinzas segue-se, como espectro, um muro vermelho com janelas não mais cinzas, mas verdes. De acordo com minha teoria, isso se esclarece pelo fato de que depois que a retina é excitada em uma metade qualitativa de sua atividade pela parte colorida da superfície, alguns pequenos pontos ficam excluídos dessa excitação e então, depois do fim do estímulo externo, o complemento da metade da atividade estimulada por ele aparece como espectro, os pontos que foram excluídos de modo consensual na metade qualitativa já presente da atividade conseguem, ao imitá-los agora, realizar aquilo que toda a parte restante da retina já fizera, enquanto que somente eles foram excluídos disso pela falta de estímulo; enfim, eles adotam, por assim dizer, esse exercício suplementar.

Por fim, se alguém quiser achar uma dificuldade no fato de que, segundo minha teoria, na visão de uma superfície bem colorida, a atividade da retina seria dividida simultaneamente em uma centena de pontos de diversas proporções, eu diria que na audição da harmonia de uma grande orquestra ou das variações rápidas de um virtuoso, a membrana do tímpano e o nervo auditivo vibram em diversas relações numéricas, ora simultâneas, ora na mais rápida sucessão, o que a inteligência apreende em sua totalidade e as avalia aritmeticamente, recebe daí o efeito estético e percebe imediatamente qualquer afastamento da ordem matemática de um tom. Com isso pode-se pensar que eu não dei muito crédito a mais ao bem mais perfeito sentido da visão.

§. 105.

A natureza essencialmente *subjetiva* das cores só recebeu seus plenos direitos através de minha teoria, embora o sentimento disso já tenha sido expresso no velho provérbio *des goûts et des couleurs il ne faut disputer*.[5] Nesse sentido, vale para as cores aquilo que Kant diz sobre o juízo estético, ou juízo de gosto, a saber, que ele é apenas algo subjetivo, com a pretensão, porém, de receber a aprovação de todos os homens normais, como um juízo objetivo. Se nós não tivéssemos uma antecipação *subjetiva* das seis cores principais que nos dá uma medida *a priori* delas, nós não teríamos qualquer juízo sobre a pureza de uma determinada cor, pois sua designação por nomes próprios seria meramente convencional, como é o caso de muitas das cores da moda. Assim, muitos seriam incapazes de entender aquilo que, por exemplo, Goethe diz sobre o vermelho *verdadeiro*, que é o vermelho carmesim e não o habitual vermelho escarlate, que é vermelho-amarelado, enquanto isto é para nós plenamente compreensível e claro para todos.

Nesta natureza essencialmente subjetiva da cor repousa por fim também a mutabilidade constante das cores *químicas*, que às vezes chega ao ponto de corresponder a uma total mudança da cor apenas por uma mínima alteração, ou até mesmo uma que mal seja perceptível, nas propriedades do objeto ao qual ela é inerente. Por exemplo, o cinabre, obtido pela fusão do mercúrio com o enxofre, é preto (assim

---

[5] "Sobre cores e sobre gostos não se discute." [N.T.]

SOBRE A TEORIA DAS CORES

como uma combinação análoga de chumbo com enxofre), e somente após ser sublimado toma aquela cor vermelho-fogo bem conhecida, embora não se possa detectar uma alteração química por meio dessa sublimação. Por meio de um simples aquecimento, o óxido de mercúrio vermelho se torna marrom-escuro e o nitrato amarelo de mercúrio fica vermelho. Um cosmético chinês bem conhecido vem empacotado em pequenos pedaços de cartão, e assim é verde escuro, mas quando tocados por dedos úmidos ele se torna instantaneamente vermelho escarlate (*hochroth*). O fato de que os caranguejos ficam vermelhos ao cozinhar se explica pela mesma razão; também a transformação do verde em vermelho de muitas folhas numa primeira geada e o avermelhar-se das maçãs no lado que é iluminado pelo sol, o que se atribui a uma forte desoxidação desse lado; o mesmo ocorre ainda nas plantas que têm o caule e todo o casco da folha vermelhos, mas o parênquima é verde, assim como em geral a policromia de muitas pétalas de flores. Em outros casos podemos ver a diferença química que é indicada pela cor como muito pequena, por exemplo, a tintura do tornassol ou a seiva da violeta que alteram sua cor através do menor sinal de oxidação ou alcalização. Em todos esses casos vemos que *o olho é o reagente mais sensível*, no sentido químico, pois nos dá a conhecer instantaneamente não apenas as alterações mais improváveis, mas também as alterações da mistura que nenhum outro reagente pode indicar. Nessa suscetibilidade incomparável do olho repousa em geral a possibilidade das cores *químicas*, que em si mesmas ainda não foram inteiramente esclarecidas, enquanto nós chegamos finalmente, através de Goethe, à visão correta das cores *físicas*, apesar da dificuldade posta pela propalada falsa teoria newtoniana. As cores físicas estão para as químicas exatamente como o magnetismo produzido por meio do aparelho galvânico, compreensível a partir de sua causa próxima, está para o magnetismo fixado no aço e nos minérios de ferro. Aquele oferece um imã temporário que só se dá por uma série de circunstâncias complicadas e que cessa tão logo elas desaparecem; já o último, ao contrário, é inerente a um corpo, inalterável e até agora não explicado. Ele fica enfeitiçado como um príncipe encantado: o mesmo vale para a cor química de um corpo.

§. 106.

Eu demonstrei em minha teoria que a *produção do branco* a partir das cores reside exclusivamente em uma base *fisiológica*, pois só ocorre pelo fato de que duas cores complementares, isto é, duas cores nas quais a atividade da retina é separada e se divide em duas partes, são novamente reunidas. Isso só pode acontecer por que duas causas externas, cada uma delas afetando o olho, age sobre um único e mesmo lugar da retina. Eu indiquei várias maneiras de obter esse resultado: de modo mais fácil e simples nós o conseguimos quando vertemos o violeta do espectro prismático sobre um papel amarelo. Mas se não quisermos lidar meramente com cores prismáticas, então melhor resultado será obtido se unirmos uma cor transparente e uma cor refletida, por exemplo, se deixarmos passar a luz através de um copo vermelho-amarelado sobre um espelho de vidro azul. A expressão "cores complementares" tem verdade e sentido apenas à medida que é compreendida em sentido fisiológico; fora isso não tem nenhum sentido.

Goethe negou sem razão a possibilidade de produção do branco a partir das cores em geral. Isso se deu, porém, porque Newton a afirmou a partir de uma falsa razão e num sentido falso. Se ela fosse verdadeira num sentido newtoniano ou se a teoria de Newton fosse em geral correta, então toda combinação de duas das cores fundamentais admitidas por ele deveria inevitavelmente produzir tão logo uma cor mais clara que cada uma delas tomada separadamente, pois a reunião de duas partes homogêneas da luz branca que assim é dividida já seria um passo atrás para a restauração dessa luz branca. Mas isso nunca é o caso. Se colocarmos juntas em pares as três cores fundamentais no sentido químico, a partir das quais todas as restantes seriam compostas, então teremos, do azul com vermelho, violeta, que é uma cor mais escura que qualquer uma das duas; azul com amarelo, verde, que embora seja uma cor mais clara que a primeira é mais escura que a última; amarelo com vermelho resulta no laranja, que é mais claro que o último mas mais escuro que o primeiro. Já aí está de fato uma refutação suficiente da teoria newtoniana.

Mas a refutação exata, efetiva, concludente e irrecusável dela é o refrator acromático; por isso, mesmo Newton, de modo muito consequente, o considerava impossível. Se a luz branca consiste em sete tipos de luz, cada uma das quais tem uma cor diferente e ao mesmo tempo uma diferente refrangibilidade, então necessariamente o grau da refração e a cor da luz estão inseparavelmente associados. Assim, lá onde a luz foi *refratada* ela também se mostra *colorida*, mesmo que a refração tenha sido bem diversificada, complicada e puxada para todos os lados. Enquanto todas as sete cores não estiverem outra vez completamente reunidas em uma massa e assim, segundo a teoria de Newton, o branco estiver recomposto, então ao mesmo tempo todo efeito da refração terá um fim, e tudo voltará a seu lugar. Mas quando a invenção da acromasia revelou o oposto deste resultado, os newtonianos procuraram em seu embaraço oferecer uma explicação, a qual somos tentados a considerar com Goethe, uma verborragia sem sentido, pois mesmo com a melhor vontade é muito difícil lhe atribuir ao menos um sentido compreensível, algo de algum modo intuitivamente representável. Ao lado da refração de uma cor é dito que deve haver uma *dispersão da cor* dela diferente, pela qual se deve entender o afastamento das luzes coloridas particulares umas das outras, sua dispersão, que é a *causa* mais próxima do prolongamento do espectro. Isso porém é *ex hypothesi*, o *efeito* da diversa refratividade daqueles raios coloridos. Ora, se essa assim chamada dispersão, isto é, o prolongamento do espectro e então a imagem do sol após a refração, se deve ao fato de que a luz consiste em luzes diversamente coloridas, cada uma das quais possuindo por sua natureza uma diferente refratividade, ou seja, é refratada em um ângulo diferente, então essa refratividade determinada de cada luz, como qualidade essencial, deve sempre e em toda parte aderir a ela; por isso, a luz homogênea particular deve ser sempre refratada do mesmo modo, assim como é colorida sempre do mesmo modo. Pois o raio de luz homogêneo de Newton e sua cor são absolutamente um e o mesmo; é apenas um raio colorido e nada mais. Destarte, onde está o raio de luz lá está sua cor e onde esta está, lá estará o raio. Se *ex hypothesi*, está na natureza de cada raio colorido diferentemente ser refratado em um ângulo diferente, então também sua cor o acompanhará neste e em todo ângulo. Assim, a cada refração devem aparecer as diversas cores. Dessa forma, para dar um sentido à explicação favorita dos newtonianos, "dois refringentes de tipos diferentes podem refratar a luz com a mesma intensidade, mas podem dispersar as cores em graus diferentes", devemos admitir que o *crown-glass* e o *flint-glass*[6] refratam inteiramente a luz, isto é, a luz branca, e com a mesma intensidade, as partes, porém, que constituem esse todo são refratadas pelo *flint-glass* de modo diferente do que pelo *crown-glass*, portanto, alteram sua refratividade. Que bico-de-obra! Além disso, eles devem mudar sua refratividade de tal modo que, com o uso do *flint-glass* os raios mais refratáveis adquirem uma refratividade ainda maior, enquanto que os menos refratáveis assumem uma ainda menor; e esse *flint-glass* aumenta a refratividade de certos raios e diminui aquela de outros enquanto o todo, que consiste unicamente nesses raios, mantém sua refratividade anterior. Apesar de tudo isso, esse dogma tão difícil de compreender

---

[6] *Crown-glass* é um vidro que contém potássio, excepcionalmente duro e claro com baixa refração e dispersão. Já o *flint-glass* é um vidro à base de chumbo, dispersivo e refringente. [N.T.]

ainda goza universalmente de estima e respeito e pode-se ver até os dias de hoje, a partir dos escritos ópticos de todas as nações, como se fala seriamente a respeito da diferença entre refração e dispersão. Agora voltemos à verdade!

A causa próxima e essencial da acromasia levada à cabo por meio da combinação do vidro convexo do *crown-glass* e do vidro côncavo do *flint-glass* é sem dúvida alguma uma causa inteiramente *fisiológica*, a saber, a produção da atividade *plena* da retina sobre os lugares que são afetados pelas cores físicas, lá mesmo onde duas e não sete cores, isto é, duas cores que ocasionam conjuntamente essa atividade, são reunidas e assim formam um par de cores. Objetivamente, ou fisicamente, isso é produzido da seguinte maneira. Através de uma dupla refração em sentido oposto (por meio do vidro côncavo e do convexo) surge também o fenômeno colorido oposto, nomeadamente, por um lado uma borda vermelho-amarelada com uma margem amarela e, por outro lado, uma borda azul com margem violeta. Mas essa refração dupla em um sentido oposto conduz ao mesmo tempo àqueles dois fenômenos coloridos marginais um sobre o outro de modo que a borda azul esconde a borda vermelho-amarelada e a margem violeta esconde a margem amarela, com o que esses dois pares de cores fisiológicas — a saber um de 1/3 e 2/3 e outro de ¼ e ¾ da atividade plena da retina são novamente unidos; com isso também é restaurada a ausência de cores. Essa é portanto a razão *mais próxima* da acromasia.

Mas qual é a causa *mais remota*? Uma vez que o resultado dióptrico desejado, a saber, um excedente de refração que permanece *incolor*, é ocasionado pelo fato de que o *flint-glass*, agindo no sentido oposto, é capaz de neutralizar com uma refração consideravelmente menor o fenômeno cromático do *crown-glass* por meio de uma refração da mesma largura e oposta a ela; e porque suas próprias bordas e margens de cores são já originalmente mais largas que aquelas do *crown-glass*, o que coloca a questão: como é possível que dois refringentes de naturezas diferentes resultem numa largura tão diferente do fenômeno cromático pela mesma refração? Pode-se dar conta disso de modo bem satisfatório, de acordo com a teoria de Goethe, se a levarmos mais além e de modo mais claro do que ele mesmo fez. Sua dedução do fenômeno prismático das cores a partir de seu primeiro princípio que ele nomeia de fenômeno originário, está inteiramente correta. Ele apenas não a desenvolveu até seus detalhes particulares, pois sem alguma acribia no exame não é possível fazer justiça a tais coisas. Ele explica de maneira bem correta o fenômeno da borda que acompanha a refração por uma imagem secundária que acompanha a imagem principal que é deslocada pela refração. Mas ele não determinou de modo especial a posição e o modo de agir dessa imagem secundária e não a tornou mais clara por meio de um signo. Ele fala efetivamente sempre e em toda parte de *uma* imagem secundária, e é por isso que devemos presumir que não apenas a luz ou a imagem brilhante, mas também a escuridão que a rodeia, sofre a refração. Eu devo então completar sua abordagem para mostrar como propriamente variantes do fenômeno da borda surgem numa mesma refração mas com substâncias refratadas diferentes, fenômeno que os newtonianos designam pela expressão absurda de uma diversidade da refração e da dispersão.

Antes uma palavra sobre a origem dessa imagem secundária que na refração acompanha a imagem principal. *Natura non facit saltus*: assim reza a lei da *continuidade* de todas as mudanças, por meio da qual nenhuma transição, seja no espaço, seja no tempo ou em qualquer grau de sua qualidade, ocorre na natureza de maneira completamente abrupta. Ao entrar no prisma e depois sair, a luz é por duas vezes bruscamente desviada de seu caminho reto. Devemos então admitir que isso acontece de maneira tão abrupta e com uma tal rigidez que a luz não chega a sofrer a menor mistura com a escuridão que a circunda, mas que, ao mover-se em meio a largos ângulos, ela preserva seus limites da maneira mais firme, de modo que ela emergiria em uma forma tão puramente nítida e permaneceria perfeitamente intacta? Não seria mais natural presumir que tanto na primeira quanto na segunda refração, uma parte muito pequena dessa massa de luz não toma tão rapidamente a nova direção e com isso se afasta um pouco, e como que ao se lembrar do caminho deixado de lado há instantes, acompanha enquanto imagem secundária a imagem principal, balançando acima dela após uma refração e depois um pouco abaixo após a segunda? Sim, pode-se pensar aqui na polarização da luz por meio de um espelho que reflete uma parte dele e deixa passar a outra.

A seguinte figura mostra mais particularmente como surgem as quatro cores prismáticas, a partir do efeito dessas duas imagens secundárias provenientes da refração prismática, de acordo com a lei fundamental de Goethe. São apenas elas que existem realmente, e não sete.

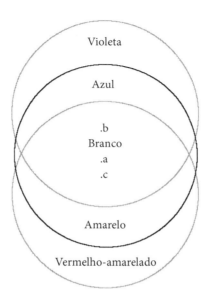

Essa figura mostra um disco de papel branco de cerca de dez centímetros de diâmetro colado num papel preto fosco visto através do prisma a uma distância de mais ou menos três passos, tal como ele se apresenta na natureza e não segundo as ficções newtonianas. Nesse caso, porém, quem quiser saber do que estamos falando tem de se convencer por meio de sua própria observação. Deve então segurar o prisma diante dos olhos, ora aproximando-o, ora afastando-o, até perceber as duas imagens secundárias quase diretamente e de imediato, e verá como elas, seguindo o seu movimento, se afastam da imagem principal ora mais, ora menos, e se sobrepõem. Podem-se fazer experimentos prismáticos em geral de duas maneiras: ou fazendo a refração preceder a reflexão ou o contrário, que esta preceda aquela; o primeiro acontece quando a imagem do sol incide na parede através do prisma;

o segundo, quando observamos uma imagem branca através do prisma. Esta última forma não apenas é menos complicada de se realizar, mas também mostra de modo bem mais evidente o verdadeiro fenômeno que faz com que o efeito da refração atinja de imediato o olho, com a vantagem de se obter o efeito em primeira mão, enquanto naquela primeira forma obtém-se o efeito em segunda mão, vindo da parede, ou seja, depois da ocorrência da reflexão; uma segunda vantagem aqui está no fato de que a luz parte diretamente de um objeto próximo, nitidamente delimitado e não brilhante. Por isso, o disco branco aqui reproduzido mostra, então, de modo bem evidente, as duas imagens secundárias que o acompanham e que surgem por ocasião de uma refração dupla, deslocando-o para cima. A imagem secundária derivada da primeira refração, que ocorre quando a luz entra no prisma, vem a reboque, permanecendo por isso com sua borda mais externa ainda na escuridão e coberta por ela; a outra imagem, por sua vez, que surge na segunda refração, ou seja, quando a luz sai do prisma, precipita-se, invadindo assim a escuridão. O tipo de efeito de ambas, embora mais fraco, estende-se, porém, *à parte* da imagem principal enfraquecida por essa perda; por isso aparece branca somente *essa* parte que permanece coberta pelas *duas* imagens secundárias, mantendo assim sua plena luz; *lá onde,* pelo contrário, *apenas* uma imagem secundária luta com a escuridão ou a imagem principal, um pouco enfraquecida pela perda dessa imagem secundária, é afetada pela escuridão, surgem as cores e, com efeito, bem de acordo com a lei de Goethe. Portanto, vemos surgir o violeta na parte superior, na qual *uma* imagem secundária invade precipitadamente a superfície preta; abaixo, porém, onde a imagem principal continua atuando, mesmo enfraquecida pela perda, surge o azul; na parte inferior da imagem, por sua vez, onde a imagem secundária particular fica na escuridão, vê-se o vermelho-amarelado; acima, porém, através de onde brilha a imagem principal enfraquecida, surge o amarelo; tal como quando o sol ao nascer parece primeiro coberto por um círculo de vapor espesso logo abaixo, depois vermelho-amarelado e por fim, ao alcançar o círculo rarefeito, parece somente amarelo.

Se apreendemos e compreendemos bem isso, então não nos será difícil entender, ao menos de maneira geral, por que na mesma refração da luz, alguns meios refringentes, como o *flint-glass*, causam um fenômeno cromático de borda mais larga e outros, como o *crown-glass*, um de borda mais estreita; ou, na linguagem newtoniana, nisso se baseia possivelmente a assimetria da refração da luz e da dispersão das cores. A *refração* é a distância entre a imagem principal e sua linha de incidência; a *dispersão*, por sua vez, é a distância aí ocorrida entre as duas imagens secundárias e a imagem principal; esse *acidente*, porém, encontramos em diversas substâncias refringentes à luz num grau diferente. Portanto, dois corpos transparentes podem ter a mesma força de refração, isto é, podem desviar igualmente a imagem de luz que os perpassa de sua linha de incidência; nesse caso, contudo, as *imagens secundárias* que causam sozinhas o fenômeno cromático podem afastar-se da *imagem principal* durante a refração, mais por um determinado corpo do que por outro.

A fim de comparar esse acerto de contas do fato com a explicação newtoniana do fenômeno tantas vezes repetida e analisada aqui, escolhi as suas palavras publicadas em 27 de outubro de 1836 nas *Münchner gelehrten Anzeigen* de acordo com as *Philosophical Transactions*:

Diversas substâncias transparentes refratam as diversas luzes homogêneas numa proporção bastante desigual,[7] de modo que o espectro produzido por diversos meios refringentes em outras circunstâncias iguais alcança uma extensão bastante diversa.

— Se o prolongamento do espectro advém de fato da

---

[7] "Contudo, a soma de todas elas, a luz branca, numa proporção igual!", acrescento como complemento. [N.A.]

refratividade desigual das próprias luzes homogêneas, ele deveria resultar em toda a parte, conforme o grau de refração; portanto, somente em virtude da força de refração maior de um meio, poderia surgir um prolongamento maior da imagem. Mas, se não for este o caso, e sim que dois meios com a mesma força de refração causam respectivamente um espectro maior e um menor, isso prova então que o prolongamento do espectro não seria o efeito direto da *refração*, mas simplesmente o efeito de um *acidente* decorrente da refração. Este consistiria então nas imagens secundárias daí surgidas; numa mesma refração, elas podem muito bem se afastar mais ou menos da imagem principal, de acordo com a constituição da substância refringente.

Não deveríamos supor que observações desse gênero deveriam abrir os olhos dos newtonianos? Certamente, se não soubéssemos o quão grande e o quão terrível é a influência exercida pela *vontade* nas ciências e até mesmo em todas as realizações espirituais, isto é, pelas inclinações, e para falar mais propriamente, as más inclinações. Em 1840, o pintor inglês e diretor da galeria nacional Eastlake, forneceu uma tradução inglesa tão excelente da teoria das cores de Goethe que ela reproduz perfeitamente o original de modo a tornar sua leitura e sua compreensão mais fácil do que este. Deve-se ver como Brewster, que fez dela uma resenha no *Edinburgh Review,* porta-se como uma tigresa em cujo covil entramos para lhe arrancar as crias. É esse o tom da convicção calma e segura diante do erro de um grande homem? Este é antes o tom da má consciência intelectual que percebe, assustada, que o outro lado tem razão e então decide-se a defender $\pi\upsilon\xi$ $\chi\alpha\iota\ \lambda\alpha\xi$ [com mãos e pés], como uma propriedade nacional, uma pseudociência aceita irrefletidamente sem prova, a cuja adesão já se está comprometido. Se pois os ingleses consideram a teoria newtoniana das cores como algo de interesse nacional, uma boa tradução francesa da obra de Goethe seria altamente desejável, pois seria de se esperar justiça do público letrado francês que é, em certa medida, neutro, embora apareçam às vezes provas divertidas de sua parcialidade pela teoria newtoniana. Assim, por exemplo, no *Journal des Savants* de abril de 1836, Biot relata com cordial aprovação como Arago teria preparado experiências bem engenhosas para estabelecer se as sete luzes homogêneas não teriam talvez uma velocidade desigual de propagação, de modo que das estrelas fixas cambiantes, que ora estariam próximas, ora distantes, chegaria primeiro a luz ou vermelha ou violeta, e assim a estrela parecerá sucessivamente diferentemente colorida. Mas ele chegaria finalmente à feliz conclusão de que isso não se daria assim. *Sancta simplicitas!* — Bem de acordo com isso, o senhor Becquerel, em um *Mémoire présenté à l'Académie des Sciences* em 13 de junho de 1842, entoa a mesma canção como se ela fosse nova:

si on refracte un faisceau (!) *de rayons solaires à travers un prisme, on distingue* assez nettement (aqui martela a consciência) *sept sortes de couleurs, qui sont: le rouge, l'orangé, le jaune, le vert, le bleu, l'indigo* (essa mistura de ¾ de preto com ¼ de azul deve encontrar-se na luz!) *et le violet.*[8]

Já que o senhor Becquerel tem a pachorra de cantar de maneira tão intrépida e tão franca essa peça do credo newtoniano 32 anos depois do aparecimento da teoria das cores de Goethe, pode-se sentir-se tentado a lhe declarar *assez nettement*: "ou estais cego ou mentis!" Mas isso seria fazer injustiça com ele; pois isso se deve ao fato de que o senhor Becquerel acredita mais em Newton do que nos seus próprios olhos abertos. É o que causa a superstição newtoniana!

No que diz respeito aos alemães, seu juízo sobre a teoria das cores de Goethe corresponde àquilo que poderíamos esperar de uma nação que pôde preconizar durante trinta

---

[8] Se se refrata um feixe de raios solares através de um prisma, distingue-se *bem nitidamente* sete tipos de cores que são o vermelho, o laranja, o amarelo, o verde, o azul, o azul-anil e o violeta. [N.T.]

anos um rabiscador de contrassensos, desprovido de espírito e de mérito, e um filosofastro inteiramente vazio como Hegel, como se fosse o maior pensador e sábio, e em tal *Tutti* que toda a Europa o saudou em uníssono. Bem sei que *desipere est juris gentium* [*ser ignorante é um direito das pessoas*], isto é, que cada um tem o direito de julgar em decorrência daquilo que entende e como lhe apraz: mas para isso deve-se aceitar ser julgado pela *posteridade* e, antes, por seus *contemporâneos*, por suas opiniões. Pois também aqui há ainda uma nêmesis.

§. 107.

Na conclusão dessas contribuições cromatológicas, gostaria ainda de trazer à baila alguns fatos interessantes que servem para a corroboração da lei fundamental das cores físicas apresentados por Goethe mas que não foram notados por ele mesmo.

Se num quarto escuro descarregamos a eletricidade de um condutor em um tubo sem ar, a luz elétrica aparecerá em um muito belo *violeta*. Aqui, assim como ocorre com as chamas azuis, a luz mesma é o intermediário opaco, pois não há nenhuma diferença essencial se a opacidade iluminada, pela qual vemos no escuro, lança ao olho luz própria ou luz refletida. Mas uma vez que essa luz elétrica é extremamente delgada e fraca, ela ocasiona violeta, inteiramente de acordo com a teoria de Goethe, enquanto que mesmo a mais fraca chama como o álcool, o enxofre etc., produz o azul.

Uma prova ordinária e vulgar, mas mesmo por Goethe desconsiderada de sua teoria, é que muitas garrafas cheias de vinho tinto ou cerveja escura, depois de ter passado muito tempo na adega, frequentemente manifestam um turvamento considerável do vidro por meio de uma inserção no interior, em consequência do que elas parecem azul-claras quando iluminadas e do mesmo modo quando seguramos algo negro atrás delas depois de esvaziadas; ao contrário, quando a luz lhes trespassa, se mostra a cor do líquido ou, quando vazias, a cor do vidro.

SCHOPENHAUER

Os anéis coloridos que se mostram quando se pressiona fortemente com os dedos dois cristais polidos ou mesmo vidros convexos polidos podem ser explicados do seguinte modo. O vidro não é desprovido de eletricidade. Por isso, em cada forte compressão, a superfície se dobra um pouco e sofre uma pressão, com o que ela perde por um instante o polimento e sua lisura e assim resulta uma opacidade gradualmente crescente. Temos aqui portanto um intermediário opaco, e as diversas gradações de sua opacidade com uma luz em parte incidente, em parte contínua, ocasionam o anel colorido. Se deixarmos de pressionar o vidro, sua condição anterior é novamente restaurada pela elasticidade e os anéis desaparecem. Newton colocou uma lente sobre uma chapa de vidro; por isso nomeiam-se os *anéis* como newtonianos. Sobre a curva dessa lente e sobre o espaço entre ela e sua tangente, a teoria ondulatória funda seu cálculo do número de vibrações de cores; esta recebe o ar em cada intervalo enquanto médium diferente do vidro, e por conseguinte, refração e luzes homogêneas. Tudo bem fabuloso (veja a apresentação do assunto em *A natureza*, de Ule, de 30 de junho de 1859, nº26). Para isso não é necessária nenhuma lente: dois espelhos de vidro pressionados com o dedo atingem um resultado melhor e tanto melhor quanto mais longamente nós pressionamos, ora de um lado ora de outro. Com o que nenhum intervalo resta juntamente com a camada de luz, já que aderem um ao outro pneumaticamente. (Nós devemos antes soprá-los). Assim são as cores das bolhas de sabão, efeito das opacidades locais deste elemento semitransparente; o mesmo vale para as cores de uma camada de terebintina, das velhas vidraças turvas etc.

Goethe possuía a visão fiel, objetiva, que mergulha na natureza das coisas. Newton era só um matemático, ansioso apenas para medir e calcular e tomando como base de seu propósito uma teoria arranjada a partir de um fenômeno superficialmente apreendido. Esta é a verdade: faça caretas à vontade!

Possa o público aqui ser informado do artigo com o qual eu preenchi os dois lados de minha página no álbum publicado pela cidade de Frankfurt e depositado em sua biblioteca por ocasião do centenário de nascimento de Goethe em 1849. A introdução do artigo faz referência às solenidades mais imponentes com as quais aquela jornada foi inaugurada.

NO ÁLBUM DE GOETHE DE FRANKFURT

Nem monumentos coroados, nem salvas de canhões ou toques de sinos, sem falar em banquetes com discurso, são suficientes para expiar a injustiça grave e revoltante sofrida por Goethe em relação a sua *Teoria das cores*. Pois ao invés de ter ela encontrado o justo reconhecimento de sua perfeita verdade e alta excelência, é considerada em geral como um ensaio malogrado, sobre o qual os especialistas apenas riem, como se expressou um jornal recentemente, até mesmo por uma fraqueza do grande homem que deveria ser vista com indulgência até ser esquecida. — Essa injustiça sem precedentes, essa inaudita perversão de toda verdade só se tornou possível porque um público apático, indolente, indiferente, desprovido de juízo e por isso facilmente iludido, abriu mão de toda investigação e exame — por mais fácil que ele fosse, mesmo sem conhecimento prévio — para fiar-se nos "homens de profissão", isto é, em pessoas que se dedicam a uma ciência não por ela mesma, mas por causa do dinheiro, e somente por esses se deixam impressionar através de suas assertivas peremptórias e trejeitos. Se esse público não queria julgar por seus próprios meios, mas como crianças, deixar-se orientar pela autoridade, então a autoridade do grande homem que ao lado de Kant a nação poderia apresentar deveria ter mais peso do que esses milhares de homens de negócios tomados em conjunto, ainda mais sobre um assunto ao qual ele em toda sua vida se dedicou como sua principal ocupação. No que diz respeito à decisão desses profissionais, a pura verdade é que eles se envergonhariam deploravelmente quando viesse à luz o fato de que eles não apenas se deixaram levar por algo palpavelmente falso, mas veneraram, ensinaram e propagaram isso por uma centena de anos, sem qualquer pesquisa e exame próprios, com uma fé cega e admiração devota, até que um velho poeta chegasse e lhes ensinasse algo melhor. Depois dessa humilhação insuperável, eles se obstinaram, como é comum com transgressores, em negar arrogantemente todo ensinamento subsequente e, por meio de uma insistência tenaz que já dura quarenta anos, em algo manifestamente descoberto e provado como falso e até mesmo absurdo; ganharam um certo tempo é verdade, mas centuplicaram sua culpa. Pois *veritatem laborare nimis saepe, extingui nunquam*,[9], já dizia Tito Lívio: o dia da desilusão chegará, ele deve vir, e então? Então "nós assumiremos os ares que pudermos" (*Egmont*, ato 3, cena 2).

Nos estados alemães que possuem academias de ciências, os ministros de instrução pública propostos pelas mesmas não poderiam manifestar seu respeito indubitavelmente existente por Goethe de uma maneira mais nobre e mais sincera do que propor a tais academias a tarefa de fornecer dentro de um prazo fixado uma profunda e detalhada investigação e crítica da teoria das cores de Goethe, assim como uma decisão sobre sua oposição à teoria de Newton. Esses senhores bem colocados deveriam ouvir minha voz, que clama por justiça para o nosso mais ilustre falecido, e lhe dar boas vindas sem consultar antes aqueles que por seu silêncio irresponsável são eles mesmos cúmplices. É o caminho mais seguro para afastar de Goethe essa imerecida ignomínia. Desde então não se trataria mais de decidir a questão com veredictos e ares imponentes, nem se daria ouvidos à vergonhosa pretensão

---

[9] "A verdade pode sofrer constantemente, mas jamais pode ser extinta." [N.T.]

de que aqui é questão não de julgamento, mas de cálculo. Pelo contrário, os chefes da corporação se colocariam na alternativa ou de honrar a verdade ou de comprometer-se com o que há de mais duvidoso. Sob a influência dessa coação, pode-se esperar algo da parte deles; e por outro lado, não há nada a temer. Pois como poderiam existir, depois de um exame sério e sincero, as quimeras newtonianas, que manifestamente não existem, as sete cores prismáticas inventadas apenas em favor da escala, o vermelho que não é vermelho e o simples verde primitivo que da maneira mais evidente, diante de nossos olhos, se compõe ingênua e francamente de azul e amarelo; em particular, a monstruosidade das luzes homogêneas de cor escura e mesmo índigo, escondidas e veladas na clara luz do sol, e ainda sua diversa refratividade, que qualquer binóculo de ópera desmente; como poderiam pois essas fábulas ter direitos contra a verdade clara e simples de Goethe, contra sua explicação de todos os fenômenos físicos das cores conduzida a uma grande lei natural, da qual a natureza em toda a parte e sob qualquer condição presta seu imparcial testemunho? Poderíamos temer do mesmo modo ver refutado o um vezes um!

Qui non libere veritatem pronuntiat proditor veritatis est.[10]

---

[10] "Quem não reconhece livremente a verdade é traidor da verdade." [N.T.]

COLEÇÃO DE BOLSO HEDRA

1. *Iracema*, Alencar
2. *Don Juan*, Molière
3. *Contos indianos*, Mallarmé
4. *Auto da barca do Inferno*, Gil Vicente
5. *Poemas completos de Alberto Caeiro*, Pessoa
6. *Triunfos*, Petrarca
7. *A cidade e as serras*, Eça
8. *O retrato de Dorian Gray*, Wilde
9. *A história trágica do Doutor Fausto*, Marlowe
10. *Os sofrimentos do jovem Werther*, Goethe
11. *Dos novos sistemas na arte*, Maliévitch
12. *Mensagem*, Pessoa
13. *Metamorfoses*, Ovídio
14. *Micromegas e outros contos*, Voltaire
15. *O sobrinho de Rameau*, Diderot
16. *Carta sobre a tolerância*, Locke
17. *Discursos ímpios*, Sade
18. *O príncipe*, Maquiavel
19. *Dao De Jing*, Laozi
20. *O fim do ciúme e outros contos*, Proust
21. *Pequenos poemas em prosa*, Baudelaire
22. *Fé e saber*, Hegel
23. *Joana d'Arc*, Michelet
24. *Livro dos mandamentos: 248 preceitos positivos*, Maimônides
25. *O indivíduo, a sociedade e o Estado, e outros ensaios*, Emma Goldman
26. *Eu acuso!*, Zola — *O processo do capitão Dreyfus*, Rui Barbosa
27. *Apologia de Galileu*, Campanella
28. *Sobre verdade e mentira*, Nietzsche
29. *O princípio anarquista e outros ensaios*, Kropotkin
30. *Os sovietes traídos pelos bolcheviques*, Rocker
31. *Poemas*, Byron
32. *Sonetos*, Shakespeare
33. *A vida é sonho*, Calderón
34. *Escritos revolucionários*, Malatesta
35. *Sagas*, Strindberg
36. *O mundo ou tratado da luz*, Descartes
37. *O Ateneu*, Raul Pompeia
38. *Fábula de Polifemo e Galateia e outros poemas*, Góngora
39. *A vênus das peles*, Sacher-Masoch
40. *Escritos sobre arte*, Baudelaire
41. *Cântico dos cânticos*, [Salomão]
42. *Americanismo e fordismo*, Gramsci
43. *O princípio do Estado e outros ensaios*, Bakunin
44. *O gato preto e outros contos*, Poe
45. *História da província Santa Cruz*, Gandavo
46. *Balada dos enforcados e outros poemas*, Villon
47. *Sátiras, fábulas, aforismos e profecias*, Da Vinci
48. *O cego e outros contos*, D.H. Lawrence

49. *Rashômon e outros contos*, Akutagawa
50. *História da anarquia (vol. 1)*, Max Nettlau
51. *Imitação de Cristo*, Tomás de Kempis
52. *O casamento do Céu e do Inferno*, Blake
53. *Cartas a favor da escravidão*, Alencar
54. *Utopia Brasil*, Darcy Ribeiro
55. *Flossie, a Vênus de quinze anos*, [Swinburne]
56. *Teleny, ou o reverso da medalha*, [Wilde et al.]
57. *A filosofia na era trágica dos gregos*, Nietzsche
58. *No coração das trevas*, Conrad
59. *Viagem sentimental*, Sterne
60. *Arcana Cœlestia e Apocalipsis revelata*, Swedenborg
61. *Saga dos Volsungos*, Anônimo do séc. XIII
62. *Um anarquista e outros contos*, Conrad
63. *A monadologia e outros textos*, Leibniz
64. *Cultura estética e liberdade*, Schiller
65. *A pele do lobo e outras peças*, Artur Azevedo
66. *Poesia basca: das origens à Guerra Civil*
67. *Poesia catalã: das origens à Guerra Civil*
68. *Poesia espanhola: das origens à Guerra Civil*
69. *Poesia galega: das origens à Guerra Civil*
70. *O chamado de Cthulhu e outros contos*, H.P. Lovecraft
71. *O pequeno Zacarias, chamado Cinábrio*, E.T.A. Hoffmann
72. *Tratados da terra e gente do Brasil*, Fernão Cardim
73. *Entre camponeses*, Malatesta
74. *O Rabi de Bacherach*, Heine
75. *Bom Crioulo*, Adolfo Caminha
76. *Um gato indiscreto e outros contos*, Saki
77. *Viagem em volta do meu quarto*, Xavier de Maistre
78. *Hawthorne e seus musgos*, Melville
79. *A metamorfose*, Kafka
80. *Ode ao Vento Oeste e outros poemas*, Shelley
81. *Oração aos moços*, Rui Barbosa
82. *Feitiço de amor e outros contos*, Ludwig Tieck
83. *O corno de si próprio e outros contos*, Sade
84. *Investigação sobre o entendimento humano*, Hume
85. *Sobre os sonhos e outros diálogos*, Borges — Osvaldo Ferrari
86. *Sobre a filosofia e outros diálogos*, Borges — Osvaldo Ferrari
87. *Sobre a amizade e outros diálogos*, Borges — Osvaldo Ferrari
88. *A voz dos botequins e outros poemas*, Verlaine
89. *Gente de Hemsö*, Strindberg
90. *Senhorita Júlia e outras peças*, Strindberg
91. *Correspondência*, Goethe — Schiller
92. *Índice das coisas mais notáveis*, Vieira
93. *Tratado descritivo do Brasil em 1587*, Gabriel Soares de Sousa
94. *Poemas da cabana montanhesa*, Saigyō
95. *Autobiografia de uma pulga*, [Stanislas de Rhodes]
96. *A volta do parafuso*, Henry James
97. *Ode sobre a melancolia e outros poemas*, Keats
98. *Teatro de êxtase*, Pessoa
99. *Carmilla — A vampira de Karnstein*, Sheridan Le Fanu

100. *Pensamento político de Maquiavel*, Fichte
101. *Inferno*, Strindberg
102. *Contos clássicos de vampiro*, Byron, Stoker e outros
103. *O primeiro Hamlet*, Shakespeare
104. *Noites egípcias e outros contos*, Púchkin
105. *A carteira de meu tio*, Macedo
106. *O desertor*, Silva Alvarenga
107. *Jerusalém*, Blake
108. *As bacantes*, Eurípides
109. *Emília Galotti*, Lessing
110. *Contos húngaros*, Kosztolányi, Karinthy, Csáth e Krúdy
111. *A sombra de Innsmouth*, H.P. Lovecraft
112. *Viagem aos Estados Unidos*, Tocqueville
113. *Émile e Sophie ou os solitários*, Rousseau
114. *Manifesto comunista*, Marx e Engels
115. *A fábrica de robôs*, Karel Tchápek
116. *Sobre a filosofia e seu método — Parerga e paralipomena (v. II, t. I)*, Schopenhauer
117. *O novo Epicuro: as delícias do sexo*, Edward Sellon
118. *Revolução e liberdade: cartas de 1845 a 1875*, Bakunin
119. *Sobre a liberdade*, Mill
120. *A velha Izerguil e outros contos*, Górki
121. *Pequeno-burgueses*, Górki
122. *Um sussurro nas trevas*, H.P. Lovecraft
123. *Primeiro livro dos Amores*, Ovídio
124. *Educação e sociologia*, Durkheim
125. *Elixir do pajé — poemas de humor, sátira e escatologia*, Bernardo Guimarães
126. *A nostálgica e outros contos*, Papadiamántis
127. *Lisístrata*, Aristófanes
128. *A cruzada das crianças/ Vidas imaginárias*, Marcel Schwob
129. *O livro de Monelle*, Marcel Schwob
130. *A última folha e outros contos*, O. Henry
131. *Romanceiro cigano*, Lorca
132. *Sobre o riso e a loucura*, [Hipócrates]
133. *Hino a Afrodite e outros poemas*, Safo de Lesbos
134. *Anarquia pela educação*, Élisée Reclus
135. *Ernestine ou o nascimento do amor*, Stendhal
136. *A cor que caiu do espaço*, H.P. Lovecraft
137. *Odisseia*, Homero
138. *O estranho caso do Dr. Jekyll e Mr. Hyde*, Stevenson
139. *História da anarquia (vol. 2)*, Max Nettlau
140. *Eu*, Augusto dos Anjos
141. *Farsa de Inês Pereira*, Gil Vicente
142. *Sobre a ética — Parerga e paralipomena (v. II, t. II)*, Schopenhauer
143. *Contos de amor, de loucura e de morte*, Horacio Quiroga
144. *Frankenstein, ou o Prometeu moderno*, Mary Shelley